PRESS RESET

Ruin and
Recovery
in the
Video Game
Industry

重置

[美]
杰森·施赖尔
(Jason Schreier) 著
孙黎迪 译

游戏业的崩溃与复苏

中国出版集团
中译出版社

图书在版编目（CIP）数据

重置 /（美）杰森·施赖尔著；孙黎迪译. -- 北京：中译出版社，2022.4
书名原文：Press Reset: Ruin and Recovery in the Video Game Industry
ISBN 978-7-5001-7061-7

Ⅰ. ①重… Ⅱ. ①杰… ②孙… Ⅲ. ①网络游戏—产业发展—研究—世界 Ⅳ. ①G898.3

中国版本图书馆CIP数据核字（2022）第052009号

北京市版权局著作权合同登记号
图字：01-2021-6454

PRESS RESET
Copyright © 2021 by Jason Schreier
This edition arranged with InkWell Management, LLC.
through Andrew Nurnberg Associates International Limited
The simplified Chinese translation copyrights 2022 by China Translation and Publishing House
ALL RIGHTS RESERVED

出版发行：中译出版社
地　　址：北京市西城区新街口外大街 28 号普天德胜大厦主楼 4 层
电　　话：(010) 68359719
邮　　编：1000448
电子邮箱：book@ctph.com.cn
网　　址：www.ctph.com.cn

策划编辑：刘香玲　张　旭
责任编辑：刘香玲　张　旭
文字编辑：赵浠彤
营销编辑：毕竞方
特约编辑：黄元美　李婧宇　武晓彤　项艺菲
版权支持：马燕琦　王立萌　王少甫
封面设计：刘　哲
排　　版：北京竹页文化传媒有限公司

印　　刷：北京顶佳世纪印刷有限公司
经　　销：新华书店
规　　格：710毫米×1000毫米　1/16
印　　张：17.5
字　　数：164 千
版　　次：2022 年 4 月第 1 版
印　　次：2022 年 4 月第 1 次

ISBN 978-7-5001-7061-7　　定价：79.00 元

版权所有　侵权必究
中　译　出　版　社

序
Introduction

　　无论用何种标准来衡量电子游戏产业在过去几十年里的成功，都不为过。甚至称其为"成功"都像是一种轻描淡写，就像是说纽约的夏天味道不好或者分娩时的感觉很痛苦一样。在 20 世纪 70 年代，电子游戏几乎不存在，但是在 21 世纪 20 年代，它却构成了盈利最强，更或许是娱乐界最有影响力的产业。2021 年，电子游戏在全球创造了 1800 亿美元的巨大收益。电子游戏对流行文化也产生了强烈的冲击，诸如《堡垒之夜》(Fortnite)对世界各地学校的影响，以及任天堂(Nintendo)直播节目通过大型公告和热门表情包统治了社交媒体。

　　电子游戏商机巨大，以至于对那些从小就玩游戏的游戏狂热者来说，能够成为其中的一分子，是一种无法抵御的诱惑。20 世纪 90 年代，有一部名为《远边》(Far Side)的漫画。漫画中有一对父母审视着被《超级马里奥》(Super Mario Bros.)迷得神魂颠倒的儿子，他幻想着依靠娴熟的游戏技能去换取一份电子游戏行业的工作。在那个年代，把对任天堂游戏的精通变现，根本就是个不切实际的笑话。但是在今天，这幅漫画中唯一看起来不现实的就是有人在报纸上找工作。如今，世界各地的人们被雇佣在办公室里，他们的工作让电子游戏变得栩栩如生：绘制角色草图、设计游戏关卡和编写游戏代码，使得游戏程序可以正常运行。这个行业的前景令人非常激动，无数兴致勃勃的游戏玩家都梦想成为电子游戏行业中的一员。

　　有一次，我走进了纽约市中心的一家电子游戏工作室，再过几个月它就要发布一款新游戏了。一个游戏美工招呼我到他的办公桌前，他说："这些情景够酷吧！"很快，一群人听闻后纷纷围在了他的计算机旁边，个个都伸长了脖子盯着屏幕：一辆造型逼真的卡车在街道上翻车了，车身翻滚在灰色的路面上。此时游戏美工点了几下鼠标，卡车随之爆炸，慢放的细节纷呈，轮胎和金属碎片在屏幕上四处飞溅。我没有像周围的设计师和程序员一样激动，但他们的欢乐感染了我，让我也不由自主地微笑起来。他们的日常工作就是把想象变为现实，然后通过计算机屏幕呈现给大家，还有什么比这更让人有成就感呢？

然而，电子游戏并不都如卡车爆炸的画面一样华丽到光芒四射。业内的老板们在季度收入会议，或 E3 新闻发布会上都尽量掩盖这个行业黑暗的一面。尽管游戏公司每年的吸金能力都非常强，但是其中大部分的公司都难以为员工提供稳定、健康的工作环境。无论那一年这家公司赚了多少钱，只需要一个失败或是草率的商业决策，就可能导致一个市值 10 亿美元的游戏发行商进行大规模的裁员，或让一家游戏开发工作室倒闭。甚至有时候，连决策错误的借口都莫须有了——一旦项目完成，大型电子游戏公司就会进行裁员（若干月后需要时再招聘相同岗位员工），这样就能赶在接下来的季度收入会议上取悦股东（更少的员工意味着更漂亮的资产负债表）。

这种轮替现象已经成为行业规律。任何一个长期在电子游戏领域工作的业内人士，几乎都有失业的故事可以讲。也许是开发的游戏销售不佳，也许是某个自负主管的无能导致项目被卡，也许是出品方需要在最新一季的收入报告中夸大收益。当他们听到削减成本考量、战略性资源重组或其他各式各样的行业术语的时候，就明白了对方其实是说，"你不能再继续在这里工作下去了。"大规模裁员和工作室倒闭已经成为电子游戏行业的基本操作模式，就像马里奥（Mario）在游戏中的弹跳，或动视（Activision）所开发的一系列游戏①中的战利品宝箱一样。

2017 年，非营利组织国际游戏开发者协会（International Game Developers Association）采访调查了大约 1000 名游戏从业者，询问他们在过去的 5 年里换过多少家公司。其中全职者的答案是平均 2.2 个雇主（自由职业者则是 3.6 个），由此表明即使是游戏行业的资深从业者，频繁地换公司也是不足为奇的。该调查的作者补充道："游戏行业的不稳定性还表现在员工并不怎么想长期留在一家公司，大部分的受访者似乎更希望能不时地换个公司。"第二年，GamesIndustry.biz 网站的记者詹姆斯·巴切勒（James Bathelor）统计了 2017 年 9 月到 2018 年 9 月因游戏工作室倒闭而流失的岗位，发现这个数字超过了 1000——而这仅仅是部分公开数据。想进入电子游戏行业，就得接受工作不稳定的现实。

以艺术创作为生是快乐的，但相应的代价是一个不得不接受的现实：快乐可能会在猝不及防间分崩离析。自 2006 年开始就一直在电子游戏行业的肖恩·麦克劳克林（Sean McLaughlin）指出，这会带来持续性的焦虑。他在电子邮件中告诉我："由于我经历过数次裁员，之后每当办公室工作群里出现召集全体员工开会的电子邮件时，我都会感到紧张不安。""我会担心这是要宣布工作室的关闭，而事实上只是一次寻常的团队聚会，聊聊工作室周围发生的事情。我相信这种下意识的反应在游戏从业者中是很常见的。"

肖恩·麦克劳克林补充说："我也不再会把很多私人物品放在办公桌上了。我刚踏入这个行业的时候，桌上会摆放一些普通的小玩具和收藏品。现在我的办公桌上空荡荡的，只有相框和一两本书，一个手提袋就能装走，以防我再次被解雇时不方便收拾。"

---

① 如《使命召唤》（Call of Duty）等。（译者注）

你可能会想：嗯，这听起来像是任何与创意相关领域的通病。但电子游戏行业与好莱坞不同，它们会兜售全职工作的假象。在好莱坞，伴随着电影的制作进展，片场人员都是完工就走人的合同制。而Take-Two和EA（Electronic Arts）这样的大型游戏商所发布的招聘信息，却都标明是全职职位而非临时工。除非与开发商签订的是临时合同，从业者们都希望在完成当前这款游戏之后，公司会安排他们开发下一款游戏。毕竟保持员工稳定是合理的，每个工作室用来制作电子游戏的开发工具包都是独特且复杂的。已经掌握了这些开发工具的老员工，将比需要重新学习的新员工更有效率。此外，团队成员之间多年合作所产生的默契也是非常宝贵的，任何一个参与过创意协作项目（或团队科学实验）的人都可以证明这一点。

那么，为什么在电子游戏行业中拥有财务决策权的人似乎并不在意这一点呢？

我和资深游戏设计师凯蒂·奇罗尼斯（Katie Chironis）就这种电子游戏行业内的轮替现象进行了一次长谈。曾经为微软、Oculus和Riot等游戏巨头工作过的她反复提到自己对于这种不稳定性的担忧。她曾在一场大规模裁员中成为牺牲品，还目睹了另外两次波及同事的大裁员。2018年，她从西雅图搬到了洛杉矶。她选择到新的城市生活，部分原因是当地有很多大型游戏公司可以作为自己一旦被解雇后的备选。她和同样是游戏开发者的丈夫经常讨论他们的应急计划，通力合作地列出一些有吸引力的公司，一旦他们目前的工作出了问题，那些公司将会是他们新的目的地。奇罗尼斯告诉我："我们在讨论住房问题的时候，会考虑到被裁员或是项目被取消所导致的搬家。""通常来说大家会希望能在一个房子里至少住5年，但实际上我们在任何公司都工作不到3年。"

奇罗尼斯说，在电子游戏行业工作最难以接受的是同事之间的友谊可能会在毫无征兆的情况下破裂。2014 年的一天，她像往常一样去上班，却突然被告知需要立即收拾东西并离开公司。而在此之前，她一直以为一切都很好。她接着说："你就这样被拉进办公室，被通知立刻离开，甚至不允许你和任何人去说再见。""我不被允许回公司，所以也就无法再联系上公司的朋友，或者我认为是朋友的那些人了。"

开发电子游戏是为了给人们带来快乐，但创造它们的游戏公司却是那样冷酷无情。这样一个利润丰厚的行业为什么会对员工如此苛刻呢？电子游戏行业有引人入胜的艺术创作，和动辄数 10 亿美元的盈利能力，为什么就无法为他们的员工提供稳定的就业环境呢？

当我开始写我的第一本书《血、汗和像素》（Blood, Sweat, and Pixels）时，我想知道电子游戏的制作为何如此困难。我采访了很多开发者，得到了诸多答案。简而言之，电子游戏跨越了艺术和科学之间的界限。在这里，技术的进步和不断"寻找乐趣"的挑战使得我们很难制作出准确的时间计划表。无论你是在开发像《永恒之柱》（Pillars of Etemity）这样的角色扮演类游戏，还是像《神秘海域 4》（Uncharted 4）那样的动作冒险类游戏，制作过程中存在着太多的变数，以至于让你经常感觉到，计划赶不上变化，你得在探索中前进。

通过本书，我想提出一个不同的问题：为什么在电子游戏行业维持工作的稳定性如此之难呢？我想知道在高度不确定性中进行工作是一种什么样的感受。你可能在没有被预先通知的情况下突然被要求打包走人。我想知道为何裁员和公司倒闭的情况不断发生，这一切对员工有何影响，以及他们如何平复下来。眼睁睁地看着自己创办的电子游戏公司倒闭是一种什么样的体验？当他们效力的公司倒闭时，作家、艺术家、设计师、程序员、录音师、软件测试员或者制片人各自遭遇了什么？他们的生活受到了怎样的影响？他们接下来打算怎么办？他们如何重新开始？他们又有哪些故事呢？

这本书讲述了关于电子游戏公司倒闭后会发生的事情。更具体地说，这本书讲述了当电子游戏公司倒闭后相关的人会发生什么。不要期望在这里读到太多关于金融类的统计数据或者详尽的商业谈判内容——我更感兴趣的是被这些拖沓的文件所影响的生活。当你上级的上级对整个公司说，你们都被解雇了的时候，你是什么感觉？看着你周围的同事，那些和你并肩作战，彻夜工作，开发新游戏的人，当你知道所有人都将各奔东西的时候，你是什么感觉？而站在老板的立场上——作为一个必须通知所有员工他们被解雇了的人，他又是什么样的感觉？

本书不仅记录了心碎和悲伤，也讲述了复苏。当你热爱的公司夕阳西下时，你将如何面对？你是否会以此为契机放飞自我，去制作出梦想的游戏？你是否会为了另一个工作岗位而长途跋涉，又或者是退出电子游戏行业，转而加入一个更稳定的行业呢？一些人超越了自我，将被辞退作为实现独立创作梦想的机会，承担起了他们未曾想象过的风险。另一些人则干脆放弃，离开了这个并不在乎他们的行业。

这本书深入探究了其中的一些故事。在马萨诸塞州的波士顿，我们将拜访一家名为无理性（Irrational Games）的工作室，这是一家制作了《生化奇兵》（Bioshock）的顶级工作室；我们将和这款游戏的一些开发者会面。然后穿过整个国家，在圣弗朗西斯科，我们探访了2K Marin（《生化奇兵 II》的出品商）和 Visceral（《死亡空间》（Dead Space）的出品商），这两个位于地球上最繁荣城市之一的牺牲品。我们将看到一位传奇的棒球运动员想打造一款秒杀《魔兽世界》（World of Warcraft）的游戏的雄心，是如何将不止一个公司拖入灾难的，其中包括了位于罗得岛州和马里兰州的两家大型游戏公司。在弗吉尼亚州，我们将着眼于游戏公司 Mythic 在发现自己落后于整个行业后，是如何奋力挣扎以求跟上新热点的故事。之后，我们会与一些在游戏开发过程中遭遇过挫折的人交谈，并寻求解决电子游戏行业不稳定性的方案。①

  总之，当你在电子游戏中遇到意料之外的不合理难关，而仍想继续时，你基本上有两种选择：一是迎难而上不断前行，二是点击重置按钮从头再来。或许这次你会做得比上次更好，或许你会找到一条通关的隐秘路线，或许你会发现无论怎样努力，由于游戏代码的先天缺陷，玩家都将重复遇到同样的障碍。如果这一切得不到改善，那么，好吧，你只能放弃了。

---

① 本书中的故事几乎都来自对相关人员的第一手采访。除另行说明外，每一句话都是当事人直接对我说的。

目录 Directory

第一章 漂泊者
Chapter 1 THE JOURNEYMAN   001

第二章 伊卡洛斯计划
Chapter 2 PROJECT ICARUS   041

第三章 逆流而上
Chapter 3 RAFTING UPSTREAM   067

第四章 失踪的工作室
Chapter 4 THE CASE OF THE MISSING STUDIO   091

第五章 工作狂
Chapter 5 WORKAHOLICS   117

第六章 血腥的袜子
Chapter 6 BLOODY SOCKS   145

第七章 Big Huge Games 工作室的困境
Chapter 7 BIG HUGE PROBLEMS   177

第八章 地下城守护者
Chapter 8 GUNGEON KEEPER   203

第九章 人力成本；人性方案
Chapter 9 HUMAN COSTS; HUMAN SOLUTIONS   235

后记
Epilogue   259

致谢
Acknowledgements   265

译后记
Postscript   267

Chapter 1
The Journeyman

第
一
章

漂泊者

在 2005 年末的一次演讲中，沃伦·斯佩克特（Warren Spector）觉得快要控制不住自己的情绪了。他坐在加州格伦代尔（Glendale）的一间会议室里，向几位来自迪士尼的高管推销他的下一款电子游戏方案。从小飞象到唐老鸭，多年来迪士尼为他带来了无数欢乐。迪士尼是一个拥有众多娱乐类型项目的企业集团，加入它是一件令人激动的事情——至少目前是这样，直到斯佩克特在陈述的过程中发现高管们低着头，用手机发着短信。

斯佩克特并不信任这些系着领带、非常在意每季度收入的人，这样的场面他曾经也遇到过。年近 50 的斯佩克特头发花白，如同很多整天与计算机为伍的人一样懒散。通常情况下，他都是参会人员中最有名，也是年纪最大的人。斯佩克特因作为《杀出重围》（Deus Ex）的项目总监而声名大噪，这款游戏把科幻射击游戏的刺激感和角色扮演游戏的探索性融合在了一起。高管们当时并不理解，但他顶住了压力。《杀出重围》在 2000 年 6 月刚一问世就获得了巨大的成功，销量过百万，并在当下就促成了续作和电影翻拍的定案。① 斯佩克特成为电子游戏行业的名人，他奔波于世界各地接受采访或作为嘉宾出席会议。几年后，他创办了自己的公司 Junction Point，开始按照自己的意愿来制作游戏。

现在的他成了一名旅行推销员，每天奔波于一家又一家的发行公司之间，试图说服那些西装革履的高管向他的新公司投资数千万美元。斯佩克特擅长推销——他说话坦率，对自己所说的每一句话都十分自信。但他也喜欢分析风险，尽管这可能会让他显得脾气暴躁。"在他看来，这才是能给他安慰的东西。"他的代理人谢默斯·布莱克利（Seamus Blackley）说道，"所有可能产生的问题、每个可能出错的地方以及那些可怕的后果……当他将所有这些都分析完之后，才会感到安全，因为他

---

① 和大部分对电子游戏的改编一样，这部电影夭折了。

知道他必须考虑周全。"

布莱克利建议他去和迪士尼谈谈。对于斯佩克特来说，这似乎是一个不靠谱的选择。他一直很喜欢这个有各种拟人卡通形象的公司，但从未想过那些友好可爱的形象能与他的 M 级游戏融合在一起。《杀出重围》的背景是一个充斥着堕落黑客和暴力罪犯的绝望世界，这对这家出品了米老鼠（Michey Mouse）的公司是不可思议的。斯佩克特犹豫了一下说，这次谈话带来不了什么价值，只会浪费机票钱，然而布莱克利则坚持认为迪士尼正在寻求在电子游戏领域做出一些变革。于是斯佩克特来到了位于格伦代尔的迪士尼总部办公室，被带到一个巨大的会议桌旁，周围都是迪士尼的高管。在那里，斯佩克特一如既往地开始路演。他说起《沉睡的巨人》（*Sleeping Qiants*），这是一款奇幻的角色扮演类游戏，背景设定在一个魔法已经消失的世界里。此外他正与电影导演吴宇森（John Woo）合作开发一款名为《忍者金》（*Ninja Gold*）的功夫游戏，同时他对另一部名为 *Necessary Evil* 的科幻类电影也有一些想法。总而言之，就是一系列的"杀出重围"。迪士尼的高管们似乎很感兴趣——至少在他们掏出他们的黑莓手机之前。

"我路演的时候，他们都在低头看手机。"斯佩克特说，"我甚至在想离开这里后一定要把谢默斯干掉，我要狠狠修理他。"但是当他看向他的经纪人时，发现他也在低头看手机。

当斯佩克特完成路演之后，迪士尼的高管开始讨论起来。原来刚刚他们一直在通过短信交流彼此的意见。他们喜欢斯佩克特，觉得他的想法还不错，但是他们的意见并不完全一致。"有人也给我发了短信，问我能不能和他谈谈。"谢默斯·布莱克利说道，"当沃伦坐在那里的时候，他们考虑的是或许可以尝试一下去说服他。"

据斯佩克特的回忆，接下来的对话是这样的：

"你觉得授权游戏怎么样？"迪士尼高管问道。

"如果能有合适的IP授权的话。"斯佩克特回答说。

"那么迪士尼有让你感兴趣的IP吗?"迪士尼高管问。

"是的。"斯佩克特说,"我想要鸭子们,比如把史高治和唐纳德都给我吧。"

实际上斯佩克特一直对卡通十分着迷。他的硕士论文就是关于华纳兄弟动画公司的,而迪士尼的那只坏脾气鸭子是他最喜欢的。他一直梦想着制作一款名为《唐老鸭俱乐部》(DuckTales)的电子游戏,讲述亿万富翁史高治·麦克达克(Scrooge McDuck)和他的三个侄子辉儿、杜儿、路儿之间的故事。但是迪士尼高管们心里另有打算——这件事将不可逆转地改变沃伦·斯佩克特的公司、事业和他的生活轨迹。

"那么,"高管说,"你觉得米老鼠怎么样?"

很久很久之前,沃伦·斯佩克特这个将要获得世界上最著名卡通人物授权的家伙,就沉迷于互动故事类的游戏了。斯佩克特出生于1955年,在纽约长大,他很早就对桌面角色扮演类游戏产生了兴趣。在游戏中,他会和几个朋友聚在一起,共同编写一本规则手册,让故事在大家的想象中展开。22岁时,他搬到了得克萨斯州的奥斯汀读研究生,并玩了将近10年的《龙与地下城》(Dungeons & Dragons),他认为这个史诗般的奇幻故事对他将要制作的电子游戏产生了巨大的影响力。"我们一开始是鼠帮的成员,住在深水城,感觉很棒。"斯佩克特说,"我们起初只是做些微不足道的任务,偷盗具然后进入地下城。到最后,我们指挥着军队,与那些曾追捕我们的人成为盟友或者死敌。"

在得克萨斯大学奥斯汀分校,斯佩克特一边学习电影制作一边写论文,并兼职研究生助教来支付他的学费和生活费。直到某天他的系主任在电话中告诉了他一个不幸的消息，轮到别人来做助教了，这意味着斯佩克特失去了他的兼职。"我挂了电话后感叹道：'天哪，我该怎么付房租？我现在没有任何收入了。'"不过很快他接到了另一个电话，这次是在史蒂夫·杰克逊游戏公司（Steve Jackson Games）工作的一个朋友。这家公司主要是做棋盘游戏和桌面角色扮演类游戏的。他们正想招一个助理编辑，但这份工作只给他开最低工资，问他有没有兴趣？"当然了，"斯佩克特回应道。"我当时是一个游戏爱好者。"他说，"我一直在设计自己的游戏体系，创造属于自己的战役。"

1983 年，斯佩克特开始在史蒂夫·杰克逊游戏公司工作，在那里他学会了如何设计像 Toon 这样的桌面游戏，这款游戏很有代入感，玩家将通过扮演卡通鸭子和兔子来战斗。几乎每个星期，斯佩克特都会去一次奥斯汀书店，这是一家位于得克萨斯州中部的漫画书店，也是当地极客们的圣地。在这里，他搭讪了一位叫凯洛琳（Caroline）的店员，最后说服她和他出去约会。两人开始约会，并共同在史蒂夫杰·克逊游戏公司工作了一段时间。1986 年底的某一天，斯佩克特接到了一个让他做梦也想不到的电话:《龙与地下城》的制作公司 TSR 希望他能搬到威斯康星州的日内瓦湖，成为他们公司的一名编辑。这在游戏的世界里，有点像在校队打篮球时突然接到了一个来自 NBA 的电话。"他看着我说，'你想和我一起去日内瓦湖吗？'"凯洛琳回忆道，"我说'除非你娶我。'"他说："一言为定。"几周后，沃伦和凯洛琳搬到了威斯康星州。春天的时候，他们结婚了，在凯洛琳位于得克萨斯州的姨妈和姨父家里举行了一个小型婚礼。这时，他们意识到他们其实更愿意待在得克萨斯州。

沃伦和凯洛琳不太适应在日内瓦湖的生活。那里冬天十分寒冷，斯佩克特全家已经开始怀念以前常去逛的地方和烧烤店。而沃伦·斯佩克特也逐渐厌倦他所做的工作。他渴望在游戏中创造人物，编写故事情节。有一天，当他在纠结游戏所采用的骰子的取舍时，突然有所顿悟。"我一只手拿着 20 面的骰子，另一只手拿着百分制的骰子。"他说，"我看着手里的骰子说：'如果这是我职业生涯中必须做出的最大决定，那么我愿意放弃现有的谋生方式。'"很快，他又接到了一个改变他人生的电话。这一次是一个来自奥斯汀的朋友，问他想不想回到得克萨斯州，去一家名为 Origin Systems 的初创电子游戏公司工作。

Origin Systems 是一位名叫理查德·加瑞特（Richard Garriott）[1]的游戏策划师创办的。理查德是宇航员欧文·加瑞特（Owen Garriott）的儿子，他从小就沉迷于计算机和太空旅行。1981 年，他发布了一款将两者结合在一起的游戏：《创世纪》（Ultima）。这是一款充分解读角色扮演类游戏规则的电子游戏，让玩家在遍布着城堡和地下城的奇幻世界中冒险。玩家可以扮演人类、精灵、矮人或者博比特人（bobbit）〔这是为了避开《指环王》（The Lord of the Rings）版权而做出的不得已的改变〕，去完成游戏任务，与怪物战斗，最终登上宇宙飞船和星际间的敌人作战。加瑞特和朋友花了一年的时间开发了《创世纪》。这款游戏获得了巨大的成功，这让加瑞特有了创办 Origin Systems 的资本，走上了游戏开发的道路。

斯佩克特性格内向沉稳，而加瑞特则个性张扬、直率坦诚，喜欢举办奢华的派对和探险。当斯佩克特还在奥斯汀工作时，两人就不可思议地成了朋友。工作性质一致的他们分享着彼此对游戏设计的感受。而现在，由于在日内瓦湖工作并不愉快，斯佩克特欣然接受了这个机会，加入了朋友创办的 Origin Systems。"我真的很想和理查德一起工作，"他说，"我想这也是我得到这份工作的原因之一，我们在各个方面都很合拍。"1989 年，当斯佩克特走进 Origin Systems 的大门时，该公司已

---

[1] 2008 年，在向一家名为空间探索的公司的私人组织投资了数百万美元后，加瑞特成为第一批进入太空的普通公民（也是第一个职业游戏设计师），就如同他几十年前创造的《创世纪》中的设定。

经推出了第六版《创世纪》,并且迅速扩张,在得克萨斯州和新罕布什尔州都设有办事处。随着电子游戏产业在个人计算机上的蓬勃发展,Origin Systems 已经成为一个超级新贵了。

在接下来的几年中,斯佩克特学会了如何成为一名电子游戏制作人——如何领导团队,管理项目,以及如何带领一群各持己见的人朝着同一个目标前进,这几乎是不可能的。在他与加瑞特合作制作的《创世纪 VI》中,他精心编撰了一个关于石像鬼族群的故事。起初它们看上去很邪恶,后来却发现其背后有着更为复杂的动机——这在 20 世纪 80 年代的电子游戏故事叙述中是一种创新性转折。他还协助克里斯·罗伯茨(Chris Roberts)制作了《银河飞将》(Wing Commander)。这是一款太空战斗模拟游戏,游戏中玩家将驾驶一艘星际飞船来击落外星人。克里斯·罗伯茨这位冉冉升起的游戏界新星性格固执,而这教会了斯佩克特如何妥协。[①]"我们一天要争论十次,如果我赢了其中三次,那就太幸运了。"斯佩克特说道。

没过多久,作为 Origin Systems 最年长的员工之一,斯佩克特晋升为公司的高级领导。"我的商业模式是:启动四个项目,两个内部项目、两个外部项目。然后每年终止两个进展不顺利的项目。"他说,"我会告诉所有人这一切。'希望你们成为进展非常顺利的项目之一。'"

Origin Systems 的合作伙伴之一 Looking Glass,是一家位于马萨诸塞州剑桥的工作室,由一个叫保罗·诺伊拉特(Paul Neurath)的程序员运营。斯佩克特和诺伊拉特是非常亲密的创意合作伙伴,他们合作开发了两款开创性的游戏:1992 年发行的《创世纪:地下世界》(Ultima Underworld)和 1995 年发行的《网络奇兵》(System Shock)。这两款游戏的背景设定截然不同——《创世纪:地下世界》发生在一个幻想中的

---

① 克里斯·罗伯茨后来继续制作《星际公民》。这个太空模拟电子游戏于 2012 年进入众筹阶段,并从愿意为虚拟星际飞船投入巨资的粉丝那里筹集了 3 亿多美元。

地下城，而《网络奇兵》则发生在一个太空空间站。但它们共享了通用的设计元素。值得注意的是，它们都根源于斯佩克特和诺伊拉特想要重现《龙与地下城》的那种渴望。"我们喜欢线性叙事小说、电影、书籍中的故事。"诺伊拉特说，"但游戏是交互的，它们让你有机会根据你对角色的感知，来诠释整个故事。"

通过《创世纪：地下世界》和《网络奇兵》，诺伊拉特和斯佩克特开创了一种我们今天称之为"沉浸式模拟"的游戏类型。你可以在《塞尔达传说：荒野之息》（The Legend of Zelda: Breath of the wild）等游戏中看到这种游戏类型的影响力。这一想法是给玩家提供道具，让他们解决各种谜题和障碍。假设你要通过一扇由两名士兵看守的门。动作类游戏可能会迫使你为了继续前进而将士兵炸成碎片，但在沉浸式模拟游戏中，你有各种各样的选择。当然，你也可以杀死士兵，但也许你会决定穿过连接附近小巷的通风口，从他们身边溜过去。又或者你会放烟花来分散士兵们的注意力，然后跑进门，笑着看他们完全没有注意到你。

20世纪90年代早期，是电子游戏的典型转变时期。大多数设计师会设置一个主题公园，让玩家来操控小车；沉浸式模拟游戏让玩家自己创建自己的小车，然后选择从哪条轨道将其送下来。诺伊拉特、斯佩克特和他们的优秀游戏开发团队希望尽可能地重现《龙与地下城》等桌面游戏所提供的无限可能性。诺伊拉特说："我们想指出，当两个不同的玩家在游戏中执行同一个任务或冒险，然后互相对比另一方的游戏记录，会感觉两人玩的似乎不是同一款游戏。""这就是试金石。"

这些游戏都是划时代的，但由于磁盘制造成本过高，公司面临资金短缺的困境。① 1992 年，由于资金短缺，理查德·加瑞特将自己的公司卖给了大型发行商 EA 公司。和众多大型收购一样，这种合作关系开始时也很顺利。"头几年，这一切都很棒。"斯佩克特说道，"EA 给了我们比想象中更多的预算和自由。"有了这些新的投资，Origin Systems 公司迅速扩张，并开始尝试同时制作数十款新的电子游戏，其中一些游戏是由经验不足的新员工制作的。许多这样的游戏后来都被中止了，到了 1995 年，越来越失望的 EA 高管每隔几周就会飞到奥斯汀，指责 Origin Systems 为何要浪费这么多钱。"我们不是好公民。"斯佩克特说。Origin Systems 已经不再是那个凭借《创世纪》系列获得意外成功的初创游戏公司了，现如今它是 EA 庞大行政机器中的一个齿轮，它的开创者不得不面对随之而来的权谋运作和财政责任。

就在那时候，斯佩克特第一次对游戏行业中负责商业发展的人感到不满。"有一天，一位我不想透露姓名的 EA 高管来找我，说我的职业生涯并不成功，"斯佩克特说，"因为尽管我每年都能赚钱，但利润率不高。"EA 是一家上市公司，这意味着它的首要任务是确保股东信托资金的增长。仅仅盈利是不够的，你的利润必须每年都要成倍增长。沉浸式模拟游戏虽然深受游戏玩家的喜爱，但却无法吸引那些会指数级增长的玩家类型。沃伦·斯佩克特的游戏广受好评，但销量却不如 Origin 的其他游戏，如克里斯·罗伯茨的《银河飞将》系列，这是让斯佩克特出局的游戏。斯佩克特说："我是做'烂片'的人，预算低，没人关注，所以我不得不去做这些疯狂的小众异类项目。"EA 高管说："当我给了克里斯 1000 万美元，我要么赚 1 亿美元，要么用来抵税。而当我知道只能挣回 1.10 美元时，为什么还要给你 1 美元呢？"

---

① 在 20 世纪 80 年代和 90 年代初，计算机游戏都装在 3.5 英寸的软盘上，储存能力有限。Origin 的游戏需要大量的软盘，有时一款游戏需要 8 到 10 张，这是极其昂贵的。直到 1993 年的《神秘岛》(Myst)，电子游戏发行商才开始转向更多功能的 CD-ROM 格式。

1996 年,沃伦·斯佩克特决定离开 EA。他的老朋友保罗·诺伊拉特问他是否愿意到马萨诸塞州的 Looking Glass 和他一起工作。斯佩克特不想再次离开得克萨斯州,于是诺伊拉特建议他在当地开个新办公室。另外两名 Looking Glass 的员工已经在奥斯汀的家中工作,这样他们就可以加入诺伊拉特的新公司。他们称它为 Looking Glass Austin,在诺伊拉特的领导之下,它将拥有自己的员工和项目。诺伊拉特开始雇用开发人员策划游戏,如 *Junction Point*。在这款游戏中,你可以与一群朋友一起去冒险——这在 1996 年是一个不同寻常的概念。诺伊拉特说:"这是一款非常超前的游戏。"但是,Looking Glass 遇到了投资问题,仅仅几个月后,诺伊拉特和斯佩克特就不能维持公司了。"我对保罗说,'把奥斯汀分部关了就行'。"斯佩克特说,"我很有信心能寻求到新的合作。"① 1997 年,斯佩克特第一次关闭了工作室,他问 Looking Glass Austin 的一些员工,在他寻找新项目期间能否留下来。*Junction Point* 游戏从未制作成功。

他们失业的时间并不长。在工作室关闭后不久,斯佩克特和他的新团队就与 Westwood 公司进行了合作,商定了一份在实时战略游戏系列《命令与征服》(*Command & Conquer*)基础上的角色扮演游戏的协议(具有讽刺意味的是,该公司后来也被 EA 收购)。当时,斯佩克特接到了一个名叫约翰·罗梅罗(John Romero)的自负的游戏设计师打来的电话。罗梅罗也在 Origin Systems 工作过,不过他在 1988 年就离开了,比斯佩克特的入职早一年。后来他与程序员约翰·卡马克(John Carmack)合作创建了 Id Software 工作室,这是一家制作了《毁灭战士》(*Doom*)、《雷神之锤》(*Quake*)和《德军总部 3D》(*Wolfenstein 3D*)等热门游戏的公司。罗梅罗和其他员工之间的紧张

---

① 在经历保罗·诺伊拉特所说的一系列不幸事件之后,Looking Glass 在 2000 年关闭了。"简而言之,我们的投资者对游戏产业不感兴趣了。"他说。

关系导致这位明星设计师辞职，之后他成立了一个新的工作室"离子风暴"。当罗梅罗给斯佩克特打电话时，这家工作室的银行账户上资金充足。

罗梅罗恳愿斯佩克特拒绝与《命令与征服》的合作，转而为他工作。斯佩克特说为时已晚，他们马上就要签约了。为此，罗梅罗就从他位于达拉斯的办公室驱车赶到斯佩克特在奥斯汀的家，开出了极为优厚的条件。"无限的预算，这是我一生中从未看到过的大手笔。"斯佩克特说，"能不受任何干扰地制作自己梦想中的游戏，谁又能拒绝这样的条件呢？"

这次协议中提及的是一款名为《杀出重围》的电子游戏，如果《创世纪：地下世界》和《网络奇兵》是"沉浸式模拟游戏"的蓝图，那么《杀出重围》就是建筑。这是一款独特的混合类型游戏，营销人员都不知该如何称呼它——角色扮演类游戏？射击类游戏？还是动作类游戏？

答案竟然是"以上所有都在内。"在一个充满阴谋、纳米技术和堕落科学家的类似未来主义的废土世界中，你将扮演一个名为 J. C. Denton 的超级战士，你可以用各种方法克服游戏中的一个个障碍。你可以选择开枪击杀敌人，你也可以找到绕过他们的方法，或者黑掉附近的计算机终端来破坏他们的防御。斯佩克特后来写到，我们的目标是"制作一款着重于玩家表达的游戏，而不是彰显我们作为设计师、程序员、美工或故事讲述者有多聪明的游戏。"有一次，一位高管质问斯佩克特，他们的数据显示，只有一小部分玩家使用了隐身，那他为什么还要费心在游戏中加入隐身功能。斯佩克特选择了置之不理。"我很早就从克里斯·罗伯茨那里学到了'不'这个词的力量。"他说，"想要赢得谈判就不能患得患失。"

《杀出重围》于 2000 年 6 月问世，它让玩家们大开眼界，同时让世界明白，除了单调的射击游戏和平台游戏，电子游戏还有无数种值得探索的可能玩法。这款游戏卖出了 100 多万份，被广泛认为是史上最伟大的作品之一。斯佩克特对《杀出重围》寄予厚望，甚至当 2001 年夏天罗梅罗离开，位于达拉斯的公司被关闭之后，他还管理着离子风暴的奥斯汀分部。① 他指派《杀出重围》的首席设计师哈维·史密斯（Harvey Smith）去指导续集《杀出重围：隐形战争》（Deus Ex: Invisible War），并监督其他项目，包括《神偷》（Thief）系列的一款新游戏，这是一套由斯佩克特在 Looking Glass 的老伙计们创造的梦幻般的潜行类游戏。

　　官僚主义再次干扰了沃伦·斯佩克特的计划。电子游戏发行商 Eidos 在《杀出重围》的开发过程中收购了离子风暴。斯佩克特发现自己必须再次面对在 EA 工作时曾困扰自己的风险规避问题。他想做一款以西部荒野为背景的游戏，但 Eidos 的营销主管却告诉他，这种游戏赚不到钱。斯佩克特说："我的回答是，'除非有人创造出畅销的西部游戏，否则西部游戏是不会畅销的。'"〔这个预言在几年后 Rockstar 大获成功的《荒野大镖客》（Red Dead Redemption）中得到了证明。〕当营销人员开始告诫他不要过多地谈论电子游戏的故事情节时，斯佩克特就到了崩溃的边缘。"他们的原话是，"斯佩克特说道，"'沃伦，你不准再说"故事"这个词了。'"

　　注重情节是沃伦·斯佩克特的一种特质，具有这种特质的人在他的行业内并不少见。电子游戏行业，就像所有的艺术追求一样，是建立在两个相互矛盾的关系之上的：创意和金钱。游戏开发商想创造艺术，而游戏发行商想获取利润，两者之间的冲突和电子游戏本身一样由来已久。这是大多数游戏制作公司出现问题的根本原因。"我这辈子从来没有做过预算和计划，在我参与的任何一个项目中都没有。"斯佩克特说，

---

① 达拉斯的离子风暴公司崩溃背后有许多因素，但最令人难忘的是《大刀》（Daikatana）的广告，那也许是游戏历史上最臭名昭著的广告。广告中，黑墨水溅在血色的屏幕上，写出："约翰·罗梅罗要把你变成他的婊子。"粉丝们反映这样并不好。

"我想问大家一个问题：有哪一款大众瞩目的游戏是能按时发行且不超预算的吗？"

让高管们感到愤怒的是，斯佩克特并未如他们所愿去制作畅销款的游戏——这个古怪的策划者似乎并不在乎自己浪费了他们多少钱。在他们看来，他十分固执并且对财务毫不在意。然而，斯佩克特并不介意成为做"烂片"的人，即使这意味着要和有钱人对着干。他只想做他想做的游戏。"我喜欢沃伦的一点是，"曾与他在离子风暴共事的程序员艾特·闵（Art Min）说，"他会说：'我对游戏营利的想法是，够我制作下一款游戏所需就行。'"

2004年，在离子风暴奥斯汀分部成立7年后，斯佩克特决定辞职，闵也打算和他一起，还有他们小组中的一些员工。经过在奥斯汀郊区的一家墨西哥餐馆里的数月热烈讨论后，他们决定成立一家新的、独立的电子游戏公司。这将是一个冒险的举动，但对于像斯佩克特这样的人来说，这将带给他前所未有的自由度，特别是目睹了之前的创意因为不能产生足够的利润而被一个又一个高管试图扼杀之后。斯佩克特快50岁了，却依然在一个似乎为20多岁年轻人量身定做的行业里打拼。他和妻子决定不生孩子，这让他得以投入电子游戏这个对策划人员工作时间有更长要求的行业，但他仍然经常思考自己到底能做出多少个游戏来。"假设每一个大项目都需要两三年的时间才能完成，其中有些还会被中途取消，或者出了什么差错，那么他还能真正完成多少个项目呢？""我和他说：'放手一搏，放手一搏，放手一搏。'"凯洛琳·斯佩克特说道，"是时候去创立自己的公司了。这是你创办自己公司的最佳时机，你必须马上放手一搏。"

他们将这家新公司命名为Junction Point，用以纪念在Looking Glass倒闭前他想开发的那款多人游戏。斯佩克特和闵立刻去寻找投资，最后雇了斯佩克特的老朋友谢默斯·布莱克利（Seamus Blackley）作为他们的代理人。布莱克利是一名物理学家且见多识广，20世纪90年代曾是Looking Glass的一名程序员，后来他开始了自己疯狂的职业生涯，并在微软有过一段辉煌的履历。在那里，他说服比尔·盖茨投资数十亿美元，开发了一款可以与PS抗衡的游戏机（开发获得了成功）。如今，布莱克利是一名代理人，与CAA合作，搭建着游戏开发者与投资者之间的桥梁。他的客户名单上满是有着聪明想法却融资困难的天才，比如蒂姆·谢弗（Tim Schafer）〔作品有《疯狂世界》（Psychonauts）和《冥界狂想曲》（Grim Fandango）〕；洛恩·兰宁（Lorne Lanning）〔作品有《奇异世界》（Oddworld）〕，现在，轮到沃伦·斯佩克特了。

布莱克利帮助Junction Point与发行商Majesco合作制作《沉睡的巨人》（Sleeping Giants）。这是一款奇幻游戏，基于沃伦和凯洛琳·斯佩克特数十年前共同构想的一个世界，里面充满了龙和精心设计的元素咒语体系。两家公司合作了一年多之后，面临财务困境的Majesco决定退出制作高成本的电子游戏。"我坐在那里想，'呃，我该做什么？'"斯佩克特说，"有一笔合约终止赔偿金，可以让我们继续运营一段时间，因此我们应该有足够的资金支撑到我找到下一个合作者。"Junction Point进入了危机模式。独立让他们陷入了资金短缺的困境，艾特·闵在与斯佩克特激烈争论该如何继续后辞职了——他认为实现可持续发展的唯一途径是裁员，斯佩克特却不这么认为。①

很快，另一个机会出现了——维尔福集团的亿万富翁总裁加布·纽厄尔（Gabe Newell）打来电话，询问斯佩克特和他的团队是否想为里程碑式的射击类游戏《半条命2》（HALF-LIFE 2）制作一个全新的关卡。可几个月之后这个计划也被取消了。斯佩克特说："就这样，我又失去了一个机会。"这样一群经验丰富的游戏开发者，甚至包括了一位业界传

---

① 这对合作伙伴有好几年没有说话，但后来又和好了——斯佩克特甚至在闵的婚礼上读了一首诗。

奇人物，但他们似乎找不到足够的资金来制作新游戏。如果他们等到几年后再选择走独立制作这条路，或许还能寻找其他融资途径——众筹、自助发行、精品小游戏发行商，等等。但是在2000年前后，这些途径并不存在。像EA和动视这样的大公司是斯佩克特唯一的选择，但他们似乎都对他所推销的游戏不感兴趣。

这时很难不彷徨：独立创业是错误的选择吗？斯佩克特真的想把余生都花在融资上吗？背水一战的问题是，有时你会沉入河底。

当迪士尼高管格雷厄姆·霍珀（Graham Hopper）升职时，他只有一个使命：制作出更多的电子游戏。霍珀是一名南非商人，1991年加入米奇团队工作。他十分有经济头脑，并且相信电子游戏行业前途无量。迪士尼之前涉足电子游戏行业时，主要是将米奇和高飞等IP授权给其他游戏商，而不是自己开发游戏。但在21世纪初，当迪士尼看到其他公司通过制作自己的游戏获得巨额利润时，它的卡通眼睛里出现了美元符号，它随即成立了一个新部门，后来被称为迪士尼互动工作室，由霍珀负责。2002年，迪士尼正式进入了电子游戏行业。

现在，霍珀和他的员工不得不考虑如何利用他们最有价值的财产——米老鼠。这位无处不在的迪士尼吉祥物以前曾在电子游戏中出现过，最引人注目的是在20世纪90年代为超级任天堂和世嘉创世纪制作的一系列马里奥式平台游戏中的现身，但他没能复制在电视屏幕上的成功而成为游戏界的偶像。在好莱坞，米奇是明星老鼠；但在电子游戏中，它只是卡通人物之一。迪士尼加倍投入游戏开发计划的一部分想法是制作一款人们会珍藏和铭记的米奇游戏。霍珀说："米奇几乎是迪士尼游戏领域的神话。它是世界上最著名的角色之一，却没有一款对应的电子游戏来帮助它接触到新领域的消费者和粉丝。"

霍珀忙得不可开交,然而,直到 2004 年夏天,米奇项目才取得一些进展。当时是由一群需要新项目的迪士尼实习生来接手。实习生对外部代理机构推荐给迪士尼的那些创意完全无感。例如,其中一个,满满的 90 年代感,给米奇戴上太阳镜,再给它弄了一个气垫船。于是他们决定自己想办法。其中一名实习生肖恩·瓦纳曼(Sean Vanaman)说:"我们想让米老鼠与《时光之笛》(The Legend of Zelda: Ocarina of Time)等互动。"① 他们最终与一家小型独立工作室合作开发了这一项目,项目名为《米奇传奇》(Mickey Epic),一个表明了他们野心的名称。这是一个老派米奇,让人想起黑白卡通片《汽船威利》(Steamboat Willie),这只老鼠偶像有着大大的眼睛和明显的下巴。玩家扮演米奇的角色四处斩杀怪物并积累特殊能力。

这款游戏也成了迪士尼历史上的一个重要节点。在迪士尼每一次的新员工入职培训中,实习生们都会了解到一个大多数人都不知道的角色:幸运兔奥斯华(Oswald)。这是华特·迪士尼(Walt Disney)在 1927 年创造的一只拟人化的兔子。大而突出的耳朵和活泼的个性,让奥斯华比其他讨人喜欢并主导了 20 世纪 20 年代的动画圈的卡通人物(主要是猫)更受欢迎。但后来,随着故事的发展,一场不愉快的合同纠纷导致了华特·迪士尼自立门户。他开始涂鸦一只卡通老鼠的早期草图,他保留了这只老鼠的所有版权,并退出了环球影业,将奥斯华留给了其他艺术家。到 2004 年,尽管迪士尼公司保证会与所有员工分享这个故事,但世界已经几乎忘记了奥斯华。瓦纳曼说:"入职第一天,他们告诉你的第一件事就是这个,听完后杯子里的咖啡都还是热的。""我们会

---

① 瓦纳曼后来在电子游戏行业有着非凡的职业经历。他策划了《看火人》(Firewatch)。这是一部以怀俄明州森林为背景的迷人而美丽的游戏。他后来将公司卖给了 Valve,并致力于新《半条命》游戏的开发,而这正是沃伦·斯佩克特多年前取消的项目。

想,'那谁是坏人?哦,就是我们第一次入职时听说的那个人。'"

这是一个完美的切入点。迷失又被抛弃的奥斯华可以是游戏里的悲剧反派。瓦纳曼和其他实习生设想的奥斯华是一个充满愤怒和嫉妒的角色,被世界遗忘,从而想努力夺回自己的一席之地。由于嫉妒弟弟的成功,奥斯华建造了自己的主题公园——一个用纸板和零件建造的扭曲版迪士尼魔幻王国。瓦纳曼说:"就好像他在电话里听说了迪士尼乐园,然后决定制作自己的版本。"

格雷厄姆·霍珀和迪士尼新电子游戏部门的其他高层对这个项目很感兴趣,但有两个无法解决的问题。第一,迪士尼尚未获得奥斯华的版权。自 1927 年以来,环球影业就拥有了米奇的这位哥哥,尽管这位电影界的大佬早就不再制作奥斯华的动画片了,但环球影业的决策者看到了保留这个哥哥的价值。迪士尼能把它拿回来吗?格雷厄姆·霍珀向迪士尼总裁鲍勃·艾格(Bob Iger)推荐了这个创意,鲍勃·艾格对此很感兴趣,并打电话给环球影业,询问他们能否得到奥斯华的版权。环球影业的高管当即回绝。他们认为,如果迪士尼想要奥斯华,那么它一定很有价值。霍珀说:"当时几乎走进了死胡同。"但艾格从未忘记这一点。"他把它当成了秘密目标,一旦环球影业有求于自己,就可以将其拿回。"

在米奇游戏的这个项目处于休眠期间,发生了一件不同寻常的事情。艾尔·迈克尔斯(Al Michaels)是一位传奇的体育播音员,因 1980 年奥运会上那句宣布美国曲棍球队获胜的话("你相信奇迹吗")而成名。他想终止与美国广播公司的长期合同,而和他的老朋友约翰·马登(John Madden)一起去美国全国广播公司主持《周日橄榄球之夜》(*Sunday Night Football*)。拥有美国广播公司的迪士尼开始悄悄地与美国全国广播公司进行谈判,而美国全国广播公司恰好也是环球影业的一部分。2006 年 2 月 9 日,迪士尼宣布将艾尔·迈克尔斯"交易"给其竞争对手,以换取几笔小规模的授权交易,以及一个神神道道的幸运兔奥斯华的版权。这可能是有史以来唯一一次人类被迫与卡通人物做合约交换。"未来的一天,我将成为某个搞笑段子的答案。"迈克尔斯后来开玩笑说。

当时除了迪士尼内部人员外没人知道,至今也还有许多人没有意识到——鲍勃·艾格将把奥斯华做成米奇游戏的独门绝技。霍珀说:"他很高兴地打电话给我,说我们现在夺回了版权。不为别的,就是为了制作这款游戏,这对所有参与者来说都足够酷和吸引人了。"

更名为《传奇米奇》(Epic Mickey)的《米奇传奇》还有第二个难题要解决,才能最终得以启动。霍珀说:"我们亟需一个能够完美打造这款游戏的工作室。"游戏最初的原型,是由一家外面的独立工作室在迪士尼的实习生们的辅助下制作的,令人印象深刻——"游戏原型的搭建花了6个月,而我是第一次玩原型这么上头。"瓦纳曼说道。但迪士尼并不相信这家公司能完成这个使命。它的规模太小,也没有迪士尼高管们想要的影响力。瓦纳曼说:"他们看到后说'这很酷,让我们找别人来做吧。'"在拿回奥斯华版权的几个月前,霍珀和他的团队就一直在寻找一个完美契合的开发者,一个在电子游戏行业足够出名并且在迪士尼进军游戏界时能引起轰动的人。

他们找到了。

当沃伦·斯佩克特听到整个故事时,他就明白为什么迪士尼的高管会在他试图向他们演示自己的游戏理念时发短信了。他们对他的演示并不怎么感兴趣。他们真正想要的是让他制作米奇电子游戏,而且他们一直在互相发短信问对方是否应该提议合作。代理人谢默斯·布莱克利给他们开了绿灯,格雷厄姆·霍珀和其他迪士尼高管拿出了他们最近几个月拼凑的一些《传奇米奇》的方案。霍珀说："我们从那次谈话中了解到，沃伦总体上来说是迪士尼的忠实粉丝。通过他的演示以及和他的接触，虽然提出此项目有些突兀，但似乎值得一试。"

那么，斯佩克特想制作米奇游戏吗？他激动得几乎控制不住了。"我只能看着他们说：'当然'。"斯佩克特说"米老鼠是地球上最具辨识度的图标，谁能拒绝呢？"霍珀给了斯佩克特他们为《传奇米奇》准备好的材料：美术概念、基本故事和其他各种注释和想法，然后他们确认了合作的框架协议。迪士尼将付钱给斯佩克特和 Junction Point，让他们在接下来的几个月里为米奇项目整合美术概念和设计。如果迪士尼对成果满意，合作将继续推进。如果没能达到要求，也不会有什么不愉快。"我说：'你给了我一颗橡树种子，我将还你一棵橡树。'"斯佩克特说。

2005 年底回到得克萨斯州之后，斯佩克特开始与另外两名 Junction Point 的开发人员共同开发米奇项目，以奥斯华为重头戏，添加了一些他们自己设定的改变。他们花了大量的时间去思考米老鼠的样子，如何让它的形象生动起来，以及它在游戏中能够做些什么。游戏的世界是在一个卡通荒原上，这将是一个聚集了那些未被使用和被遗忘的迪士尼角色的地方。他们还尝试了《老鼠被困》（*Mouse Trapped*）等其他名称，但最终还是延续了《传奇米奇》。几个月后，奥斯华的交易最终完成，这表明迪士尼非常重视这款游戏的开发。

2006 年 4 月，当斯佩克特飞回加州向迪士尼展示他们的成果时，格雷厄姆·霍珀和其他高管都表示很满意。只是有一点需要注意。"从那时起，气氛就变得奇怪了，"斯佩克特说，"他们说：'我们喜欢你们的理念，我们想让你们做这个游戏，但是能让你们制作这款游戏的唯一方式，就是由我们来收购你们。'"

这不是沃伦·斯佩克特想听到的。他已经有两次被大公司收购的经历：Origin Systems（被 EA）和离子风暴（被 Eidos）。这两次收购对他来说都没带来好结果。看重直接得分的高管们并不像斯佩克特那般注重过程，也从来没有给过他回旋余地，所以斯佩克特也并不在意让他们知道自己的感受。在社交场合中他很内向，但在会议上，他很放得开。斯佩克特创立了自己的工作室——毫无顾忌地放手一搏——为了创作的自由，为了可以制作令他快乐的游戏，而不用和要求他卖出数百万份游戏的高管扯皮。

在格伦代尔吃寿司晚宴时，迪士尼的一位高管向斯佩克特提出了收购 Junction Point 的要约。收购价格如此之低，斯佩克特觉得自己真的被冒犯了。"我说不。"斯佩克特回忆道，"对方说，'不'是什么意思？没有人会对迪士尼说不。"斯佩克特认为，对迪士尼说"不"是理所当然的。他很顽强，公司并未走上绝路，而他在 Origin Systems 的日子里学到了赢得谈判的唯一方法就是要有掀桌子的勇气。

这一招很管用。几个月后，迪士尼的一位副总裁打电话给斯佩克特，问他是否愿意和他共进晚餐。斯佩克特说当然，第二天这位副总裁飞来了奥斯汀。"他说，他们花了一年时间试图寻找一个人来执行我们的提案却没有找到——你愿意回来做吗？"斯佩克特说，"他们仍然希望我卖掉 Junction Point，加入迪士尼，但这次他们带来了一个足以说服我的要约。"

对斯佩克特来说，这个提议苦乐参半。除了现金，迪士尼还允许 Junction Point 扩招数百人的团队，以制作《传奇米奇》，但这并不是那种通常伴随着收购而来的"能直接用"的资金。"我在想，'我还没准备好被收购，'"斯佩克特说道，"但游戏行业的现实就四个结局：上市——但没人这么做；像 Valve 一样存活几十年；被收购；倒闭。"

斯佩克特并不想倒闭，而 Junction Point 的其他项目也没有太大进展，他们也还没为《沉睡的巨人》或和吴宇森合作的游戏找到新的发行商。在和妻子商量后，斯佩克特决定卖掉自己的公司。他和谢默斯·布莱克利着手起草出一份详细的迪士尼收购要约。"和他们谈判非常困难，"布莱克利说，"他们做事一丝不苟，聘请了很多律师，每一项都需要谈判，就像在等待处决一样。"

那年夏天，在 E3 大会上，格雷厄姆·霍珀想震惊电子游戏世界。他告诉所有人，迪士尼将大举进军游戏领域。他们举办了一场充斥着各种公告的新闻发布会，宣布了该部门的新名称——迪士尼互动工作室，并展示了面向儿童〔《歌舞青春》（High School Musical）〕和面向成人〔《恐龙猎人》（Turok）〕的游戏。其中最引人注目的是，迪士尼大笔投资了大多数电子游戏粉丝眼中的行业传奇——《创世纪：地下世界》《网络奇兵》和《杀出重围》等游戏的缔造者：沃伦·斯佩克特。

问题是，这笔交易还没有最终敲定。斯佩克特对放弃自己的独立性感到不安，此外还有几个条款要协商。霍珀说："已经到了最后时刻，但是就连我都不知道他是否真的会签约。"

2007 年 7 月 13 日上午，格雷厄姆·霍珀和沃伦·斯佩克特一起站在加利福尼亚州圣莫尼卡费尔蒙酒店后面的装货码头。霍珀手里拿着收购合同，等着斯佩克特签字。在酒店前，记者们已经在排队参加迪士尼的新闻发布会。斯佩克特说："他们让媒体进入发布声明的房间，而我和格雷厄姆则站在外面，带着那份我尚未签署的合同。我一只耳朵听着律师的电话，另一只耳朵听着谢默斯的电话。"直到交易宣布前的几分钟，斯佩克特还是不能确定自己是否准备放弃独立。这真的是个好主意吗？

布莱克利告诉斯佩克特，他只需要回答一个问题：他喜欢这些人吗？他想和他们一起工作吗？换句话说，他是否相信霍珀和迪士尼互动工作室的其他人能够帮助他制作出一款优秀的游戏？布莱克利说，如果答案是肯定的，那么其余的问题就会迎刃而解。斯佩克特想了想，然后决定再次放手一搏。"于是我签了合同，"斯佩克特说，"然后我走进房间，被介绍给大家。"

在场的记者并不知道这笔交易达成的最后时刻发生在距离自己多近的地方。他们对迪士尼的魄力印象深刻，尽管他们认为这是一个奇怪的组合。他们问了许多斯佩克特两年前被问过的问题。为什么充斥暴力、硬汉的游戏《杀出重围》的制作人会为一家以卡通和儿童游戏而闻名的公司工作呢？他之后告诉了媒体答案，他一直很喜欢卡通——他的硕士论文就是以卡通为主题的——这对他来说是一个梦寐以求的机会。

霍珀并没有告诉大家斯佩克特具体将会制作些什么，而仅仅说他将为迪士尼打造一款游戏，这使得业内人士都很好奇，并做出了各种猜测。"然后我就回到正在制作角色扮演类史诗幻想游戏的办公室，"斯佩克特说，"宣布，'伙计们，我们正在打造一款米老鼠游戏。'"

并不是公司的所有人都对这次收购感到高兴，Junction Point 最初的几个开发者退出了，他们告诉斯佩克特他们不想制作卡通游戏。然而，对其他人来说，这意味着稳定。他们不再需要向发行商和投资者宣传新项目——他们可以专心做一个游戏。沃伦·斯佩克特也不再需要扮演推销员的角色，他可以专心当一个制作人。"我们很激动，"沃伦·斯佩克特说，"这是件大事，意味着 Junction Point 可以存续了。他们可以不再担心钱的问题了。"

随着公司规模的扩大，从十几人到几十人，最终发展到 100 多人，《传奇米奇》这款游戏开始逐渐成形。这将是 Wii[①] 的独家产品，专为魔杖一样的 Wiimote 及其摇摆控制而设计的。这将是一款平台游戏，就像《超级马里奥》一样，当你在被奥斯华扭曲到畸形的迪士尼历史世界里探险时，你需要跨越危险的悬崖和岩壁。米奇的主要工具是一支神奇的画笔，它可以用绘画的方式来创造或清除卡通世界的物体，让

[①] Wii 是任天堂公司于 2006 年 11 月推出的家用游戏机。（译者注）

玩家选择如何处理障碍和敌人——你可以用颜料让它们复活，也可以用稀释剂把它们消灭掉。你的选择将在整个游戏中产生一系列影响，包括后面的故事情节与对话。《传奇米奇》并没有像斯佩克特之前的沉浸式模拟游戏那样提供给玩家众多的选择，但这款游戏仍然秉持了斯佩克特的理念，即玩家的选择将决定游戏的剧情。

在接下来的 3 年里，斯佩克特主导着《传奇米奇》的开发，他扩大了团队规模，并与迪士尼高管在时间和资源上展开了激烈的争夺。斯佩克特从来没有在财政紧张的情况下很好地工作过——据他自己承认，他一生中从来没有按时完成过任务，也从来没有在预算之内完成过任务——但对于像迪士尼这样要求严格的公司来说，这可能会造成很大的问题。斯佩克特说："有时候，高管们会把我叫到办公室，试图说服我：'你该这样干。'而我只会说'不。'"双方为了缩减预算、加快进度，甚至还为米奇的形象和动作而争吵不休。毕竟，米奇是皇冠上的宝石——迪士尼金库中最重要的角色。"我觉得我都该被迪士尼解雇 6 次了，但实际却没有发生，"斯佩克特说，"他们让我做我想做的游戏。"

《传奇米奇》于 2010 年 11 月 30 日面向 Wii 发行。这款游戏存在一些问题——特别是画面镜头移动得不流畅，这让玩家有时很难看清将发生什么，但瑕不掩瑜，这依然是一款为玩家所喜欢的、具有吸引力的冒险游戏。[①] 这款游戏卖得很好，在发行的第一个月就卖出了 130 万份。据格雷厄姆·霍珀回忆，它差不多达到了收支平衡。对于一款只在一种终端上发行的游戏来说，这算成功了。基于他们已经拥有了的基础和技术，斯佩克特的团队有很大优势能够制作续集。

---

① 斯佩克特说："每个人都对游戏的画面镜头有意见。我会誓死保护我的镜头——你可以擦掉一堵墙的一部分，然后穿过它，到达墙的另一边。镜头这时应该怎么做呢？墙在 1 分钟前还在，现在不在了。或者墙上有个小洞，角色站在离洞 1 英尺远的地方——镜头又该怎么做？我们给自己制造了很多这样的问题。我们还能做得更好吗？当然，我保证，随着时间的推移我们能够做得更好，但我仍然为画面镜头团队感到骄傲。"

与此同时，迪士尼的电子游戏部门也发生了剧变。当每个人还在回顾着 2008 年美国次贷危机所带来的衰退时，运行于手机和 Facebook 上的电子游戏呈现了爆炸式增长，分析师预测传统的主机电子游戏将很快消亡。2010 年夏天，迪士尼斥资 7.63 亿美元收购社交游戏开发商 Playdom，并于同年秋天重组 Playdom，将 Playdom 原老板约翰·普莱曾茨（John Pleasants）调任接替了迪士尼电子游戏部门格雷厄姆·霍珀的职位。"我感觉到，迪士尼集团中的一些人认为当前重要的是迪士尼不能在我们所说的在线革命上落伍。"霍珀说，"主机游戏是一个夕阳产业。这是他们自己得出的结论，不是我是否赞同的问题。"

到了 2010 年秋天，就在 Junction Point 的开发者为完成《传奇米奇》而加班加点工作的时候，迪士尼的高管发出了他们不再关心主机电子游戏的信号。迪士尼互动工作室此前一直亏损巨大，公司希望采取一种不同的方式来开发游戏。霍珀表示："在收购 Playdom 之后，大家明显不再对主机游戏感兴趣了。我甚至听到有人说：'它消亡了。'这是我所无法认同的，因此我选择离开。"

在《传奇米奇》发行的前几周，霍珀辞职了。他曾经是迪士尼互动工作室的负责人，也是公司里主机电子游戏的忠实拥护者，是霍珀把斯佩克特和 Junction Point 带到了迪士尼。霍珀是推动迪士尼在 Wii 等游戏机上制作游戏的人，像《传奇米奇》这样的游戏既能吸引铁杆游戏迷，又能吸引休闲游戏迷。现在他走了。

虽然斯佩克特和霍珀有很多分歧，但显然霍珀是非常喜欢和关心电子游戏的，这也是斯佩克特所一直尊重的。普莱曾茨则相反，他是一个商人，在百事可乐和票务大师等公司拥有运营数据和品牌背景的他查看了迪士尼互动工作室的报表数据后，发现这家公司在一个似乎正在被手机游戏、社交游戏和直播发展等取代的行业里，损失了数百万美元，而取代者们可以在发布后的几个月里不断更新和变现，而不是在发布时才产生收入。① 在普莱曾茨看来，向主机游戏上投入巨资并没有太大意义。尽管《传奇米奇》大获成功，但 Junction Point 也仍需在接下来的 3 年里致力于开发新内容，不断烧钱直到续集问世。既然如此，那为什么不投资那些每年都能赚钱的游戏呢？

第一次见到斯佩克特时，普莱曾茨直截了当地告诉这位《传奇米奇》的制作人，迪士尼的策略正在改变。斯佩克特说道："他直截了当地告诉我，他认为主机游戏开发者的前途渺茫。他并非要立刻解雇我们，但主机游戏和 PC 游戏并不是未来的发展方向。这就是我们见面那天所聊的。"

这提出了一个明显但令人不安的问题。如果 Junction Point 是一家制作主机游戏的公司，但主机游戏并没有未来，那么这对 Junction Point 来说意味着什么呢？

切斯·琼斯（Chase Jones）不介意过着像流浪汉一样的生活，这样的他非常适合电子游戏行业。小时候，他经常转学——他的父母离婚了，在电话公司工作的父亲因工作需要经常带着他搬家。1999 年，他开始就读于华盛顿州雷德蒙德的一所为游戏开发者开设的私立大学 DigiPen。毕业后，他搬到了加利福尼亚州的洛杉矶。在那里，他曾在几家大型发行公司做游戏测试员，后来又跨越整个美国到纽约布鲁克林，在一家名为 Mind Engine 的独立工作室工作。这并不是那么辉煌的经历。琼斯说："有那么几次，我下了地铁，走了 10 个街区去上班，一开门灯就不亮了，因为没缴电费。""所以你搬起你的计算机主机，跳回地铁，在家里工作。"

---

① 普莱曾茨拒绝就本书置评。

由于资金不足，Mind Engine 的创始人于 2004 年关闭了公司，琼斯又重新开始了自己的漂泊生活。这次他搬到了北卡罗来纳州的凯利市，在 Red Storm Entertainment 工作。这是育碧的工作室，主要制作由小说家汤姆·克兰西（Tom Clancy）的作品改编的军事游戏。2006 年，切斯·琼斯换了另一份工作，这次是在加州的诺瓦托市，为发行商 2K 的旗舰工作室 Visual Concepts 工作。条件很诱人：琼斯先帮助团队来完成一款电影衍生的游戏——《神奇四侠：银影侠来袭》(*Fantastic Four: Rise of the Silver Surfer*)，之后他就可以着手一款全新系列的游戏。琼斯说道："我没有意识到的是，我是在剩下 10 个月时间里被带来的第三个首席策划师了。这是完全的连轴转、不停歇、没有假期，更没有休息时间。大多数情况下，我都是在凌晨 3 点离开办公室，回到家睡一觉醒来，然后早上 8 点回办公室，周而复始。"

这样的做法是很难挖掘出这一款游戏的全部潜力的，但《神奇四侠：银影侠来袭》的设计初衷并不是要突破创作边界或达到新的艺术高度。它的目的是向那些看了《神奇四侠》新电影并想玩电子游戏的孩子出售。"我认为我们都屈服于现实，"琼斯说，"这不会是我们梦想中的年度最佳游戏或其他什么。"支持着他和他的队友们熬过漫长加班的，是希望在完成后能做一些新的、令人兴奋的游戏。Visual Concepts 主要以制作 *NBA 2K* 系列等体育类游戏而闻名，通过《神奇四侠》他们希望扩展到动作冒险类游戏，也许更多。

然而他们迎来的却是裁员。2007 年 6 月，当《神奇四侠》电子游戏完成制作但尚未发行的时候，2K 就几乎解雇了它的整支开发团队。[1]

---

[1] 《神奇四侠》的首席概念美术师迈克尔·斯特里布林（Michael Stribling）在一封电子邮件中告诉我，他对 2K 裁员的方式感到失望，他解释说公司把所有人都赶出了公司，没有给他们机会回到办公桌前拿东西。"我只是对整个情况感到恼火，"他说，"你的整个团队在没有得到任何人帮助的情况下耗费大量时间制作并发行一款游戏，然后你让所有人都离开了。没有感谢和称赞，什么也没有。"

只有两个人被留了下来：游戏总监保罗·韦佛（Paul Weaver）和切斯·琼斯。这让琼斯感到很困惑。"我和保罗坐在办公室的一边，看着所有被清空的办公桌，互相对视着，纳闷他们为什么要留下我们。"琼斯说道，"他们告诉我，他们想让我在体育类游戏中占有一席之地，但我对制作体育类游戏并不感兴趣。几周后，他们把我一个人安排到一个办公室，我只能坐在那里玩游戏，直到找到另一份工作，这快把我逼疯了。"

最后，他在伊利诺伊州的厄巴纳市找到了另一份工作，在那里他成了 Volition 工作室的一名策划师，该工作室受《黑道圣徒》（*Saints Row*）的启发，开发了叛逆的《侠盗飞车》（*Grand Theft Auto*）系列游戏。琼斯在那里工作了大约一年，之后他的项目被 Volition 的母公司 THQ 取消了，THQ 当时受到了美国经济衰退的重创（THQ 在几年后就破产了）。再次寻找新工作时，琼斯与他的老朋友保罗·韦佛取得了联系，韦佛已经搬到了得克萨斯州的奥斯汀，担任 Junction Point 公司的工作室总监。

韦佛说他们正在为他们新的米奇项目寻找首席策划师，于是在 2008 年秋天，切斯·琼斯开车来到了得克萨斯州的奥斯汀——这是他在 7 年的游戏开发生涯中居住的第六个城市（也是第五个州）。"我已经有了心理准备，无论他们说的是不是全职工作，这个行业实际上都是合同制，"琼斯说，"你完成了手头的项目开发，然后就会担心是否还会有下一个项目可以做。劳工社保法管不了这些，他们都是先碎片化用工然后再整合，这就是行业潜规则。"对琼斯来说，Junction Point 至少是一个可以稳定一段时间的地方。毕竟它是迪士尼旗下的，很少有公司比它更富有，也很少有公司比它更稳定。

在接下来的两年里，琼斯担任《传奇米奇》的首席策划师，帮助沃伦·斯佩克特实现他充满野心的平台游戏的愿望。这是一个紧张的过程，在琼斯到奥斯汀之前，设计部门的一些人员流动加剧了这一过程。琼斯说道："我们需要在一个半月的时间内定义游戏玩法并将其整合成一个垂直切片。"垂直切片本质上是一个演示版本，通常是完整游戏中的一个任务或关卡，旨在向所有人展示游戏究竟是什么样子的。为了完成一个垂直切片，游戏开发者需要弄清楚所有的基本要素——以《传奇米奇》为例，米奇会是什么样子，它将如何移动，它将如何挥舞画笔，以及如何在平台间跳跃。这对琼斯和开发团队的其他成员来说意味着大量的加班。

当他们在 2010 年秋天完成了《传奇米奇》后，Junction Point 疲惫的员工被分成了几个团队。一些人从事秘密的新项目，另一些人开始构思和设计一款适合家庭的游戏：在游戏中，迪士尼的所有角色将在奥运会上相互竞争。少部分人则开始研究开发工具和制作流程，以提高工作室的运行效率。当时，切斯·琼斯被要求负责制作《传奇米奇》的续集。琼斯说："保罗和沃伦看着我说：'去吧，开始构思《米奇 II》吧。'"他们让他组建了一个 12 人的团队，开始创建一个原型——某种大致上可运行的游戏雏形。与垂直切片不同的是，原型看起来比较粗糙或不完善是正常情况。

最大的新特点是多人合作模式。除了独自扮演米奇之外，你还可以带一个伙伴扮演幸运兔奥斯华，它从悲剧的反派变成了乐于助人的盟友。米奇有魔法画笔，而奥斯华会得到一个遥控器，通过打开开关来电击敌人。米奇和奥斯华可以组成合击，甚至可以在激烈的战斗中复活对方。2010 年年底，当 Junction Point 的员工开始享受圣诞假期时，琼斯和他的团队已经为第二款游戏设计了一个合作模式原型，并勾勒出了故事的基本内容。他们希望通过两年半或三年的标准开发周期，能够将《传奇米奇 II》变得非常特别。

在这一点上最重要的是开发团队的精简，这样他们就不会因为方案改动而浪费太多的前期工作。即使是像《传奇米奇Ⅱ》这样在第一部游戏美术和技术基础上进行再创作的续作，也需要编撰新的故事、设计新的机制，以及构建新的关卡。在将团队扩充到数百人之前，他们需要一些时间进行试验。约翰·普莱曾茨和其他迪士尼高管希望《传奇米奇Ⅱ》能够运行在更多平台上，而不仅仅是 Wii，这是一个明智的商业决策，但也给后期的正式制作带来了更多需要解决的技术挑战。

圣诞节假期刚开始没几天，琼斯就接到了老朋友保罗·韦佛的电话，他向琼斯扔出了一个重磅炸弹。琼斯回忆道："他说：'思考一下，如果 1 月的第二周你的团队扩充到 110 个人，你会如何调整开发规划？'"事后证明，迪士尼对推进 Junction Point 的其他项目并不感兴趣；高管们只想尽快推出《传奇米奇》的续集。"我们拥有团队、开发工具和外包渠道，所以要赶工打造一款平庸的游戏毫无问题。"琼斯说，"如果我们保持高强度的工作，我们可以做出些成果来让这款游戏盈利。"在休假期间，琼斯成了一个高效安排任务的工作狂，回到办公室并匆忙地为新成立的《传奇米奇Ⅱ》团队布置任务。

与此同时，斯佩克特离开了。他对续集没有太大兴趣，他更喜欢把精力投入全新的东西上，所以当他不用再负责运营 Junction Point 时，他就开始关注其他的游戏原型和想法。他仍然痴迷于迪士尼的鸭子，他花了一些时间来推销一款名为《传奇唐纳德》（*Epic Donald*）的电子游戏，该游戏可以为脾气暴躁、没穿裤子的唐老鸭带来成就，就如同《传奇米奇》对于米老鼠那样。斯佩克特还试图在迪士尼寻找担任更重要的角色，制作漫画《唐老鸭俱乐部》，甚至试图向卡通系列和故事片推销自己的想法（他拒绝搬到加利福尼亚州，这阻碍了许多计划）。

但越来越明显的是，随着格雷厄姆·霍珀的离开，迪士尼的领导团队中已经没有多少人想继续制作传统电子游戏了。2010 年 11 月，在《传奇米奇》问世之前，迪士尼首席执行官鲍勃·艾格就曾告诉媒体，他们减少了对主机游戏的投资，转而专注于手机和 Facebook 端。① 2011 年 1 月，迪士尼关闭了旗下的 Propaganda Games 工作室，该工作室此前一直在制作基于《创》(Tron)和《加勒比海盗》(Pirates of the Caribbean)等电影的主机游戏。几个月后，迪士尼关闭了 Blackrock Studios，这是一家专门从事 MotoGP 和 Split/Second 等赛车游戏制作的英国开发公司。斯佩克特说道："迪士尼的一些高管会直接告诉你，'我不喜欢游戏'。我会问：'那你为什么要参与管理游戏部门？'"

然而，奇怪的是，正是这一批迪士尼高管要求 Junction Point 进行大规模招聘。他们做了财务规划，认为只要《传奇米奇 II》在 2012 年秋季完成，就可以盈利，所以他们向工作室投入了资金。迪士尼互动工作室正在走下坡路，但 Junction Point 却在扩张。到 2012 年，该工作室拥有超 200 名员工，而世界各地还有数百名外包商在为他们服务。斯佩克特说道："我们在这款游戏上投入了大量资金，这是一笔巨款。"

斯佩克特试图说服迪士尼，他们需要更多的时间，因为要在不到两年的时间内制作出高质量的《传奇米奇 II》是不可能的，尤其是想跨平台发行。迪士尼多给了这款游戏几个月的时间就不愿再让步了。"他们不明白的是，没有两款游戏是一样的。"斯佩克特说，"我总是告诉潜在的合作伙伴，我所参与制作的每一款游戏都花了大约 3 年时间。如果我告诉你我可以用更少的时间制作一款游戏，那我就是在撒谎。"由于时间紧迫，《传奇米奇 II》的开发者们陷入了困境，他们不得不在没有足够的信息来判断自己的想法是否正确的情况下就做出决定。"你总是希望当他们最终看到游戏的规模时，他们会说，'好吧，为了提高游戏质量，我们需要合理地讨论制作游戏需要多长时间'，但这从来没有发生

---

① 艾格说："我们已经看到了主机游戏向跨平台游戏发展的巨大转变，从手机移动端到社交网络游戏，通过让约翰·普莱曾茨参与游戏运营，我们所关注的不仅是这些业务的盈利变现能力，还有业务的多元化转变。"

过。"切斯·琼斯说道,"人们的资金周转都有到期的时间,所以大多数情况下都需要按照这个日程来倒推计划。"

Junction Point 正在苦苦挣扎。新职员的引入引发了文化上的冲突,而时限要求也带来了很大的压力,同时迪士尼的高管也经常会要求开发者尝试那些当月最赚钱的游戏类型。"我们正在开发一个免费版本;一个永久在线的版本,"琼斯说,"不管今天的风向是什么,我们必须创立一套自己的体系来阐明:我们是否应该这样做?"《家庭小镇》(*Farm Ville*)和《英雄联盟》(*League of Legends*)等游戏已经赚了数十亿美元,迪士尼想效仿它们。

斯佩克特创办 Junction Point 是因为他想自由地制作他自己的"烂片"游戏,而不必考虑盈利问题。现在,在 EA 和 Eidos 发生过的情况又出现了。

2012 年初的一天,迪士尼和 Junction Point 的领导开会讨论公司未来的发展。他们坐在位于得克萨斯州奥斯汀的 Junction Point 办公室底层的一间会议室里。有斯佩克特、琼斯和其他几位 Junction Point 的领导,以及包括约翰·普莱曾茨在内的一群迪士尼高管。斯佩克特表示,他认为自己开发《传奇米奇 II》和其他 Junction Point 主机游戏是可以盈利的。普莱曾茨却不这么认为,普莱曾茨希望 Junction Point 能够适应迪士尼对未来的展望——手机、免费游戏和其他不涉及传统主机游戏的商业模式。①

当斯佩克特和普莱曾茨为公司的未来争论不休时,他们的嗓门越来越大,很快他们就吵了起来。在会议谈话进行到一半时,普莱曾茨的电

---

① 迪士尼最大的赌注之一是一款名为《迪士尼无限》(*Disney Infinity*)的游戏,这是一款"实体玩具互动游戏",玩家可以在有迪士尼《阿拉丁神灯》(*Aladdin*)和《加勒比海盗》等系列游戏的大型沙盒世界中玩耍,并购买与这些游戏相关的实体玩具。据迪士尼称,2013 年发布的第一款此类游戏就获得了 5 亿美元的总收入。但该系列后续只制作了三款游戏,迪士尼在 2016 年关闭了制作它的工作室 Avalanche Software(Avalanche Software 后来被华纳兄弟收购)。

话响了。斯佩克特震惊地看着普莱曾茨旁若无人地接起了电话，他脑袋里好像有什么东西被引爆了。"接下来我所知道的就是，控制器"嗖"的一声穿过房间，飞过我的头顶，砸到墙上，"琼斯说，"沃伦怒气冲冲地走了出去，大家坐在那里面面相觑，'我们还要继续吗？'"

就这样，沃伦·斯佩克特和迪士尼的关系破裂了。"我想在某种程度上，我成了那里不受欢迎的人，"斯佩克特说，"我可能毁了工作室。"当年晚些时候，当 Junction Point 的员工加班完成《传奇米奇 II》时，迪士尼给了斯佩克特和他的领导团队一个新的任务：削减成本，是时候让 Junction Point 裁员了。这导致了迪士尼和 Junction Point 之间长达数周的谈判。如果工作室的员工从数百人减少到只有 25 人，那会是什么样子？如果减少到 50 个呢？或者 75 个呢？"有一次，我们讨论到，'好吧，如果我们只留下 10 个人呢？'"切斯·琼斯说，"我记得在那次会议上说，'那就干脆把整个工作室关掉。如果我们谈论的是只留下 10 个人，那就毫无意义了。'"

到了 2012 年秋天，斯佩克特清楚地意识到，迪士尼确实计划着关闭整个工作室。他对 Junction Point 未来的所有提议都遭到了拒绝，他说："我们提交了 62 张表格，一张都没被批准。"尽管《传奇米奇 II》计划在 11 月发行，迪士尼也没有批准任何其他项目。那年秋天的某一周，斯佩克特飞往加州，与迪士尼高管进行最后一次会议，试图保住 Junction Point。他说："我提出了一个可以保住 75 个人工作的计划。""他们说：'不，我们给你'——我不记得数字了，但比 75 要少得多。"这时，斯佩克特已经意识到迪士尼实际上是在表明 Junction Point 的使命已经结束了。所以无论他说什么或做什么，都无法阻止这一切。

随后又是一场激烈的争吵。"我们吵了大约 45 分钟，吵得很大声。"斯佩克特说，"那天我有一种灵魂出窍的感觉。这种情况以前从未发生过——我真的感觉到我的自我意识飘在天花板上，俯视着自己，心想，

'这是我这辈子做过的最酷、最愚蠢的事。'"当沃伦·斯佩克特飞回得克萨斯州时，他已经明白接下来的几个月将是他在 Junction Point 最后的日子了。在他们还没有机会看到《传奇米奇 II》能否成功的时候，工作室就已经注定要完蛋了。

在短短两年的时间里，Junction Point 从迪士尼主机游戏大战的先锋变成了追逐热门新趋势的另一个牺牲品。而且，由于涉及员工离职的法律问题，斯佩克特不能告诉任何人这件事。作为一个制作人和领导者，斯佩克特认为自己是"从不隐瞒错误的"——从他在 Origin Systems 工作的时候，他就一直坚信要直面风险和问题。现在，他发誓要保守秘密。"这有点像地狱。"他说，"这是我一生中最糟糕的经历之一。"

《传奇米奇 II》于 2012 年 11 月 18 日问世，很明显它是仓促开发的一个产物。评论人抨击了老套的游戏玩法和奥斯华不可靠的人工智能。评论人露西·奥布莱恩（Lucy O'Brien）在游戏网站 IGN 上的评论中写道："在游戏的大部分情况下，它能够跌跌撞撞地前行，但却不是你所希望的那样，一个合适的、能交流的伙伴。"最糟糕的是，这款游戏的销量仅为《传奇米奇》的一小部分，这是灾难性的，因为《传奇米奇》只能在单一的主机 Wii 上玩，而《传奇米奇 II》还可以在 Xbox 和 PS 上运行。如果说 Junction Point 还曾存在一丝存续希望的话，那么《传奇米奇 II》不温不火的评价和商业反应让这些希望破灭了。①

斯佩克特仍然不能告诉 Junction Point 的员工们公司要倒闭的消息，他让每个人都休息了很长时间，然后让大家头脑风暴一些关于手机游戏的想法。斯佩克特说："我想，我心里有一种希望，如果我们能够进军手机游戏领域，也许就能生存下来。"但真实情况是，他知道他们只是

---

① 第一部《传奇米奇》在上市的头几个月就售出了 130 万份左右。据《洛杉矶时报》（L.A. Times）报道，《传奇米奇 II》在类似的发行期间售出了 27 万份。对此，经验丰富的电子游戏分析师可能会评判为"不佳"。

在消磨时间。

2013年1月29日，也就是《传奇米奇Ⅱ》发行两个月后，斯佩克特在公司被称为"幻梦室"的休息室里召集了200名Junction Point的员工——告诉他们公司要倒闭了。在之前的几个月里，他们为了完成《传奇米奇Ⅱ》，熬了无数个晚上和周末，现在却都要失业了。Junction Point的员工被通知与人力资源部门会面，讨论他们各自的离职补偿金。之后还会有一场招聘会。

一些离职的员工仍然留在了奥斯汀，在附近为数不多的几家游戏公司工作，或干脆改行了。而另一些人则去了其他地方，以便继续留在电子游戏行业。即使是那些预言《传奇米奇Ⅱ》失败的人也有了深深的挫败感。"我说我真的为他们感到骄傲，"斯佩克特说，"真的很抱歉以这种方式结束。"

沃伦·斯佩克特陷入了恐慌，他在Origin、Looking Glass、离子风暴都经历过硬着陆的结局，但这次是最糟糕的。他说："我当时非常不知所措，我坐在沙发上几个月，手里拿着遥控器，不停地换台。我非常沮丧，什么都做不了。"仅仅是创办新公司以制作更多电子游戏的念头就让人精疲力竭，无法继续。"我有些崩溃，"斯佩克特说，"我认为在迪士尼的这段日子是我职业生涯中最美好的经历，也是最糟糕的经历，并没有中间值……我不认为自己能幸运地重来一次了。"

从很多方面来说，斯佩克特是幸运的。近年来，他的经济状况一直很好，尤其是在迪士尼期间。他不像他的前雇员，不用担心找新工作，也不用担心背井离乡。但他也一直因让大家失望和解雇员工而感到内疚，因为他搭建的梦想最终崩盘了。斯佩克特一边焦急不安，一边为发生的事自责。他为什么要大吵一架？如果他在《传奇米奇Ⅱ》的开发中扮演了更重要的角色，情况会有所不同吗？

斯佩克特现在已经57岁了，比电子游戏行业的大多数同行都要老。

他曾短暂地考虑过退休，直到他接到了一个偶然打来的电话，就像他以前一样。他的母校得克萨斯大学奥斯汀分校刚刚获得了一笔电子游戏开发项目的拨款，他们想让斯佩克特帮忙完成这个项目。"我一直认为我最终会去教书，"他说，"所以我想，'也许是时候了。'"

斯佩克特在第二年创建了一个项目和课程，然后又花了两年时间教授商业和游戏设计课程。尽管他发现这是值得的，但他还是很难抑制回去设计和制作属于自己的电子游戏的冲动。"大约进行了一半的时候，我意识到我仍然想做一些东西，"斯佩克特说，"塑造年轻人的思想是一件很棒的事情，但最终没有实际的产出。没有什么数字化的东西可以下载。"此外，该项目的资金也即将耗尽，尽管斯佩克特尽了最大努力筹集资金，但他还是无法说服太多人捐款。他说道："在这 3 年里，我花了很多时间去筹集资金，并发现游戏行业的人并不怎么重视教育，而且他们都是些卑鄙的浑蛋。"

当斯佩克特 60 岁时，他知道自己进入了职业生涯的最后一个阶段。这将是一个充满诗意的故事。很快，他就会找到重新加入电子游戏行业的途径，并重新开始制作游戏，这要归功于一位老朋友的回归。

从 2004 年斯佩克特创立 Junction Point 到 2013 年 1 月关闭，游戏领域发生了重大变化。手机和 Facebook 游戏的崛起让专家们认为主机游戏将要被淘汰。但实际上恰恰相反，它们将新的受众群体带入了游戏，而这正好赶上了在 2013 年秋天推出的新一代游戏机——PS4 和 Xbox。

与此同时，由于开发工具和数字发行的普及，制作和发行游戏的壁垒正在瓦解。开发者不再需要联系 EA 或动视才能将自己的游戏投放到 Target 和 GameStop 上。在 21 世纪初，任何人都可以开发一款游戏并将其出售给 Steam 和 Xbox Live 等数字平台上的用户，无论他们是 20

多岁的业余爱好者还是头发花白的老兵。

保罗·纽拉斯目睹了这种趋势的转变。在 20 世纪 90 年代与沃伦·斯佩克特一起创造了《网络奇兵》等游戏后，纽拉斯便在社交游戏巨头 Zynga 工作了几年。Zynga 推出了《家庭小镇》和《城市小镇》（*CityVille*）等 Facebook 游戏和手游。Zynga 曾一飞冲天，然而在 Facebook 改变了算法后遭遇失败，到了 2013 年，这家曾经强大的公司关闭了纽拉斯所在的波士顿分部。

与此同时，一种非常适合纽拉斯这样的人的新模式出现了：众筹。Kickstarter 是一个允许粉丝直接资助创意项目的网站，它让游戏开发者绕过了苛刻的发行商（那些只关心指数级增长的高管），直接接触玩家。要做到这一点，最有效的方法就是唤起玩家的怀旧情绪。像《洛克人》（*Mega Man*）和《恶魔城》（*Castlevania*）这样深受玩家喜爱却惨遭发行商抛弃的游戏背后的主创人员，在 Kickstarter 上从那些怀念这些游戏并希望体验新作的粉丝那里筹集了数百万美元。纽拉斯认为，他可以通过带回自己的经典作品来获得类似的成功。

在与 EA 进行了长时间的谈判后，纽拉斯重新获得了自己的一款老游戏《地下世界》（*Underworld*）的版权，这款游戏是在他与沃伦·斯佩克特共同创造的突破性游戏《创世纪：地下世界》（*Ultima Underworld*）的基础上制作的（EA 保留了《创世纪》系列的版权）。2014 年，纽拉斯创办了一家新公司 Otherside Games，一年后他为《地下世界：崛起》（*Underworld Ascendant*）在 Kickstarter 上发起了众筹活动，为他曾经参与制作的经典游戏的灵魂续作筹集了 80 多万美元。[1] 在经过一些更复杂的谈判后，Otherside Games 还获得了开发新《网络奇兵》游戏的权利。

谁能比纽拉斯的老搭档更适合带领开发这款《网络奇兵 III》呢？又

---

[1] 不幸的是，这个游戏不算成功。评论员里克·雷恩在 *PC Gamer* 上写道："《地下世界：崛起》是灾难的集合，有着糟糕的设计、粗糙的制作，以及不合理的建筑尺寸。"

是谁迫切希望能离开教学岗位，重新开始制作电子游戏？多年来，纽拉斯一直和沃伦·斯佩克特保持着密切的联系，两人经常谈论他们以前的愿望，即重新创造《龙与地下城》，并制作出能让玩家真正做出选择的电子游戏。2015年底，纽拉斯打电话给斯佩克特并向他提出了一个建议。"我说，'嘿，沃伦，我们准备开始制作《网络奇兵Ⅲ》，你感兴趣吗？'"纽拉斯回忆道，"他想了一会儿，然后答应了。"几个月后，斯佩克特结束了他的教学工作，为Otherside设立了一个新办公室——Otherside奥斯汀分部。他将在那里组建团队，制作全新的《网络奇兵》续集。早在1996年，斯佩克特就为保罗·纽拉斯的Looking Glass公司在奥斯汀设立了分部，但在他们发行游戏之前就关闭了。20年后，他们等来了再搏一次的机会。

然而，斯佩克特再次面临资金短缺的问题。2016年，Otherside工作室与瑞典发行商Starbreeze Studios达成协议，后者为《网络奇兵Ⅲ》提供资金，这让斯佩克特得以聘请12名员工，并在华丽的奥斯汀植物园开设一间办公室，其周围环绕着大玻璃窗和新鲜的绿色植物。一切都很顺利，直到2018年秋天，Starbreeze Studios申请重组，这是瑞典版的破产。接下来的几天是戏剧性的，瑞典当局以涉嫌内幕交易为由逮捕了Starbreeze Studios的首席执行官，尽管他后来被释放，并洗脱了嫌疑。在接下来的几个星期里，保罗·纽拉斯和沃伦·斯佩克特意识到Starbreeze Studios不会再有资金投资他们，便退出了此次合作。

突然间，斯佩克特又重新上路了，向发行商推销《网络奇兵Ⅲ》，仿佛他又回到了20世纪90年代。但是现在他年纪大了，厌倦了飞到不同的城市去请求投资。发行商从来没有说过"是"或"不是"，他们总是给出模棱两可的答复，如"我们继续保持联系"。到2019年底，Otherside工作室还是未能找到资金，不得不解雇了大部分奥斯汀分部的员工。

与前老板重聚并担任《网络奇兵Ⅲ》设计总监的切斯·琼斯再次被

迫做出了一个艰难的决定。2012 年，在 Junction Point 工作室关闭前的几个月，琼斯离开了这家工作室，前往华盛顿州雷德蒙德的微软发行团队工作，然后短暂地离开游戏行业，前往澳大利亚的一家软件公司工作。2018 年，他重新加入了斯佩克特的 Otherside 工作室，在那里，他很兴奋地参与了新的《网络奇兵》项目，直到工作室出现了资金问题。公司要求琼斯把他的工作时间削减一半，但在缺乏完整设计团队的情况下，他也无能为力，而且他承受不起减薪，他的孩子马上就要出生了。所以琼斯离开了 Otherside 工作室，加入了他的一些老朋友创办的新游戏工作室。

这时，斯佩克特找到了新的投资人。2020 年 5 月，投资并拥有着众多游戏公司的中国的腾讯集团，宣布他们将接手《网络奇兵 III》。斯佩克特再次抱上了一家巨无霸公司的大腿。就在本书撰写期间，这项合作正在推进期间，我们也希望能看到这款游戏的最终结果。对此有理由感到乐观：很少有公司能像腾讯这样资金充足。当然话说回来，迪士尼不也是如此的吗。

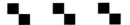

在电子游戏行业工作超过 30 年的人并不多，沃伦·斯佩克特的坎坷历程或许可以解释其中的原因。占据他职业生涯主要时间的 4 家游戏工作室：origin、Looking Glass、离子风暴和 Junction point，要么是他还在的时候就关闭了，要么是他离开几年后关闭了。他的沉浸式模拟游戏广受好评，但从未取得像许多同行那样的大卖热卖。他的职业生涯虽然在许多方面都成就非凡，但也有着所有电子游戏开发者都必须面对的不稳定性。至少他还能一直待在同一个城市。

斯佩克特也对电子游戏行业产生了巨大的影响。他策划和制作的游戏——《创世纪：地下世界》《网络奇兵》《杀出重围》影响了无数的游戏开发人员。就在他位于得克萨斯州的家附近，一家名为 Arkane Austin 的公司延续了他的理念，在他的弟子哈维·史密斯的带领下，制作了像《掠食》(Prey)和《耻辱》(Dishonored)这样身临其境的沉浸式模拟游戏。在蒙特利尔，Eidos 开发了《杀出重围》和《神偷》系列的新游戏，这两款游戏在离子风暴关闭后沉寂了数年，但在 21 世纪初重新活跃起来。无数游戏开发者从斯佩克特想重现《龙与地下城》所创造的无限可能性的愿望中获得了灵感。

也许打上了斯佩克特标签的电子游戏家族中最有影响力的成员是一款源自《网络奇兵》的科幻恐怖游戏。这是一款震撼了整个行业的游戏。它改变了许多人对电子游戏的看法。但它也以一种不太愉快的方式延续了斯佩克特的轨迹。它的名气，以及随之而来的压力和责任，将会导致制作它的工作室关闭。

Chapter 2
Project Icarus

第
二
章

伊卡洛斯计划

这在今天几乎很难想象,但在 20 世纪 90 年代和 21 世纪初,曾经有一段时间,备受尊敬的评论家对电子游戏的叙事价值提出了质疑:游戏很有趣,但它们能讲故事吗?它们能让你哭吗?它们能在无意识的满足和无端的暴力之上提供情感共鸣吗?这些问题从一开始就很荒谬——任何在 1997 年的《最终幻想 7》(Final Fantasy VII)中目睹过死亡场景的人都知道游戏会让你哭泣,但在 2007 年,一款游戏的问世让所有质疑的声音都消失了。

《生化奇兵》(BioShock)的背景是一个反乌托邦的水下都市,由崇拜安·兰德(Ayn Rand)的一个大亨建造,在某种程度上,它是一款典型的电子游戏。你将花费大部分时间盯着枪管,施放咒语,并从一条走廊冲到另一条走廊去射击变种人,但它也不同于以往的游戏。《生化奇兵》是一场视觉和听觉的盛宴,从被视作自由集市乌托邦的梦想都市 Rapture 被摧毁的建筑中散落的半毁的装饰艺术壁画,到笨重巨型怪物的金属叮当声。其他射击类电子游戏的故事就像迪士尼的历程一样充满哲学的野心勃勃,而《生化奇兵》则探索了奥威尔式的反乌托邦和兰迪安的客观主义。游戏的最后出现了转折,我们从中明白,我们所做的决定并没有你想象的那么多,这让我们对在电子游戏中所做的选择产生了疑问。正如沃克斯新闻(Vox)在 2016 年的一篇文章中所宣称的那样,"《生化奇兵》证明了电子游戏也可以成为艺术"。

和许多伟大的艺术品一样,《生化奇兵》的背后也存在着大量的牺牲。这款游戏的开发之路始于保罗·纽拉斯的工作室 Looking Glass。肯·莱文(Ken Levine)、乔纳森·谢(Jonathan Chey)和罗伯特·费米耶(Robert Fermier)三位游戏开发者共同制作了《神偷》和《网络奇兵》。1997 年,这三个人创办了无理性游戏工作室。这家新成立的独立游戏公司在马萨诸塞州波士顿的一间旧阁楼里开发了《网络奇兵 II》,它延续了第一款游戏的成功之处,为游戏规则增加了更多的角色扮演元素。《网络奇兵 II》广受好评，但在商业上却是失败的，当无理性游戏工作室的团队试图说服 EA 投资《网络奇兵 III》时，发行商并不感兴趣，因为上一款游戏销量不够好。所以无理性游戏工作室决定制作一款不叫《网络奇兵》的《网络奇兵》系列游戏，并通过给它一个全新的名称和设置来绕过潜在的版权问题。

为了完成这款后来成为《生化奇兵》的游戏，无理性游戏工作室的员工不得不在办公室度过无数个夜晚和周末（最终从波士顿搬到了几英里以南的昆西）。随着开发者在设计和美术方向上的争执，游戏也在不断地变化。其中一个最大的矛盾点就是易玩性：莱文担心《网络奇兵 II》的游戏强度会让玩家失去兴趣，所以他督促团队将《生化奇兵》设计成人人都能玩的射击游戏，削减了许多他们最初预想的数量和 RPG 机制。在开发中途，电子游戏发行商 2K 收购了无理性游戏工作室，并于 2006 年 1 月宣布了这一消息。这意味着经济上的保障，但同时许多的 2K 高管的介入也意味着人员庞杂和意见不一，他们推动《生化奇兵》获得了大众吸引力，就像《光晕》（Halo）和《使命召唤》等大受欢迎的射击类游戏一样。到了 2007 年，莱文通知《生化奇兵》的开发团队他们必须每周工作 7 天。《生化奇兵》的助理制作人乔·福尔斯蒂克（Joe Faulstick）说道："我们在日程表中添加了大量日程安排，但实际上我们已没有可以被安排的时间了。那时候基本上都会说，'嗯，周末来吧。'"

在《生化奇兵》发行的前一周，无理性游戏工作室公司发布了一个测试版本，让潜在玩家来体验游戏。游戏下载量特别大，以至于 Xbox Live 的服务器都崩溃了——这个迹象表明无理性游戏工作室的市场反响巨大。当这款游戏最终在 2007 年 8 月 21 日问世时，评论家们认为它是有史以来最伟大的游戏之一，可以与《俄罗斯方块》（Tetris）和《超级马里奥》相提并论。它的制作者非常震惊。《生化奇兵》的首席关卡设计师比尔·加德纳（Bill Gardner）说道："我们这几个月的大部分时间都处在震惊之中，总有一点点担心这一切还未被最终确认，就像是'好吧，这是真的吗？'"

这是加德纳在游戏开发领域的第一份工作。几年前，他在波士顿的一家电子游戏商店工作，偶然听到老板和一个热情的男人在聊《网络奇兵II》，这是加德纳很喜欢的一款游戏。这个人说话有一种独特的节奏，就像大学教授和小丑的混合体。加德纳的老板把他叫过来并介绍给他：这是肯·莱文，《网络奇兵II》的首席设计师。两人因为对电子游戏的共同热爱而结缘，最后莱文建议加德纳申请无理性游戏工作室的质检工作。当加德纳在2002年得到这份工作时，他首先被分配去了《迷失》（The Lost）的游戏项目组，这款游戏最终开发完成但从未真正发行，他称这段经历虽令人心碎，但却是必不可少的。加德纳说："考虑到游戏的质量水平和公司的声誉，我们当然不会发布这款游戏。"现在，在2007年，他们已经完成了从一款糟糕到不能售卖的电子游戏到史上最著名电子游戏之一的蜕变。

《生化奇兵》的特别之处在于它的故事展开方式。这座名为Rapture的城市里到处都是有声日记，记录了世界上的人物和历史。当你蹑手蹑脚地穿过被洪水淹没的街道时，你可以听着这些日记，就像在导游的带领下参观艺术博物馆一样。《生化奇兵》是跟随沃伦·斯佩克特和他的Looking Glass制作的关于情境决策和环境故事叙述类的游戏。这款游戏不是告诉你Rapture是如何崩溃的，而是让你自己拼凑出城市的历史。这并不微妙，但它让你觉得自己很聪明，它大体上遵循了沉浸式模拟游戏的长期信条："对玩家说yes。"到最后，无理性游戏工作室做到了令人印象深刻的平衡，让《生化奇兵》既具有易玩性，又不会过于简单。

在对《生化奇兵》的一片赞誉声中（一共发行了220万份！在

Metacritic 的分数高达 96[①]），2K 的代表来到无理性游戏工作室询问他们的下一个项目是什么。《生化奇兵》的成功引出了一个很自然的问题：无理性游戏工作室是否想制作《生化奇兵 II》？ 2K 老板克里斯托弗·哈特曼（Christoph Hartmann）将《生化奇兵》视为他们的摇钱树，他希望他们能够在未来几年继续创造这一系列的新游戏。[②]"他们问我们是否想制作续集。"加德纳说，"鉴于制作过程给大家带来的恐慌和焦虑——这还怎么跟进？"

那是 2007 年秋天，无理性游戏工作室的员工已经筋疲力尽了。有些人已经离开了公司，因为厌倦了紧张的工作和肯·莱文，后者是现任的工作室主管和游戏创意总监。莱文以难搞的领导风格而闻名，当他对关卡或场景的进展不满意时，偶尔会大声争吵和咒骂。无理性游戏工作室的许多开发者还都容忍甚至喜欢这种氛围——毕竟，这是为艺术服务的，而且他们刚刚做出了一部经典之作——但在"高压锅"里工作可能会对一个人的心理健康产生负面影响。

经过一番争论后，莱文和他的团队决定暂时不制作新的《生化奇兵》，他们最终与 2K 达成了妥协。无理性游戏工作室的一小部分人搬到了 2K 位于圣弗朗西斯科湾区的分部，组建一个名为 2K Marin 的工作室，并立即开始着手开发《生化奇兵 II》。这让莱文和其余的员工可以腾出时间去做一些不同的事情。

几年前，2K 的母公司 Take-Two 收购了《幽浮》（XCOM）的版权。在这款老旧的策略类游戏中，玩家扮演一个由士兵和科学家组成的组织的成员来保卫地球免受外星人的入侵。《幽浮》正好是肯·莱文最喜

---

① Metacritic 是一个收集评论分数的网站，在电子游戏行业中，它是一个虽不完美但仍经常被使用来衡量关键成功的晴雨表。

② 克里斯托弗·哈特曼在接受媒体采访时表示，他希望《生化奇兵》能够效仿另一部著名科幻系列，再推出至少 6 部续作。"看看《星球大战》（Star Wars），"哈特曼说，"这是一场善恶之战，就像《生化奇兵》一样。"事实上，《生化奇兵》并不是一场正义与邪恶的战斗。

的电子游戏之一，无理性游戏工作室位于澳大利亚堪培拉的第二个分部的一个小团队从 2005 年开始就悄悄地致力于《幽浮》射击类游戏的开发。现在，波士顿团队将加入他们，并将《幽浮》作为他们的下一个大项目。

当他们从《生化奇兵》的开发中恢复过来时，无理性游戏工作室开始雇用新员工来代替那些已经离开的员工。其中一位新人是查德·拉克莱尔（Chad LaClair），一位雄心勃勃的艺术家和电影学院毕业生，他毕业后很快意识到好莱坞并不适合他。几年前，他在洛杉矶担任 EA 的质检员，在那里他第一次接触到电子游戏中普遍存在的残酷考验。"我说：'我快累垮了，不能再这样下去了，'"拉克莱尔说。他申请了 EA 的其他岗位，最后成了一名初级关卡策划师，在那里他为《荣誉勋章：空降神兵》（Medal of Honor: Airborne）等游戏工作了 3 年，后来变得焦躁不安，厌倦了洛杉矶，并对团队下一个项目的方向感到失望。"我想要一些不同的东西，"拉克莱尔说，"我是一个年轻的策划师，我认为，'我真的很有才华。我必须出去找有艺术气息的游戏公司。'"

很少有公司能够像《生化奇兵》背后的创作者那样充满艺术感，拉克莱尔在它发行时就玩过这款游戏（"它让我大吃一惊"）。所以当拉克莱尔收到无理性游戏工作室的人员招聘信息，并询问他是否认识其正在寻找游戏工作室工作的美术人员或策划师时，他感到很意外。招聘人员看到他曾在波士顿上过大学，认为他可能在这一地区有熟人。"我说，'嗯，我不认识，'"拉克莱尔回忆道，"但是我自己很感兴趣。"然后他发送了自己的艺术作品集，经过了一系列面试，很快就发现自己又回到了美国另一边，成了无理性游戏工作室的一名关卡策划师。

拉克莱尔喜欢在无理性游戏工作室的工作。这个分公司规模很小，只有几十人，还有《幽浮》项目上有一种轻松的合作精神，这是他真正喜欢的。在经历了《生化奇兵》的痛苦制作之后，仍然留在无理性游戏工作室的开发者现在尝试着放松下来。"这是一段超级有趣的时光，在一天的中午，肯会说，'嘿，我有一个想法，我想和大家分享一下，'"拉克莱尔说，"我们会听取他的想法，然后给他反馈。这感觉很棒。"有一天，拉克莱尔开始注意到一些奇怪的事情：肯·莱文和其他公司领导不断离开办公室，挤在一个远离其他开发者的会议室里，有时甚至长达数小时。

很快，拉克莱尔就知道发生了什么——无理性游戏工作室放弃了《幽浮》。相反，他们会再次制作他们最成功的版权 IP。拉克莱尔说道："我记得肯向团队宣布：'我们将制作另一款《生化奇兵》游戏。'"拉克莱尔说道，"然后他过来和我说，'你知道我们雇你就是为了这件事，你能否参加《生化奇兵》的开发呢？'我回答说，'当然没问题。'"

根据 Variety 和《纽约邮报》(New York Post) 的报道，2008 年夏天，肯·莱文的代理人与 Take-Two 重新谈判了合约内容，以确保他获得更多资金和创作自由。尽管合同的细节只是间接透露，但公司内部有消息称，莱文对《幽浮》项目失去了兴趣，并萌生了再次制作一个《生化奇兵》的想法。在谈判过程中，他说服 Take-Two 允许无理性游戏工作室开发自己的《生化奇兵》续集，即继《生化奇兵 II》之后的游戏。

一些无理性游戏工作室的老员工也对另一家公司正在制作新《生化奇兵》而他们却没有这样的计划而感到不满。首席关卡策划师比尔·加德纳说道："我确实对别人要带走我们的孩子的想法感到有点不爽，我花了这么多时间在这件事上。"当然，无理性游戏工作室一开始就拒绝了制作《生化奇兵 II》的机会，但这就像和一个满心喜欢的情人分手，然后看着她和别人约会一样。即使是你自己选择离开，感觉依然很糟糕。"没有我们，这部游戏仍然在继续，而且开发的过程充满了快乐。我想我们中的很多人都有点难过。"加德纳说道，"我们花了一年的时间致力于《幽浮》，然后我们开始说，'去他的，让我们做自己的续集吧。'"

2009 年的时候，无理性游戏工作室有了一个具体的计划。无理性游戏工作室的澳大利亚分部将再次接管《幽浮》项目。2K Marin 是由无理性游戏工作室的前员工在圣弗朗西斯科湾区成立的工作室，该工作室将继续致力于《生化奇兵 II》的开发，这款游戏将于 2010 年问世。无理性游戏工作室的工作人员也会为自己的《生化奇兵》续集构思出一些想法。

第三部《生化奇兵》还没有名字，因此就像其他开发项目一样，它有了一个代号。回想起来，这个代号取自 Rapture 中的某个疯狂的游戏场景——安德鲁·瑞安（Andrew Ryan）的那些野心勃勃的项目之一，具有讽刺意味的是：他们使用了这个从一开始就注定要失败的名字：伊卡洛斯计划（Project *Icarus*）。

一个电子游戏的开发过程大致可分为两个阶段。这两个阶段都可以借用电影界的说法：前期制作和制作。不同游戏公司的定义各不相同，但粗略地说，前期制作是指策划游戏，而制作则是指制作游戏。这两者之间没有明确的界限，每个阶段都可以缩短或者延长，只要时间和金钱允许。例如，一个在卧室制作农场类游戏的人可能在没有进行正式前期制作的情况下就开始在屏幕上砌砖，即使制作需要 5 年时间。而一支由 200 人组成的团队在开发一部全新的科幻系列作品之前，可能需要花费数年的时间进行前期制作。

在游戏开发者之中有一个人数众多的流派，他们认为开发一款新电子游戏，需要很长时间的前期制作过程。他们认为，创造力需要养育，而伟大的艺术来自迭代。这可能意味着概念艺术家画出了出色且赋有灵性的怪物和城堡图像后，却把它们丢弃了，因为他们觉得下一次可以画得更好。这可能意味着游戏策划师花了好几个月的时间来开发一个很酷的全新激光射击功能，这种功能在他们的脑海中看起来非常有趣，但当他们在计算机上创建原型后发现效果很差（可是如果他们尝试用导弹代替所有激光的话，或者就……）。这个还处于想象之中的项目的策划者可能每天都要做出新的高级决策，在他们尝试着想象什么能够支撑 10 个小时、15 个小时、20 个小时，甚至 100 个小时的游戏时，会不断地进行删减和修改。

对于任何一个项目经理来说，这些变量的数量都足以让他们感到头疼，尤其是其中最大的变量：有趣。"有趣"到底是什么？即使是最狂热的电子游戏爱好者也可能会纠结于这个问题——在《命运》（Destiny）中为了战利品而刷任务是否有趣？在《最后生还者》（The Last of Us）中僵尸横行的公路上艰难跋涉是否有趣？当你尝试着做一些全新的东西，却没有方法可遵循时，这个问题很可能没有答案。你如何量化有趣呢？跳跃、跳舞或舞剑可能会让你在一两周内感到满足，但当你连续玩了 12 个小时后，它是否会变得乏味？你如何知道在增加关卡和障碍后，碾压敌人的感觉会更好还是更糟？如果游戏中没有图像或音效呢？你能盲目地相信一切完成后会感觉更好吗？

对于一个局外人来说，这一切听起来就像是一个困难重重的、低效的过程，会导致几个月以来的工作白白浪费以及带来巨大的压力。制作一款像《生化奇兵》那样优秀的游戏的唯一方法是先花两年时间去弄清楚它是什么以及谁会愿意为此付钱给开发者。然后是周期问题。如果你刚刚完成了一个为期 3 年的游戏项目，你的团队前半段时间花在创建原型和测试上，后半段时间又花在制作上，你可能会在一段时间里仿佛身体被抽空一样。你会感到筋疲力尽。即使你休息了几周，回来后你最不想做的事情就是回到紧张的开发模式中去。在一个低压力的环境中混个一两年无所事事的生活的想法听起来像是天堂——直到你发现自己在离截止日期还有一年的时候却还什么都没有。

在 2009 年初，当无理性游戏工作室的开发者开始讨论新《生化奇兵》应该是什么样子时，他们便进入了构思模式。从一开始，他们就知道他们不想回到 Rapture，新作应该是一部风格和感觉上的续作，而不是场景的续作。除此之外，《生化奇兵 II》的场景也是 Rapture，而在同一座城市中的三款游戏可能会让人觉得有些乏味。有一个想法似乎很合每个人的心意：一座飘浮在云端的城市。比尔·加德纳说："各种各样的设定都被抛了出来，空中城市的构想很快就得到了确定。"

在接下来的几个月里，无理性游戏工作室不断地扩张，招聘了越来越多的新开发者来帮助他们制作这款名为《生化奇兵：无限》（*BioShock Infinite*）的游戏。[①] 要找到新《生化奇兵》的开发者并不算困难，困难的是我们要弄清楚新《生化奇兵》游戏到底意味着什么。《生化奇兵》是否意味着："让你思考的射击类游戏？"最棘手的问题与几年前 2K 最初向他们询问续作时的问题相同：你如何跟进第一款《生化奇兵》这样的游戏？这款新游戏想表达什么呢？他们是如何超越那些全副武装的庞然大物——"大爹地"的呢？"大爹地"已经成了偶像，甚至出现在了《辛普森一家》的某一集里。

答案一直在变。无理性游戏工作室针对不同时期的美术风格和场景做出了不同的变化。有时他们的空中之城是 19 世纪欧洲的艺术画面，就像是伦敦和巴黎的融合，有时它看起来又很像天空中的 Rapture。肯·莱文说这个故事的灵感来自各种各样的媒体，并在其中不断变化，从互动剧《不眠之夜》（*Sleep No More*）到埃里克·拉尔森（Erik Larson）的《白城魔鬼》（*The Devil in the White City*）——一本关于

[①] 肯·莱文经常与 2K 的领导层发生冲突，据说他对发行商推出无限的《生化奇兵》续集的计划感到不满。无理性游戏工作室的员工普遍认为《生化奇兵：无限》这款游戏是为了避免出现更多续作——毕竟，你不可能拥有《生化奇兵：无限 II》。

1893 年芝加哥世界博览会的书。拉克莱尔说："我们只是进行了一段时间的前期制作，尝试不同的城市建设方式，并试图弄清楚我们需要制作哪种类型的建筑。这是非常早期的前期制作，蓝天白云，一切都会很美好，每个人都很开心。这是段有趣的时光。"

那些有趣的时光也会变得不怎么有趣。在《生化奇兵：无限》的开发过程中，随着莱文不断摒弃或修改大大小小的想法，游戏也在不断地发生变化。空中之城保持不变，但其他一切都在变化：故事情节、时期、角色能力发挥作用的方式。对于策划师和美工来说，这可能是一个令人沮丧的过程，他们会花几周或几个月的时间来制作游戏的某个部分，结果却在几分钟内就被砍掉了。比尔·加德纳说道："在那一年的大部分时间里我们所做的就是打破《生化奇兵》的束缚。当我们开始加大力度时，很多人进来后都有点害怕，'这是怎么回事？我们没有取得任何真正的进展。'但我想经验更丰富的人知道，我们习惯于通过大规模的推倒重构来寻找游戏的乐趣。"

这便是肯·莱文以及无理性游戏工作室的游戏开发方式。这是他们之前制作游戏的方式，也是他们制作这款游戏的方式。莱文并没有试图隐藏这一理念或将其保密，公司也希望新员工知道自己所从事的工作。在《生化奇兵：无限》的制作过程中，他告诉电子游戏交易网站 Gamasutra 的记者利·亚历山大（Leigh Alexander）："我们基本上是通过试错来开发游戏的。我们会一直抛弃不合适的东西，不断地尝试，对失败持开放的态度，并从中吸取教训从而继续前进。"他承认，这可能是一个昂贵的过程，但"你不能在乎沉没成本"。

2010 年 8 月 12 日，在纽约中央公园附近的豪华广场酒店举行的新闻发布会上，记者们聚集在一起观看下一款《生化奇兵》游戏的预告片。视频以一个令人愉快的幻象开始，放大一个看起来很熟悉的水下城市的剪影，然后把镜头拉回来，发现摄像机实际上是在一个鱼缸里。再见，Rapture。你好，《生化奇兵：无限》。在预告片发布后，肯·莱文向媒体介绍了游戏的基本轮廓。《生化奇兵：无限》的故事发生在1912年7月的哥伦比亚，一座歌颂美国优先主义的空中城市。由前平克顿侦探事务所代理人布克·德威特（Booker DeWitt）主演，他被派去拯救一个名叫伊丽莎白的黑发女孩。关押她的塔牢的守卫是一个被称为鸣鸟（Songbird）的飞行机械兽人，它替代那些"大爹地"成为一个很好的吉祥物（并带动销售）。

这个预告片的好处不仅在于开发者终于可以公开他们正在做的事情，也在于他们现在必须坚持他们所宣布的细节。哥伦比亚就是哥伦比亚，伊丽莎白就是伊丽莎白，任何主要细节都不能再被推翻了。

这对于福雷斯特·道林（Forrest Dowling）来说，时机再好不过了。道林刚刚开始在无理性游戏工作室的工作，在《生化奇兵：无限》大揭幕的前一个月签约成为一名关卡设计师。作为《生化奇兵》的粉丝，道林对他们正在做的游戏感到非常兴奋——自从第一款游戏问世以来，他们已经沉寂了3年。作为无理性游戏工作室的新员工，他很高兴看到他们在真正致力于游戏的核心理念。道林说："我加入的时候，团队正着手防止重大改动。在那一刻，整个时间、环境、地点和冲突都不可能再改变了。"

道林是个身材魁梧、胡子拉碴、声音沙哑、态度严肃的人。他在纽约西部长大，梦想成为一名艺术家，却不知道该怎么做。高中毕业后，他去了一所美术学院——在那里，"那些人不食人间烟火，从不会谈论未来如何谋生。"在对艺术圈失望之前，他还尝试了铸铁和雕塑。在大学的最后一年，道林改变了职业方向，爱上了像《杀出重围》这样的电子游戏，并萌生了想以制作电子游戏为生的想法。

在 20 世纪 90 年代和 21 世纪初，学习如何开发电子游戏的最佳途径之一就是"建模—粉丝反馈—改善后成形"，以此改变游戏的外观或体验方式。有些人是为了好玩才这么做，但也有些人认为这是一条潜在的职业道路。2003 年，一群《战地》（Battlefield）的模组玩家联合起来（《战地》是当时流行的一款第一人称射击类游戏），在纽约市成立了自己的公司——Trauma 工作室。《战地》的真正开发者 DICE 公司注意到了这一点后，第二年便收购了 Trauma，尽管不到一年后他们就关闭了它。① DICE 的竞争对手 THQ 的高管看到了这一机会后，雇用 Trauma 团队的成员组建了一家新的游戏开发公司，将其命名为 Kaos 工作室。

Kaos 似乎很适合道林，他曾在苹果商店工作期间为《半条命》等游戏制作自己的模组，并尝试进入电子游戏行业。道林说道："这是一个由前模组玩家们组成的年轻工作室，他们突然发现自己拥有了一个 AAA 级预算去创造一款游戏。所以他们很乐意雇用像我这样的白痴。"② 道林买不起纽约的公寓，所以他在新泽西州中部的岳父岳母家住了几个月，每天到曼哈顿的通勤时间是两小时。他先是参与了 2008 年发行的《前线之战火之源》（Frontlines: Fuel of War）的开发，然后又参与了《国土防线》（Homefront）的开发，后者是以朝鲜入侵美国为假想背景的反乌托邦世界中的游戏。

到了 2010 年，THQ 陷入了困境。美国的经济衰退给这家发行公司带来了沉重的打击，它正在削减旗下所有工作室的成本，包括 Kaos。在这样的背景下，当一位无理性游戏工作室的招聘人员找到道林并询问

---

① 做出这一决定的首席执行官是帕特里克·瑟德隆德（Patrick Söderlund），他在 EA 收购 DICE 后加入了 EA。在那里，他成了 Visceral Games 等工作室的主管。我们稍后会在书中看到这个故事。
② 你会在电子游戏行业中经常看到"AAA 级"的描述。对于不同的人来说，它有不同的含义，但通常情况下，游戏开发者和高管都会用它来表示"昂贵"。

他是否有兴趣帮助打造一款全新的《生化奇兵》时，他并没有多想就答应了。先是电话面试，然后是设计测试，接着是更多的电话和在无理性游戏工作室位于昆西的办公室进行的一整天的面试，工作人员对他的工作和职业生涯进行了询问。道林说："我想我应该是自信心爆棚了，所以这对我来说并不可怕，尽管我本应该感到害怕。我觉得自己搞定了设计测试，并且对自己在面试中的表现感到非常满意，所以我觉得这是一个良好的开始。"

道林还没上车准备开车回家，比尔·加德纳就把他拉到一边，告诉他，他会被聘用，他接受了。道林对在《国土防线》开发的最后一年离开 Kaos 感到很抱歉，"在项目完成之前就离开并不酷，尤其是当大伙进入关键时期时。"他说，但他知道他必须离开那里。他的直觉告诉他 Kaos 出了问题，THQ 不会持续太久。道林说道："在我看来，《生化奇兵》是一款大游戏。我非常喜欢这款游戏，我认为它是那个年代最精巧的游戏之一……所以我接受了，这样我就可以不用留在一个我认为没有未来的团队中了。"道林的直觉是正确的。THQ 在一年后关闭了 Kaos，并最终破产。①

当道林开始在无理性游戏工作室工作后，就在 Plaza 活动的前几周，他组建了这个团队，他们很累但很兴奋地向世界展示他们的游戏。《生化奇兵：无限》的揭幕已经酝酿了好几个月，大家都松了一口气，因为主要的决策现在已经确定了。这是一款以悬浮的哥伦比亚城为背景的游戏，那是 1912 年，布克必须救出伊丽莎白。肯·莱文再也不能改变自己的想法了，这意味着他们不必继续放弃自己在项目中所做的工作了。

当然，还有很多其他的事情会发生变动。在接下来的几个月里，由

---

① 行业网站 Gamasutra 上的一位评论者在新闻发布后写道："如果你给自己的团队取名为 Trauma（创伤）和 Kaos（混乱）就会出现这种情况，那我就把我的游戏公司命名为：一切都好工作室。"

于频繁地删减、变化和重启,《生化奇兵:无限》的进展非常缓慢,即使以无理性游戏工作室的标准来看也是如此。公司在扩大,但游戏却没有进展。莱文会让员工按照他的想法彻底修改大量关卡或城市区域,而他认为的最适合这款游戏的想法似乎是一时兴起的。莱文所做的每一次删减或改变都会对低级别的设计师、美工和程序员产生渗透效应。把几个星期的时间投入某件事上,结果却眼睁睁地看着它被冲入下水道,真令人士气低落。道林说:"无情的是大家努力了几个月的工作内容却被裁拆或大幅改变。这绝对是无理性游戏工作室经常发生的事情。"

为了说服 2K 为这款规模越来越大,成本也越来越高的《生化奇兵:无限》游戏进一步扩大人员规模,无理性游戏工作室需要想出一些方法让游戏变得更能永葆活力,更具有无限的可玩性。该计划包括两种大型多人模式,2K 高管希望玩家在完成《生化奇兵:无限》的战役后仍能继续使用这两种玩法。但这些多人模式并没有能完全整合,单人模式也落后于计划,所以该公司采取了极端的措施,削减了多人模式并将所有工作人员转移到主游戏中。多人游戏团队的负责人比尔·加德纳表示:"你投入了大量时间和精力的心血,却只能看着它在会议的决策中消失。你永远也无法真正克服这一问题。"

2011 年《生化奇兵:无限》的公演给粉丝们留下了深刻的印象,这一公演展示了哥伦比亚的栩栩如生的市民和伊丽莎白看起来就很神奇的力量:她能够在现实世界中撕开一个裂口,然后从其他维度召唤出物体(许多粉丝在演示版本中看到的内容并没有真正融入最终产品中,这证明了游戏动荡的开发过程)。与此同时,《生化奇兵:无限》的开发者担心他们可能永远无法完成这款游戏。虽然推迟了几次,但显然他们需要采取更严厉的措施来推进。许多资深员工因为对项目的不断改动和莱文的领导风格感到失望而退出了无理性游戏工作室。为了代替他们并努力让游戏成形,该公司一直在招人。

2012 年 3 月，无理性游戏工作室聘请了一位资深游戏制作人唐·罗伊（Don Roy），他曾在索尼和微软等大型发行商进行游戏制作。他震惊地发现事情竟如此糟糕。"我到那里的时候，严格意义上来说游戏都还不存在。"罗伊说。"已经有大量的工作被完成了，但没有被以任何形式整合成一个完整的游戏。我所做的第一件事就是问'我能玩一下这个游戏吗？'答案是否定的。他们说，'你可以玩其中的部分关卡，但是游戏整体还没有真正运作。'"

罗伊说，最让他困惑的是组织的混乱。公司的扩张——从 2008 年的几十人到 2012 年底的近 200 人，再加上支援的工作室和外包公司导致他们的生产线出现各种各样的问题，一片混乱。罗伊说道："我们外包了很多东西，但由于游戏过程尚未完成，因此从未在游戏中发挥作用。他们想要一些东西，并最终让人完成了这些，可他们很快转移到了下一个想法，所以当这些艺术品完成交付的时候，他们会说，'不，我实际上不再需要这些东西了。'"罗伊的任务之一是创建一个工作流程以防止公司浪费时间和金钱。

在 2012 年夏天，无理性游戏工作室聘请到了一位知名度非常高的员工：Epic Games 的罗德·福格森（Rod Fergusson），他在电子游戏行业中享有"终结者"的美誉，他可以介入一款游戏并做出必要的削减和决策以保证其完成。福格森了解了《生化奇兵：无限》的制作进程后，将他们剩下的任务进行分解，并将其整合到一个时间表中（有些做了强制性的缩减），以确保能创造出一款完整的电子游戏。该公司的一名员工说道："如果没有罗德·福格森，这款游戏便无法发行。"

据与福格森共事的人说，与他的日程安排同样重要的是福格森知道如何与肯·莱文交流。曾参与《生化奇兵：无限》开发的迈克·斯奈特（Mike Snight）说道："肯是一个创造性天才，这有利也有弊。他同时也真的是一个糟糕的领导者，他本人一直都承认这一点。他是一个创作者，但他绝不是一个领导者。"

从《生化奇兵》第一款游戏开始,莱文就一直是公众关注的焦点。如果你问任何一个和他共过事的人,他们可能会说出两个词:"天才"和"有思想"。他是那种靠自己的想象创造出类似《生化奇兵》这种杰作的制作人,但他也需要花很长时间去构建这些想象,并且他经常难以向员工说清楚自己的想法。"这并不是侮辱,但我相信他是一个更好的编辑,而不是作家,"乔·福尔斯蒂克说道,"他不是从零开始项目的好人选。如果还不明确自己想要什么,他就不一定是最合适的合作对象。"一些前无理性游戏工作室员工分享了莱文和其他领导争论和吵架的故事。其他人说,他看到当员工没能执行他脑子里的想法时,他变得很沮丧,还会大喊大叫。"他很聪明,"另一位曾与他共事的人说,"但他并不是每次都知道该如何表达他想要什么。"

福格森在与莱文交流后,明确了他想要的游戏是什么样的,然后将此信息转译传达给其他员工。"罗德做出了正确的决定,"唐·罗伊说道,"而《生化奇兵:无限》能够完成是因为福格森能够参与到游戏制作中,并传达出肯的想法。"

在接受游戏网站 Polygon 的采访时,肯·莱文将自己的开发过程比作雕刻雕像。他说:"我制作电子游戏的方式更像是雕塑。"换句话说,他必须掰下大块的大理石来雕刻他想要的雕像。莱文有过写剧本的经历,其中一个经常被引用的口头禅就是"写作就是重写"——初稿永远不会出现在舞台或屏幕上。然而,在游戏中,剧本是游戏的其他部分还在制作的同时编写的,不断重写意味着耗费别人数月的工作。"从本质上说,他为一款游戏做了大量的工作,所以他可以评估它,这是合理的。"Polygon 认为,"但在纸上写是一回事,而在结合了真人、时间、金钱、情感、义务以后,就完全是另一码事了。"

几年后,莱文在伦敦的欧洲玩家大会上发表了更有启发性的评论。

莱文说道:"在我参与的几乎每一款游戏中,都会意识到时间不够用了,然后就会去完成它。"他边笑边说,"你已经混日子好几年了,然后你就会想,'天哪,我们快没时间了',这迫使你做出这些决定。这就是奇迹发生的时候,当枪指着你的头,你必须做出决定,因为我们都擅长拖延,我们擅长推迟事情。我发现,当我们开始考虑保留什么、删减什么、关注什么、优化什么时,才是真正的游戏制作时间。"

为肯·莱文工作的人对他这种开发风格有着复杂甚至矛盾的感觉。查德·拉克莱尔表示,在无理性游戏工作室工作让他成了一名出色的美工和设计师,但他也认为《生化奇兵:无限》是他所做过的最艰难的游戏。"有时候我想,'我不知道我们如何才能向世界展示它。'"拉克莱尔说,"我们还有很长的路要走。"就像在 2012 年和 2013 年开发的最后几个月里公司的其他员工一样,拉克莱尔不得不投入大量时间加班去完成游戏所需的冗长任务列表。他说:"我从来没有像制作《生化奇兵:无限》那样制作过其他游戏。"他估计自己在最后一年的大部分时间里每天都要在办公室待 12 个小时。如果说还有什么好的一方面的话,那就是他的妻子也在无理性游戏工作室找到了一份工作,这样至少他们可以在办公室一起吃午饭和晚饭。

福雷斯特·道林也进入了紧张的工作模式,在游戏接近完成的最后几个月里每周工作 6 天。"那时候我家里有点乱,"他说,"我甚至懒得洗碗。我只会将衣服洗完,然后看看电影之类的,基本上在休息日的时候我就是个懒虫。因为当你一周只休息一天时,这就是你能做的所有事。"拉克莱尔和道林比起无理性游戏工作室的一些老员工来,有一个很大的优势,这一优势使他们更容易忍受这种生活方式:他们都还没有孩子。拉克莱尔说:"对于这个行业来说,我仍然觉得自己很年轻。但我现在的心态已经大不一样了。"

此外,拉克莱尔认为他只是在尽自己的职责。"我不了解情况,"他说,"这家公司很快就要倒闭了。"

《生化奇兵:无限》于 2013 年 3 月 26 日发行,评论家们对这款游戏赞不绝口。据 Take-Two 的收益报告显示,2K 在这款游戏发行的第一年就向零售商出货 370 万份(收益报告并未透露这些游戏的实际销量,只是"出货"量——这是游戏行业用来混淆真实销售数据的常见策略)。一开始,评论家对这款游戏充满了溢美之词,Game Informer 的评论者称其为"我玩过的最好的游戏之一"。在随后的几周和几个月里,其他评论家抨击了这款游戏的叙事缺陷和两面性,但在发行之初,《生化奇兵:无限》受到了广泛的喜爱。①

然而,那些留在公司的老员工却觉得他们的企业文化已经改变了。无理性游戏工作室的规模膨胀到 200 人,对老员工来说是士气的消耗。当肯·莱文想交换意见的时候,他们再也不能坐在同一个房间里把椅子转过来讨论了。他们中的许多人甚至彼此都不认识。"当你走在大厅里时,不想表现得像个傻瓜或是排外,但你会想,'这些人是谁?'"比尔·加德纳说,"我认为这是问题之一。我们失去了原有的企业氛围。"

有些曾在《生化奇兵:无限》项目上工作过的开发者选择了离职去做其他工作,而另一些人则选择了长时间的休息或开始开发游戏的后续可下载内容(DLC)。② 福雷斯特·道林领导了第一个 DLC《天空城大战》(*Clash in the Clouds*),这是他在游戏发行后与一个小团队在极短的时间

---

① 黛西·菲茨罗伊(Daisy Fitzroy)是一群反对哥伦比亚种族主义和法西斯主义的革命民粹主义者的黑人领袖,她后来被塑造成了一个与她所对抗的压迫者一样恶毒的对手——这一令人失望的真相披露削弱了游戏中的许多更有趣的主题。
② 《生化奇兵 II》的开发商 2K Marin 的一个小团队原本被指派去制作第一款《生化奇兵:无限》的 DLC,但这个版本被取消了。

内创造的。它采用的是一种只有战斗的模式，玩家可以通过射击敌人获得点数，虽然这对粉丝没有产生太大影响，但道林很自豪能推出这款游戏。第二款也是最后一款 DLC《海葬》(*Burial at Sea*) 分上下两部分发售，将玩家带回到 Rapture 的水下城市，让你第一时间扮演伊丽莎白。这是一款将《生化奇兵》和《生化奇兵：无限》用很酷的方式结合在一起的扩展内容。

整个 2013 年，当无理性游戏工作室的员工还在开发这款 DLC 时，有个问题一直萦绕在心头：下一个项目是什么？肯·莱文会抱怨自己在制作《生化奇兵：无限》的过程中很痛苦，他经常说在一家自己都认不出自己员工的公司里是多么奇怪。罗德·福格森在《生化奇兵：无限》发行后不久便宣布离开无理性游戏工作室，这似乎是个糟糕的先兆。人们开始公开质疑他们的未来会是什么样子，管理层也没有能提供太多保证。他们必须去开发另一款游戏，不是吗？他们会制作另一部《生化奇兵》吗？或是全新的东西？这成了该公司的员工茶余饭后的主要话题。公司的计划是什么呢？

不久，唐·罗伊明白了为什么没有答案。他和莱文一起出差去营销和推广《生化奇兵：无限》，行程中两人的关系越来越亲密。莱文曾告诉罗伊，他已经不开心一段时间了，他不想与如此庞大的团队一起制作另一款游戏。莱文问道，如果他选择一小部分无理性游戏工作室员工并将其调整为小一点的团队，会是什么样子呢？2013 年晚些时候，两人在莱文的家里聊天，莱文说他打算辞职，开一个自己的小工作室。罗伊说："一开始人员可能会比较松散，但很快就会凝聚起来变成一个团队。聊到后面就变成了'好吧，我们该怎么做呢？'"

当莱文告诉他的老板们他打算辞职时，他们表示反对。失去肯·莱文可能会让他们的股价暴跌。他是公司的品牌，公司的形象，他的个性为游戏迷们所熟悉并喜爱。他们问，怎样才能说服他留下来呢？经过谈判，高管同意在传统的公司结构之外为莱文创建一家新公司。多年来，莱文经常与 2K 的高管发生争执。而现在他不必再向他们汇报工作，而是直接为 Take-Two 工作，这是一家拥有所有子公司的伞形母公司。① 他对这样的安排很满意，并立即开始计划成立一个不到 20 人的新工作室，然后另一件事也有了下文。莱文后来在接受《滚石》(*Rolling Stone*) 杂志采访时告诉记者克里斯·苏伦特洛甫（Chris Suellentrop）："一开始，我告诉他们我要离开公司，我说我想做一个小规模的项目，这是非常具有实验性的。他们让我留下来了，我以为他们会让无理性游戏工作室来制作下一款《生化奇兵》，而事实并非如此。"

当唐·罗伊听到这个消息时，他惊呆了：莱文要离开无理性游戏工作室了，而该公司也将被关闭。我们不清楚最终是什么导致了这一决策——抑或是无论肯·莱文想做什么，Take-Two 都会关闭这个公司？但很明显，高管们没有兴趣让无理性游戏工作室在没有老板的情况下继续运营。无理性游戏工作室是一群聪明、有才华的人的集合，可它更是肯·莱文的工作室。他在那里拥有无可比拟的权威和自主权。在那里工作的人可以为《生化奇兵：无限》这样的项目贡献自己的想法，但如果莱文不喜欢某些东西，它就会消失，他总是一锤定音。这一做法的好处在于，莱文能够有效地将他们与 2K 的执行压力隔离开来，但更糟糕的是，如果没有肯·莱文，2K 认为无理性游戏工作室就不必存在了。

当无理性游戏工作室的开发者努力完成《海葬》的 DLC 时，肯·莱文和唐·罗伊开始把人们拉到一边，询问他们是否愿意加入莱文的新计划。他们说，公司要关门了，但这支精心挑选出来的团队可以继续做下一个项目，并告诉他们要对公司的其他人保密，否则就是在拿每个人的遣散费冒险。经过这个过程后，他们拥有了一个超过 12 人的团队，其

---

① Take-Two 与 Rockstar Games（《侠盗猎车手》的开发商）达成了类似的协议，Rockstar Games 与 2K 都是它的子公司。

中许多人是《生化奇兵：无限》的负责人，他们现在都有一个巨大的秘密要保守。"我还没准备好，"罗伊说，"我们有很多拖家带口的人。"

迈克·斯奈特是《生化奇兵：无限》的一名"世界缔造者"，也是莱文新工作室的成员之一。① 他对这个机会感到很兴奋，但又对保密感到抑郁。"这让我觉得很恶心，"斯奈特说，"我所有的道德准则都与之背道而驰。那些和我很亲近的人——这个改变他们生活的事件将会发生在他们身上，而我却不能告诉他们。"

整个 2013 年到 2014 年，不断有员工离职和被裁。包括大多数质检人员在内的临时雇员被告知，他们的合同将不会续签。剩下的一些员工认为无理性游戏工作室是为了准备下一款游戏而缩减规模。按照他们的猜想，很快就会再次进入前期制作阶段了，放松一下，用接下来的一两年时间和莱文一起头脑风暴。不过，也有人看到了一些警示信号，比如公司计划了一段时间的办公室搬迁，从某天开始却突然再也不提这件事。有一天，为了庆祝《海葬》DLC 的完成，公司提供了一个巨大的 3 英尺蛋糕，看起来就像《生化奇兵：无限》里的鸣鸟。对一些人来说，这是一个预兆。比尔·加德纳说："当你看到这些随性的行为，'嘿，让我们把团队毫无理由地聚在一起吃蛋糕吧，'通常来说，这不是什么好迹象。"

2014 年 2 月 18 日，星期二，肯·莱文把整个工作室召集到楼上的厨房，召开全体员工会议。无理性游戏工作室刚刚结束了总统日的漫长周末回到公司。当员工们开始填满这个房间的时候，他们都意识到显然出问题了。加德纳说："我们走了进去，大家都很害怕。你可以感觉到空气中弥漫着不安。"

无理性游戏工作室现在的员工数量不到 100 人，所以房间里的每个人都能看到肯·莱文在读那张纸时颤抖的手。他说他将关闭公司，并和

---

① 电子游戏行业的怪癖之一，是每个公司都有不同的分工名称。在无理性游戏工作室，"世界缔造者"负责布局和光影设置，有点像艺术家和设计师之间的交汇部分。

一些人创立一个新工作室，其他人都会被解雇。肯·莱文对这一决定承担全部责任，而该公司网站上的一篇博文则对应了他想对员工说的话，他写道：

> 17年，对于任何工作来说都是一段很长的时间，即使是最好的工作。与无理性游戏工作室里令人惊艳的团队一起合作是我所做过的最好的工作。虽然我对我们共同取得的成就深感自豪，但我的热情已经转向制作一款不同以往的游戏。为了迎接未来的挑战，我需要把自己的精力着重放在一个规模更小、结构更扁平化、与玩家关系更直接的团队上。从许多方面来看，这将会回到我们最初的方式：组建一个面向核心游戏用户的小团队。你们知道的，我正在退出无理性游戏工作室，我将在Take-Two开启一个规模更小、更具创业精神的尝试。

公司的员工都目瞪口呆。他们下一个项目的悄无声息暗示着有些事情不太对劲，但许多人都认为肯·莱文一直在某个房间里安静地处理设计文件和提案，就像他在《生化奇兵：无限》早期所做的那样。大多数员工不知道肯·莱文和罗伊一直在秘密计划成立一家新工作室。道林说："这很令人惊讶。但我想那也不完全是晴天霹雳，我与肯的关系亲密到足以让我了解到他的抑郁。但我真的不知道它会以什么形式出现，也不知道它会如何被表达。我没想到那天会收到遣散的消息。"

当肯·莱文结束讲话时，一些惊愕又愤怒的员工提出问题：《生化奇兵：无限》不是很成功吗？它不是赚了钱吗？难道他们没有证明自己的才能吗？公司难道不是一家拥有足够声望的工作室，能够在没有肯·莱文的情况下继续制作游戏吗？拉克莱尔说："我想我当时还在从疲劳中恢复。这真令人难以置信，我想我是生气了……我开始担心自己。我该何去何从呢？"

无理性游戏工作室的许多资深游戏开发者之前都经历过裁员甚至工作室被关闭的过程，但这通常都是由于财务困境造成的。当发行商取消一款游戏时，开发者便会开始更新自己的简历。当一款游戏卖不出去时，它背后的工作室就会处于危机之中。这些都是合情合理的。但到了无理性游戏工作室这里，可能由于"无理性"这个名字，逻辑就被抛到了九霄云外。这可是制作《生化奇兵》的公司，这款游戏6年后仍然被认为是有史以来最伟大的游戏之一。当然，制作《生化奇兵：无限》的过程是痛苦且昂贵的，好在这款游戏卖出了数百万份，并在 Metacritic 上获得了 94 分。为了完成它，他们放弃了无数个小时的私人和家庭时间。他们得到的报酬就是失业吗？这太不公平了。[1]

肯·莱文的讲话一结束，公司的人事就走上前来，开始带领大家办理离职手续。每个被解雇的人都会根据他们在公司工作的时间长短得到遣散费。有些人能拿到三四个月的工资。有些人也能够协商他们的费用，比如查德·拉克莱尔，他在 2011 年得了癌症（后来已经完全康复），他能够说服公司延长他的健康保险。许多前无理性游戏工作室的员工都认为，综合所有因素来看，关闭公司的处理都是比较人道的。肯·莱文甚至在他的推特页面上关注了个别员工，鼓励其他公司雇用他们。

然而，那些没有被邀请加入新工作室的人会觉得他们被排除在了那些幸运儿的圈子之外，他们为什么没被邀请呢？肯·莱文选择了一小群他想与之一起制作游戏的开发者，而公司的数十个员工却没有被包括在内。拉克莱尔说道："他们选择了一个关卡建造者，而他曾负责最终的 DLC 的部分，所以这对我来说是能理解的。他们没有空余的位置再给其他人了。但是当时我想的是，'天哪，我没有被选中，我希望我也可以

---

[1] 2K 公司拒绝让高管接受采访，也不愿就本书置评。

是其中的一员。'"

比尔·加德纳在无理性游戏工作室工作了十多年，他把肯·莱文视为自己亲密的朋友，他也为自己没有被带上而感到难过。尽管他和肯·莱文在《生化奇兵：无限》的开发过程中一直有分歧——加德纳说："我们的关系已经达到了一个临界点，我们对哥伦比亚的创造性愿景没有达成一致的意见。"对于他来说，肯·莱文不带上他一起离开是很难接受的。他接着说："坦白来讲，我有点伤心，因为他认为不能再向我吐露心声，也不会谈论下一步的计划。但与此同时我也知道，站在公司的角度，事情没那么简单。"

在无理性游戏工作室关闭后的几天里，数十家大型电子游戏公司派出代表飞往波士顿，试图与《生化奇兵》的制作成员取得联系。无理性游戏工作室的领导在附近的酒店组织了一场招聘会，来自世界各地的游戏工作室纷纷前来收集简历。福雷斯特·道林说："招聘会简直太疯狂了。招聘人员蜂拥而至，就像一场要争夺每个人的比赛。"有些人不得不举家搬迁，跨越整个美国开始新的游戏开发工作。还有一些人离开了电子游戏行业，进入了更稳定的领域。还有一些人，像比尔·加德纳，利用这个机会开始独立创业。在公司关闭后的几个月里，加德纳和他的妻子阿曼达开始在他的地下室工作。2017 年，两人发布了一款名为《洞察》（*Perception*）的恐怖游戏，在游戏中你将扮演一个利用回声定位来感知世界的盲女。这款游戏卖得不错，"好几万份，足以让一家小公司维持营业。"但加德纳一直希望能卖得更多。他说："外面世界太残酷了。"

与此同时，在无理性游戏工作室现在空荡荡的办公室里，肯·莱文和他剩下的员工开始组建新工作室，也就是后来的 Ghost Story Games。他们的计划是制作一款基于肯·莱文所说的"叙事乐高"的游戏，即故事片段可以以不同的顺序组合在一起，以便让每个玩家都能获得独特的体验。至少在纸上，这是一个雄心勃勃的想法，它也可能是对沃伦·斯佩克特具有无数可能性的游戏愿景的另一种演化。而且，正如与肯·莱文共事过的人所预料的那样，实际花费时间比预期的要长得多。

曾参与创建 Ghost Story Game 的唐·罗伊在 2017 年夏天与肯·莱文闹翻后辞职了。"我觉得我一直在为他创造奇迹，"罗伊说，"但他并没有兑现他的承诺。"在无理性游戏工作室关闭 7 年后，肯·莱文的新工作室仍然没有公开谈论或展示过任何游戏相关内容。在那里工作过的人说，这个项目已经被推迟了很多次，截至撰写本文时，都还不清楚它是否或何时能面世。

如今，一些曾在无理性游戏工作室工作过的人表示，在他们前往一家个人烙印明显、个人独断专行的游戏公司前都会三思而后行。凭借第一款《生化奇兵》以及大量精准的媒体曝光，肯·莱文巩固了自己作为电子游戏行业为数不多的知名制作人之一的地位。对于粉丝、玩家甚至 2K 的高管来说，肯·莱文就是无理性游戏工作室，无理性游戏工作室就是肯·莱文。在那里工作的人不得不接受这一点，有些人甚至爱上了它，但最终当肯·莱文想做出改变时，他们也都不得不回家。为无理性游戏工作室这样的"AAA"游戏工作室工作就意味着接受这个现实。这意味着要和数百名开发者、数百万美元的预算、丰厚的薪水和充足的零食一起开发一款雄心勃勃的、出色的射击类游戏，但这也意味着要和那个人的命运绑在一起。在别的公司，创意总监的离职可能会给其他人带来升职的机会。而在无理性游戏工作室，这意味着结束。

Chapter 3
Rafting Upstream

第
三
章

逆流而上

格温·弗雷（Gwen Frey）第一次经历工作室关闭的时候，她在电子游戏行业工作了大约 6 个月。

弗雷是一名有专业素养的艺术家，有一双明亮的蓝眼睛，擅长应对复杂的技术挑战。在她的成长过程中，制作电子游戏似乎从来都不是一份有前途的职业，尽管她习惯性地沉迷于《魔兽世界》（"我玩得太多了……成了一份全职工作"）。在罗切斯特理工学院学习期间，弗雷发现了一个为有志于游戏开发的人设立的俱乐部。她灵光一现，提出可以为他们做艺术创作。她说道："直到那天我才意识到自己可以制作游戏，我立刻就爱上了它。我意识到，'哦，我将要以此为生。'" 2009 年 3 月，就在毕业之前，弗雷凑钱飞到圣弗朗西斯科参加游戏开发者大会（GDC），在那里来自世界各地的开发者聚在一起闲谈并交换业内消息。她晚上睡在朋友的沙发上，白天辗转于各个展位，向正在招聘的游戏公司投递简历。

最终，她得到了一份工作：由传奇设计师约翰·罗梅罗（John Romero）离开离子风暴几年后创立的 Slipgate Ironworks 为她提供了一份初级美工的工作。很快弗雷就开始把自己的行李运送到国家的另一边，从纽约的罗切斯特搬到加州的圣马特奥，这是她在电子游戏行业的第一份工作。2009 年 10 月，当弗雷坐在她的办公桌前为一个角色做动画时，她的老板让她去参加一个全体会议。"我说，'等一下，我得把这个做完。'"弗雷回忆道。他的眼睛里有一种绝望的神情。"不，格温，去开会吧。"随后传来了消息：公司要关门了，他们都被解雇了。

弗雷吓坏了，突然失去了工作，还离家千里。"我当时没有钱，"她说，"我在那里谁也不认识，也没有什么计划，一阵茫然。"不过至少她可以和她以前的同事们同病相怜，互相慰藉。弗雷说："像这样的公司关闭时，会发生一件不寻常的事情。同事之间情谊会变得深厚。"那天晚上，他们中的许多人聚在一起参加了一个告别派对，演奏了"披头士的摇滚乐队",用廉价的塑料乐器弹奏着古典乐曲。弗雷说:"我们唱着'在朋友们的帮助下我渡过了难关',边哭边喝。""那是我一生中最美好的夜晚。"

弗雷没过多久就在圣马特奥找到了一份新工作。她和 Secret Identity 的一些开发者关系不错,这家公司和 Slipgate Ironworks 同属一家母公司,他们让她担任一款多人超级英雄游戏的技术美工,这款游戏后来被称为《漫威英雄》(*Marvel Heroes*)。① 她是一个角色装配工,从艺术家们那边拿来为钢铁侠和雷神等英雄制作的大而复杂的模型(或"3D 网格"),赋予它们数字化的关节和骨骼,这样动画师就能让它们动起来。操纵一个角色意味着把它从一个静态的图像变成一个像木偶一样的东西,能够把它的手臂和腿朝不同的方向摆动,然后,动画师可以决定如何控制它们的运动。

弗雷喜欢在 Secret Identity 工作,尽管随着时间的推移,她对自己的工作内容感到厌倦。她操纵的大多数超级英雄都是两条腿行走的人类,这并不是太大的挑战,在两条腿和两条胳膊上安装关节的方法是有限的那几种。与此同时,弗雷在圣马特奥会见了一位又一位创业者。在那里,人们白天在企业工作,晚上聚在一起讨论离开这些初创企业,来创办自己的初创企业。在这个过程中,弗雷的雄心壮志被消磨掉了。

到了 2011 年,弗雷决定寻找新工作。在 6 月的 E3 贸易展上,她仔细研究了每一个引人注目的预告片和公告,寻找自己可能想参与开发的游戏。其中一个预告片脱颖而出:《生化奇兵:无限》,这是该工作室那款经典大作之后的最新游戏。弗雷说:"很多游戏都是黑暗且粗糙的,而这是一款明亮且丰富多彩的游戏。我认识团队中的一些人,知道他们很棒。"她的室友恰好是无理性游戏工作室一名动画师的朋友,所以弗

---

① Secret Identity 的母公司 Gazillion 在迪士尼退出了与《漫威英雄》相关的协议后,于 2017 年底关闭,游戏也随之结束。

雷将自己的样片呈现在了《生化奇兵：无限》的美术总监面前。这使得格温·弗雷获得了一次面试机会，从而得到了一份工作，于是她回到了东海岸，成为《生化奇兵：无限》的技术美工。

2011年秋天，当弗雷到达马萨诸塞州的昆西时，无理性游戏工作室的大多数开发者都在强调《生化奇兵：无限》的状态。那时的游戏还没有多少进展，对于大部分美工和设计师来说，他们似乎不可能在明年完成这款游戏。对一些人而言，危机已经开始，对另一些人而言这则意味着6天或7天的工作周即将到来，然而，对弗雷来说，这是一份梦想中的工作。她从未开发过如此壮观、出色的游戏。"我很喜欢这款游戏和这份工作。"她说，"我知道不是每个人都喜欢，但我喜欢。"在反复操弄相同动画两年之后，《生化奇兵：无限》中的各种技术挑战让弗雷感到耳目一新。她最终获得了一个关键元素的制作权：背景人物。

在电子游戏中，每个NPC都有自己的人工智能，即一套脚本规则，指挥它如何根据玩家的行动行事。例如，敌人角色的NPC可能会看到你向他们射击，并知道躲在附近残骸的后面。中立人设的NPC可能知道如果你对他们好，他们就会和你意气相投；如果你开始威胁到他们，他们就会拔刀相向。NPC越重要，这些规则就越复杂。在《生化奇兵：无限》中，伊丽莎白的人工智能系统非常精细，无理性游戏工作室拥有一个专门的团队，即Liz Squad，其主要工作就是让她在跟着你穿过哥伦比亚的大街小巷的时候，能感觉她是你真正的游戏伙伴。

最初，《生化奇兵：无限》的开发者想让整个游戏世界充满精心设计的人工智能驱动的角色，这些角色知道如何做各种复杂的事情，比如寻找路径和躲在物体后面掩护。然而，人工智能越复杂，它需要的处理能力就越大。如果有太多的NPC同时运行过多的脚本，游戏就会慢得像在爬行，就像马在街上拉一辆超载的车一样。为了让《生化奇兵：无限》发挥作用，他们需要减轻游戏运行的负担。游戏中的大多数NPC，特别是那些混然于路人群里的，或者探索城市时出现的背景 NPC——必须是沉默的。

弗雷负责这些沉默的 NPC，她称之为木头人——没有人工智能驱动的背景角色，只会按程序执行一两个任务。起初她开始设置这些 NPC，给他们制作一些简短的循环动画，就像一个孩子会一直在沙滩上挖沙子直到时间结束，但感觉很奇怪。弗雷说："如果你走到一个角色面前，他们却不看你，这感觉很不对劲。"因此她开始编写基本的人工智能驱动，让她的 NPC 们在玩家靠近时转而看向他们。"只是非常简单的脚本。"随着时间的推移，她让哥伦比亚充满了各种各样的木头人，从乞丐到狂欢节的叫嚣者，再到愤怒的市民。和公司的其他同事一样，弗雷投入了大量的时间，但她并不介意。"我很清楚地掌握着自己所做的事，"她说，"当你能对工作内容做主的时候，危机就不会让人那么痛苦了。"

2014 年 2 月 18 日，弗雷本该在度假。她第二天要乘早班飞机从波士顿飞到温哥华，然后开车去惠斯勒山参加一个朋友的婚礼并度过周末，她正在为为期一周的旅行做准备。此时，她接到了老板的电话，"他说，'我有个消息要告诉你，公司要关闭了。'"弗雷回忆说。然后她的电话开始响个不停，都是表示安慰的消息。她错过了肯·莱文向大家宣布公司关闭的会议，现在这个消息已经传遍了世界：无理性游戏工作室已经不复存在了。

当她签完文件后，弗雷走到办公室附近的一家清吧 Kama，那里有一些公司的前员工在喝酒。"和我经常一起出去玩的人没有一个特别惊讶。"她说，"没有人笃定我们会倒闭，但也没有人对此感到震惊。"后来，弗雷在看完文件袋里的遣散费单子后，开始计算她还可以拿多少钱，以及公司还能帮她交多久的社保。弗雷说："你真的没有时间感到愤怒或恐惧或其他什么情绪，因为你得忙很多需要处理的事情。他们说，人们在经历可怕事情的那一刻时，全身会有大量的肾上腺素和其他成分，因此并不会觉得恐慌。事情过去一段时间之后，你才会感到恐慌。"她原本打算婚礼后在加拿大多待几天，但她为了安排自己的未来而缩短了行程。

几周后，弗雷参加了无理性游戏工作室在附近一家酒店举办的招聘会。当她与其他大型游戏开发商和发行商谈论潜在职位时，她试图保持开放的心态，但这些对话让她感到很有压力。她开始觉得自己以前经历过这种事。"我四处走动，看着这些公司。"弗雷说，"好吧，我在一个游戏中投入了几年的时间，可能游戏会做得很好或者不好。然后我要搬家，再重新经历一遍，但这其中没有什么是真正属于我的。就这样循环往复，永不结束。我踏上了这条会一直在轮回的道路。"

弗雷一边提交简历一边和招聘者交谈着，对于这种循环的担心在她心头挥之不去。她是否真的想重复这样的经历？她是否真的想要浪费更多的时间来为别人的游戏作贡献？她不禁回想起自己在圣马特奥那些被初创公司以及创业者们环绕的日子。"我一直有个梦想，"弗雷说道，"我想创作出一些属于我自己的东西来。"

■ ■ ■

在无理性游戏工作室关闭的那天，福雷斯特·道林本来打算和一个老朋友一起吃午饭，这个老朋友是《生化奇兵：无限》的美术总监斯科特·辛克莱尔（Scott Sinclair），他在几个月前辞职了，当时工作室的未来似乎并不明朗，他和道林一直保持着联系。后来全公司的人被叫到楼上开全体员工会议。"我给他发短信说：'嘿，哥们儿，我可能会晚到一会儿。有个公司会议。不知道发生了什么。'"道林说，"后来我说，'啊。如果你愿意的话，我们可以一起吃很长时间的午餐。'"

两人坐在办公室附近的一家购物中心里的 Chipotle 餐厅里，回忆着《生化奇兵：无限》开发的美好和糟糕时光，并为公司的关闭而遗憾。他们聊起了离开无理性游戏工作室后的生活，还有他们各自在业余时间里想的游戏方案。道林设计了一款在荒野中生存的小游戏原型，而辛克莱尔则设计了一个涉及"微观世界"的艺术项目——具有独特美感的小型独立空间。道林说："我们说，'这些想法似乎非常契合。'随后我们就分开了。"

在接下来的一个星期中，道林都在沙发上玩《战地》游戏。道林说："你会感到泄气，你不知道接下来会发生什么。因为本质上那些词句意味着你的生活将会有一个很大的变化，而你不知道它会是什么。"不过他并不太担心。公司关闭之后，通过招聘会、媒体和推特关键词，大大小小的公司的招聘人员联系了几乎所有曾在无理性游戏工作室工作过的人。道林说："我到现在都没有孩子，也没有什么让我不能搬家的牵挂。而且我刚刚参与推出了一款年度最佳游戏。这意味着'好吧，我要去哪里工作？'而不是'我会有工作吗？'"

随着时间的推移，道林发现自己被他和辛克莱尔在午餐时讨论的那些想法迷住了。他们交换了充满活力的游戏思路，通过头脑风暴寻求将彼此的作品整合在一起的途径。如果他们制作一款游戏，让你在荒野中生存，探索一系列手工制作的"微观世界"，那会是什么样？如果这些小空间由一条河流连接呢？如果游戏背景发生在美国南部呢？道林说："我们开始讨论如何能让我们一起尝试做这件事。我们的工作关系一直很好。我觉得我们真的很尊重对方，也很喜欢一起工作。"很快，"是否"变成了"何时"，他们开始计划投资并设计自己的独立游戏。那是 2014 年春天，独立开发似乎比以往任何时候都更能成为一份可行的职业。成为独立开发者意味着要做出巨大的经济牺牲，但道林可以预见他们的成功之路。

这是他职业生涯早期的一个巨大转变。21世纪初，当道林在纽约 Kaos 开发第一人称射击类游戏时，销售电子游戏唯一可行的方法是将其刻录到光盘上，并通过 GameStop 或沃尔玛等零售商店出售。为了包装光盘，你需要一个发行商，这意味着公司需要大规模经营。如果只是在地下室工作的两个人，你甚至很难让索尼给你提供 PS3 的开发工具包，更不用说说服 Target 把你的游戏放在他们的货架上了。

随着高速互联网越来越普及，游戏发行商开始投资自己的在线基础设施，一切都发生了变化。索尼、微软和任天堂都为它们的游戏主机建立了数字版游戏商店。到 2010 年，像《时空幻境》（*Braid*）和《城堡破坏者》（*Castle Crashers*）等可下载的独立游戏已经卖出了数百万份，尽管事实上它们是由小型团队制作的，没有大型发行商的支持。类似 Steam 和 Xbox Live 这样的平台让开发者可以自由地以任何他们想要的价格出售他们的数字游戏，为所有人打开了闸门。你不再需要以数千万美元的成本创造一款游戏，然后以每份 60 美元的价格出售，向电子游戏之神祈祷自己能够卖出 100 万份来避免破产。道林和辛克莱尔可以制作比《生化奇兵：无限》规模小得多的游戏，以它零头的价格出售，但仍然能赚取足够运营一家小型公司的收益。

但是他们需要更多的人。他们最喜欢的是查德·拉克莱尔，那位在开发《生化奇兵：无限》的时候所结识的设计师美工。就在无理性游戏工作室关门之后，道林向拉克莱尔提到他正在考虑创业，而拉克莱尔似乎也很喜欢这个想法。拉克莱尔说："我记得在通往停车场的桥上碰到道林，当时我很嫉妒。"当他开始自己的职业生涯时，拉克莱尔受到了大卫·库什纳的著作 *Masters of Doom* 的启发，这本书讲述了 Id Software 的标志性故事。拉克莱尔很喜欢看关于这两位创始人约翰·卡马克和约翰·罗梅罗的文章，以及他们是如何带领一个小团队制作出像《毁灭战士》和《雷神之锤》这样的传奇游戏，他们更像是一支摇滚乐队而不是主营现代游戏开发的大型公司。他一直希望有一天他能成为这样一家公司的一员。

不过,钱是个问题。拉克莱尔和他的妻子都曾在无理性游戏工作室工作,所以现在他们都需要一份新工作。他们没有孩子,但他们已经在计划备孕了,拉克莱尔觉得有必要去一个稳定的公司工作,有可靠的薪水和有保障的健康保险。在公司关闭后的几周内,他飞往大型游戏公司去面试。与此同时,道林和辛克莱尔问他是否愿意加入他们。拉克莱尔说:"这很诱人,但我必须考虑一下。"这个提议果然不断在他脑海中回荡。拉克莱尔说:"我参加每一次面试时都会纠结。我是想再进入一家大公司,还是自己做点什么?"

当他与大公司交谈时,拉克莱尔开始注意到一个奇怪的趋势:大预算电子游戏行业的工作变得更加专业化。画面的真实感以前所未有的速度提高,将电子游戏中的角色从杂乱的多边形变成了不可思议的人物形象。20 世纪 90 年代早期,《古墓丽影》(*Tomb Raider*)中的主人公劳拉·克劳馥(Lara Croft)的脸就像有人把化妆品弄到椰子上一样,而在 2013 年,她看起来几乎像一个真实存在的女人。随着画面质量变得越来越好,玩家的标准也越来越高。甚至像《生化奇兵:无限》这样的游戏,虽然其目标是风格化的多彩画面,而非超逼真的打磨品,但大家还是期待其画面感要比之前的任何游戏都更丰富、更漂亮。

为了创造那些充满生机和活力的游戏世界,团队已经由 20 人扩展到了 200 人。一些任务曾经只是美工计划表中的一项,现在却可能成了一个员工的全部工作。拉克莱尔说道:"我曾经在某家公司面试的时候,当他们知道我是一名关卡设计师、美工和设计师后,他们说,'我们希望你能来做一个灯光设计师。'"换句话说,他们希望他能独自负责设计和布置游戏世界中的灯光效果。"我说,'那肯定很有趣,但我不知道只做这个我会不会厌倦,我还想做其他的事情。'他们说,'不,我们真的需要一个灯光设计师。'"

和他的前老板肯·莱文一样，拉克莱尔已经厌倦了大团队制作和庞大的预算。他想加入一个像卡马克和罗梅罗那样的小团队。拉克莱尔说："在无理性游戏工作室，一开始就在一个 30 人的办公室里，氛围和我们拥有第 100 位或第 200 位员工的时候是大不相同的。"2011 年，当拉克莱尔得了癌症时，下班后他大部分时间都是在接受治疗，所以过了一段时间，他才意识到办公室已经变得多么陌生。"那时候的我：专注，专注，专注，然后进了医院，"拉克莱尔说，"再然后突然间，我抬头一看，发现有 50 多个人我都不认识了。"经过一番思考，拉克莱尔告诉道林和辛克莱尔他决定加入他们了。拉克莱尔说："我想在一个能成为一个小团队一员的地方工作，在那里我们可以掌控自己的命运。"

格温·弗雷更容易被说服。一想到要回到超级枯燥无味的工作上，她就感到筋疲力尽。在为公司前员工举行的告别派对上，弗雷告诉她的同事她有一个单飞的宏伟计划。① 弗雷回忆道："我说，'我是时候去做一个独立开发者了。'"然后她遇到了道林，道林说他也要独立，但他要带上斯科特·辛克莱尔，嘿，正好他们缺一个动画师。"我说，'哦，别担心。我将成为你的动画师。'"弗雷说道。

到了 2014 年夏天，他们已经组成了一个 6 人团队：福雷斯特·道林、斯科特·辛克莱尔、查德·拉克莱尔、格温·弗雷，以及他们招募的另外两个朋友——布林·贝内特（Bryn Bennett），一个程序员和吉他手，曾经和辛克莱尔一起在 Harmonix 工作室工作，以及与《生化奇兵：无限》签约的人工智能驱动专家达米安·伊斯拉（Damian Isla）。他们 6 个人都将分别持有这家新成立的公司的股权，然后根据各自的需求领

---

① 许多"无理性游戏工作室关闭"派对都在剑桥一家名为 Meadhall 的迷人酒吧举行。公司前员工现在把它与悲伤和绝望联系在一起，"我觉得我再也不能去 Meadhall 了。"弗雷说，"这是人们告别并离开这个州的地方。"

取薪水。道林说道："我们付给自己的薪水远不及我们在大型 AAA 级工作室工作时的薪水。我们摊牌了说，'好吧，这基本上就是我的生活费。我不会向社保账户存钱，我要放弃所有奢侈品。这是我维持生活所需要的底线。'"他们希望游戏一旦发行，公司产生收益，他们现在做出的任何牺牲都将会在未来得到回报。

2014 年 6 月 5 日，在无理性游戏工作室关闭不到 4 个月后，道林为他们的新公司注册了一个商标，名为 The Molasses Flood，以 1919 年蜜糖罐爆炸事件命名，该事件已成为波士顿民间传说的一部分。① 这是值得庆祝的一天，他们已经正式走向独立了。

这个梦大概是这样的。你是一个有才华和创造力的人，脑海中装着一个又一个关于美国电子游戏的伟大想法，你辞去了工作，靠着几年来的积蓄生活，然后把自己锁在房间里工作。你绝不在艺术上妥协，眼中容不下任何沙子。一段时间后你出现了，没有洗澡并且满身是三明治屑，带着即将为你赚数十亿美元的电子游戏。人们会看到并玩你的游戏，然后你会有下一个《我的世界》《传说之下》（*Undertale*）或是《星露谷物语》（*Stardew Valley*）这样的作品，能够销售数百万份并安排好自己的生活。最重要的是，你不必分享收入，彻底摆脱那些拿走你利润、对你发号施令的大公司。

道林和团队采取了更加务实的做法。他们想制作一款自己认可的游戏，与此同时他们想让这款游戏大小合适且能迎合市场。弗雷说："我

---

① 为什么要以一场导致 21 人死亡的悲剧来命名他们的新公司呢？道林说："最言简意赅的答案是，因为它是可用的。没有人会用工业事故来命名自己的公司。所以真正的答案是，我认为它很符合一些对我们来说很重要的事情。当人们第一次听说这段经历时，它既搞笑又随意。感觉就像在开玩笑。但当你真正了解它之后，就会发现它非常复杂且吸引人。"

们创建公司的初衷是，我们不会制作艺术垃圾。我们相信自己能够制作出一款优秀且可以带来收益的游戏，我们想两者兼顾。"他们的第一款游戏《洪潮之焰》(The Flame in the Flood)是关于在荒野中生存和探索的，就像道林和辛克莱尔最初想象的那样。你将扮演一个名为斯科特的漫游者在一条河上漂流，每玩一次游戏，这条河都看起来不一样。在这款游戏中，玩家需要在破败的加油站和废弃的五金店中寻找幸存者，寻找物资，躲避危险的野生动物。这是一款符合 ISO 标准的卡通、低保真度的游戏——虽然规模与哥伦比亚的那些浮空巨舰相差甚远，却很可爱。

在 2014 年 10 月 7 日，当他们制订好游戏计划后，道林和工作人员为《洪潮之焰》在 Kickstarter 上发起了众筹，希望获得 15 万美元的资金，并立即引起了电子游戏新闻媒体的关注。"被裁的无理性游戏工作室前开发人员独立反击"！在 Kickstarter 的众筹活动结束时，他们几乎达到了目标的两倍，从 7000 多名充满同情和好奇的支持者那里筹集了 25 万多美元。无论以什么标准衡量，这都是成功的，但他们都知道这笔钱花不了多久。除以 6，这 251647 美元的收入每人大约分得 42000 美元——这还不到他们每个人在大公司时收入的一半，而且这还没算上 Kickstarter 服务费、资助奖励和其他支出。[1] The Molasses Flood 与微软达成协议，微软提供额外资金以换取 Xbox 主机的限时独享权，但金钱仍然是他们的一大压力，这意味着他们没有太多时间。从这个意义上说，独立制作和在无理性游戏工作室的阶段差异不大。道林说："这并没有人们想象的那么不同。你依然预算有限，依然被催着赶进度，时间总是不够用。只是规模要小很多。"

在接下来的一年里，他们在波士顿郊外租了一间小办公室，为开发

---

[1] Kickstarter 收取 5% 的服务费，并在此基础上增加 3%～5% 的现金处理费。《洪潮之焰》的赞助者奖励包括海报、艺术书籍和 T 恤，花销甚至超过了上述服务处理费用。

《洪潮之焰》埋头工作。工作时间长，工资低。为了节省资金并保持尽可能小的团队规模，The Molasses Flood 的每个人都要同时身兼数职。道林既是公司的设计师又是公司的总裁，他还负责公司的公关和营销工作。弗雷负责游戏中角色的动画处理，并且同时挤出了时间去处理公司财务数据和大家个税支付的问题。

得益于一个小型但硬核的团队的努力和在 Kickstarter 上的宣传，该团队于 2015 年末将《洪潮之焰》投放到了 Steam Early Access 中，允许玩家在正式发行前购买并体验游戏。开发者继续修复漏洞并更新游戏，满怀希望地进入 2016 年。官方版本的正式发布时间为 2016 年 2 月。"我们永远都有信心，相信一切都会好起来的。"弗雷说，"我们从未想过我们会成为 Notch——《我的世界》的那位亿万富翁制作人，但我们确实认为我们可以做到收支平衡。"

2016 年 2 月 24 日，《洪潮之焰》在 PC 和 Xbox 上发售。它没有做到收支平衡。弗雷说："它没有达到那些数字，甚至都没有接近。"

对于一个曾在大预算游戏开发领域工作数年的团队来说，如此平庸的发行结果实在令人震惊。还在无理性游戏工作室的时候，他们已经引起了人们的注意。当《生化奇兵：无限》横空出世时，整个世界都抬起头来。到处都是电视广告、《纽约时报》（New York Times）专题报道和引人注目的大广告。在 2013 年 3 月游戏发行期间，公司的许多员工都参加了位于圣弗朗西斯科市中心的 GDC，在那里他们前往 GameStop，为那些在午夜排队等待游戏的热情人群签名。相比之下，《洪潮之焰》只是在 Steam 每周热卖榜中的数十款游戏之一而已。道林说道："发行一款独立游戏就像经历一场单人晚会——你可以想象一个家伙戴着派对帽，坐在折叠椅上，看着一粒五彩碎屑从天花板上落下来。"

也许是因为缺少营销宣传，名字拗口，又或者 2016 年其他独立游戏过剩。也许喜欢这个游戏的人还不够多（评论还不错，但并不出彩）。

不管出于什么原因,《洪潮之焰》并没有像 the Molasses Flood 的开发者所希望的那样取得销售上的成功。他们的付出没能获得回报,也无法拿回过去两年所牺牲的薪水。在接下来的几天里,这 6 个人开始沮丧地意识到,他们可能甚至没有足够的资金来继续维持公司的运转了。一天,弗雷和拉克莱尔坐在一起,拉克莱尔的妻子刚刚生了他们的第一个孩子。弗雷告诉他,公司将无法支付他损失的薪水。弗雷说:"我不得不看着他的眼睛说,'我还不能让你离开。'那非常痛苦。那次失败比被解雇或其他任何事情都要糟糕得多。因为你得有所担当。"

很快,他们就开始讨论应急计划,以及如果公司不得不关闭会怎么样。布林·贝内特已经跳槽去了另一家公司,一部分原因是公司不稳定,另一部分原因是他不喜欢在那里的角色。① 其他 5 位创始人也开始考虑是否应该找其他工作。

2016 年 5 月,《洪潮之焰》发行 3 个月后,道林注意到圣弗朗西斯科独立工作室 Double Fine 的一些招聘信息。巧合的是,Double Fine 正在寻找 5 名开发者,而自己团队成员正好完美符合要求。道林给他们发了一封电子邮件,抛出了一个让招聘工作更轻松一些的橄榄枝:如果不再需要在每个职位上都面试并挑选几十名候选人,而是一次把 5 个职位都填满呢?意料之中,Double Fine 的人回信了,突然间公司搭上了一艘财务救生艇。在接下来的几个月里,道林和他的团队开始了《疯狂世界 II》的制作,这是人们期待已久的 Double Fine 经典平台游戏的续集。道林说:"他们给了我们急需的钱让我们暂缓了一口气。"

在夏季结束的时候,《疯狂世界 II》的合同也到期了,达米安·伊

---

① "我的专业主要是图形学,"贝内特说,"我发现在那家公司很难用到我感兴趣的领域……回想起来我在公司所负责的是大量的游戏玩法编程。虽然也能应对,但这不是我感兴趣的。我的技能不太适合。"

斯拉也辞职了。道林说："当时我们想，'好吧，我们的电子游戏公司没有了工程师，这可不太妙。'"意识到他们的财务状况有多糟糕后，剩下的联合创始人考虑关闭公司，但他们还不想就这样放弃。相反，他们决定休息 6 周来反思和充电。道林去了西班牙——这是他多年来第一次真正意义上的度假。道林说："你听过很多关于工作紧张导致倦怠的说法，但我认为倦怠也可能是创造力枯竭的结果。我们需要从制作游戏中抽出一点时间，来思考我们每个人当下想要的是什么。"

2016 年秋天，当他们休假回来时，公司的创始人决定继续为生存而战。他们的工资依然只相当于在大公司工作时收入的一小部分，但有趣的事情发生了，《洪潮之焰》还在继续出货。该团队原本预计，就像《生化奇兵：无限》和他们过去开发的其他高预算游戏一样，《洪潮之焰》主要的赚钱阶段将是发行后的头几周。毕竟，那是 60 美元的零售游戏的主要业务时期，GameStop 会张贴大海报，而百思买会将游戏拷贝放在店面的显著位置。在那之后，销量会大幅下降，而这正是道林和弗雷对《洪潮之焰》销售状况的预期。但他们的小制作游戏后来仍然很畅销。虽然这款游戏的收入还不足以让他们财务宽松，但它的销量却很稳定，就像游戏的主人公斯科特在河上漂流一样，挣扎求生。

他们与一家小型发行公司签订了协议，将《洪潮之焰》推广到其他主流主机上。2017 年 1 月，《洪潮之焰》在 PS4 上大受欢迎，这也推动了游戏销量的进一步增长。"我们对一款游戏进入市场时的表现的认知，完全基于大公司的运行模式，即你推出一个游戏，在第一个月获得最大的销售份额，然后以线性方式递减为零。"道林说道，"而当你没有 4000 万美元的营销预算时，情况会有所不同。因为当你发行游戏时，你只花了 2 万美元在市场营销上，这导致没有多少人听说过你，所以人们需要时间来知道你的存在。"

公司在运营上有了一些回转余地，The Molasses Flood 现在必须决定下一步要制作什么。在经历了中断之后，他们开始制作一款多人动作游戏的原型，这个游戏讲述的是高中生之间用从 20 世纪 80 年代的漫画书上看到的道具相互打斗的故事，比如 X 光眼镜和悬浮滑板。在这个游戏的虚构故事中，这些物品不会是现实生活中令人失望的廉价仿制品——它们真实有用。道林说："这是一个有趣的想法，但我想我是团队中唯一真正喜欢它的人。其他人对这个游戏没有太多的激情。"2017 年春天，他们放弃了漫画游戏，决定开始开发《洪潮之焰》的续集。不久之后，斯科特·辛克莱尔辞职了[①]，只留下了一个 4 人团队：道林、弗雷、拉克莱尔和他们新聘请的工程师艾伦·维拉尼（Alan Villani）。

《洪潮之焰》的续集制作也没能持续多久。很快，这款游戏就从续集转变成了另一款游戏。道林说："我认为，我们作为一个整体的优势和劣势都在于挑战各种假设。"从一开始的"我们只做一个续集，解决我们不喜欢的地方"，变成了彻底推翻《洪潮之焰》中的所有内容。"我们开始说，'好吧，真的需要一条河吗？'"最终，该项目变成了一款名为《空穴》（Drake Hollow）的多人游戏。在这款游戏中，玩家可以和朋友们组队建造定居点，并保护小拟人化蔬菜免受怪兽的攻击。

那年夏天，在德国大型年度游戏大会 Gamescom 上，The Molasses Flood 的创始人开始向发行商推销《空穴》——这是一个冗长的过程，包括没完没了的会议、华丽的 PPT 以及不愿给出直接答案的高管们。"压力很大，"弗雷说，"你得到了所有这些承诺，每个人都说，'是的，是的，我们很感兴趣，不过现在还不行，也许 6 个月后可以'。我们不断听到这样的话，有时他们永远不会说不，他们只是说，'也许以后再说吧。'"在接下来的几个月里，弗雷和团队继续努力推销游戏，希望能够说服一些电子游戏发行商为他们的新游戏投资，但这开始让他们感到绝望

---

① 辛克莱尔在加州诺瓦托的 2K 机库找到了一份工作，在那里他开始参与开发下一款《生化奇兵》续集。

了。由于资金不足，他们耗尽了精力，于是决定将 The Molasses Flood 作为兼职工作，每周给每个员工几天时间来签订自由职业合同或从事自己的个人项目。道林为他们的前任老板肯·莱文的工作室 Ghost Story Games（这是一家从无理性游戏工作室的废墟中诞生的工作室）做了一些关卡设计的工作。而弗雷则开始了她自己的小游戏的构思。

到了 2017 年秋天，经过几个月的努力，那些留在 The Molasses Flood 的人开始怀疑他们是否能为《空穴》筹集到资金。无尽的推销就像逆流划桨，很少有什么事情比听到"以后再说吧"这样的话更让人泄气了。他们会得到资助吗？很快他们就为自己设定了最后期限。如果不能在 12 月前获得资金，他们都将同意关闭公司。就在 3 年前，他们还是一家公司倒闭的受害者。而现在，他们离关闭自己的公司还有几天的时间。

然后出现了一个意料之外的救世主。

一年前，当道林和团队签署《洪潮之焰》主机版本的协议时，他们并没有过多考虑任天堂 Switch 版本的计划。任天堂之前的游戏机 Wii U 是个大败笔，而且几乎没有迹象表明 Switch 会有什么不同。然而当它在 2017 年 3 月发布时，任天堂 Switch 却取得了巨大的成功。得益于手感好、易于携带使用和一系列吸引人的游戏，如《塞尔达传说：荒野之息》，Switch 立即卖出了数百万台，在短短一年的时间里就超过了 Wii U 的整个销售周期的销量，Switch 用户渴望玩新游戏，当《洪潮之焰》于 2017 年 10 月 12 日发布时，正是完美时机。事后回想起来，Switch 版的《洪潮之焰》成了让他们活下去的救命稻草。道林说："这有助于我们后续的推销，可以加大《洪潮之焰》的销量，再增加几十万份拷贝，这太棒了。"

当 12 月的最后期限到来时，道林和团队成员仍然没有为《空穴》找到投资方，但他们在 Switch 上的成功为他们赢得了更多的时间。他们把人为设定的最后期限推迟了几个月,以期望自己在 2018 年 3 月之前找到协议。他们说如果他们不能在游戏开发者大会上获得关注,他们就会退出。他们还决定要回到 The Molasses Flood 做全职工作。之前由于他们每周只能花几天的时间在《空穴》的制作上,所以很难取得重大进展,而公司现在有足够的钱给每个人发适当的薪水。道林说:"如果我们要做全职工作,我们就需要有能力继续维持我们的生活,所以我们把自己的薪水提高到合理的水平。'或许这没有任何意义,'我们想,'但我们也应该让自己获得相应经验水平的报酬。带着一点实现自我价值的荣耀走出去。'"

2018 年 3 月,很多游戏开发者来到圣弗朗西斯科的 Moscone Center 参加 GDC 大会时,圣弗朗西斯科热闹非凡。任天堂的 Switch 是市场上最热门的游戏机,而微软和索尼则向少数开发商介绍了他们计划在 2020 年推出的新 Xbox 和 PS 游戏机。而另一家大型公司正悄悄与各家公司会面,向他们推介一个新的游戏平台:谷歌。他们希望这个平台能够改变整个行业。

这家科技巨头一直在秘密雇用游戏开发者和高管,以推出一个新的流媒体平台,该平台后来被命名为 Stadia。与之前的游戏平台不同,Stadia 不会是你家中的一台游戏机或计算机;相反,Stadia 游戏将运行在位于世界各地谷歌节点的计算机集群上,你可以通过将数据流传输到你选择的设备上玩。这是一个充满野心的项目,谷歌希望它能将电子游戏带给数亿原本无法体验的用户。谷歌正在寻找开发者为 Stadia 制作独家游戏,该公司的一名制作人曾与福雷斯特·道林一起在无理性游戏工作室工作过。双方一拍即合:谷歌需要游戏,而道林需要钱。

道林会见了谷歌的高管,并向他们推荐了《空穴》。① 他们表示很感

---

① 道林不愿告诉我游戏的发行商,也不愿承认它就是谷歌,其原因很快就会被披露。我是从其他渠道得知的。

兴趣。道林满心欢喜地飞回家，没过多久，谷歌就回复了 The Molasses Flood，表示希望签订协议。在接下来的几个月里，两家公司就如何安排进行了反复讨论。道林说："公司越大，需要谈判的地方就越多。包括要买什么样的保险？这真的很无聊。"——最终他们签订了协议。他们终于获得了投资。经过多年在水中的挣扎，The Molasses Flood 终于可以重新回到木筏上了。

然而，弗雷却感到不安。当他们都是兼职员工时，她开始摆弄自己的电子游戏，甚至当他们回到 The Molasses Flood 全职工作时，她也会在晚上和周末制作这个项目。她称这款游戏为 Kine，是一款空间益智游戏，设置在一张充满浮动平台的大地图上。你将扮演 3 个有音乐天赋的机器人，他们希望聚在一起组建一支乐队，你需要在一系列具有挑战性的关卡中操纵每个机器人绕过平台和障碍。弗雷已经把这个想法告诉了团队的其他成员，但他们对此并不感兴趣（道林说："这个游戏的类型不是我们公司想做的。"）。此外，她知道音乐叙事类益智游戏将是一个有风险的方向，而且这与 The Molasses Flood 的实用主义背道而驰。所以 Kine 成了她的副业。

一开始弗雷认为她只会花几个月的时间在 Kine 上，然后把它免费放到网上，但是随着她投入的时间越来越多，她就越痴迷于它。她在洗澡和做饭的时候，脑子里一直想着这个游戏。每当她因生活压力或为唐纳德·特朗普的最新推文而感到情绪疲惫时，她就会把一切都抛在脑后，转而关注 Kine。对许多人来说，玩电子游戏是逃避现实的好方法，而对于弗雷来说，制作电子游戏是更好的方法。她说："我回到家就开始做这件事，我很开心。"很快，她开始觉得对 Kine 的热情超过了她在 The Molasses Flood 所做的任何工作。她说："我从来没有真正喜欢过《空穴》这款游戏，我也不知道为什么，我对此感到很抱歉。"

在 2017 年底，谷歌入局之前，弗雷一直在假设 The Molasses Flood

会耗尽资金，她准备全职投入 Kine。弗雷说道："我总是有这样的后备计划：好吧，我们可能会失败，然后我将继续独自开发游戏。我到达了一个非常奇怪的点，我们没有放弃，我有点不爽，因为在心理上我已经准备好去做另一个项目了。"2018 年 3 月，就在与谷歌将要达成协议的时候，弗雷把她的同事拉到一边，告诉他们她想辞职。她说："我太喜欢自己做的这款游戏了，而留在公司就无法创造出 Kine。"

道林崩溃了。他们正在谈判一项可以拯救公司的合作协议，而他们的技术动画师却想辞职？弗雷不仅是一个有才华的艺术家，也是他们团队不可或缺的一部分，而且道林还担心她的离开可能会毁掉他们获得资金的机会。道林说："当时我担忧的部分原因是，我们快要签协议了。我们是以团队的形式来签订的协议，团队这个词用在这里确实有点好笑，因为 4 个人是一个很小的数量。但如果一个开发团队刚与发行商签订好协议，然后就说，'嗯，我们 25% 的员工刚刚发出了通知要离开'，那发行商可能就会说，'呃，没关系，我们聊得不错，祝你好运。'"

为了尽可能和平地分开，弗雷同意继续兼职，直到与谷歌的协议完成。结果花了好几个月。在 The Molasses Flood 与谷歌来回协商时，弗雷留下来帮助公司培训一个新的动画师，并将她的工作交给团队中的其他人。不过，大家依然心存芥蒂。"有一次，福雷斯特说，'格温，你在最糟糕的时候离开了。'"弗雷回忆说，"我说，'福雷斯特，如果我在这之前离开的话公司早已经倒闭了。客观来说，是在最糟糕的时候离开的吗？'他说，'不，客观地说，你是在最好的时机离开的，但我并不希望你离开。'"

与此同时，弗雷也被自己可能会损失巨额收入的想法而困扰着。"你不知道离开的压力有多大，"她说，"我旁观他们的忙碌，我想，'公司可能被收购，而他们都将成为百万富翁，我和他们拥有一样多的这家公司的股份，我或许也可以成为百万富翁。但现在我要辞职去做一些愚蠢的事情，我真是个傻瓜。'"但是，完全独立的创作是弗雷能感到满足的唯一方式。"过去几年带给我的压力很大，"弗雷说，"而能够拥有我所喜欢的、能让我快乐的东西是无价的。"

离开后不久，弗雷就开始与发行商讨论 Kine 的潜在合作可能。她差点就接受了一家大公司的高薪邀请，但当对方开始讨论利用他们的内部美术团队来大幅修改游戏使它更具大众市场吸引力时，她改变了主意。之后，她开始与 Epic Games 进行交谈，该公司如今以《堡垒之夜》而闻名，但其大部分财富都来自其拥有的虚幻引擎，这是大大小小的电子游戏开发商的通用平台。Epic 刚刚对 PC 端推出了自己的分销平台 Epic Games Store，并愿意向弗雷支付费用，以获取 Epic Games Store 成为 Kine 的独家合作平台。这项协议还允许弗雷雇用一位音乐家和其他外包商来从事艺术和技术方面的部分工作。到 2018 年底，她已经将一个兴趣项目变成了一款大型且充满野心的益智类游戏，并正式成立了自己的独立公司。她称之为 Chump Squad。

当你签下你的第一笔大交易，或得到一份你一直梦寐以求的合同时，你总是很容易相信现在你已经成功了。一切尽在掌握，你终于有安全感了，但在电子游戏行业，根本没有所谓的安全，没有什么事是肯定的。

到了 2018 年 9 月，谷歌的协议正式生效。《空穴》将成为 Google Stadia 的独家产品，并在接下来的秋天与平台一起推出。The Molasses Flood 现在与世界上最大的公司之一签订了发行合同，这意味着他们暂时不用担心钱的问题。两个月后，他们搬进了位于马萨诸塞州牛顿市一座工业大楼一层的一个崭新的办公室,到 2019 年,他们的团队从 4 人扩大到 11 人,甚至还把联合创始人达米安·伊斯拉请了回来。伊斯拉将继续担任 The Molasses Flood 的第二个绝密新项目的创意总监。福雷斯特·道林说:"我们希望开始着手新项目的开发,这样当目前的项目结束后,就有一些新的工作可以让大家去做了。"

这是大家从无理性游戏工作室关闭中得到的经验——一种确保当一个游戏项目完成时,每个人仍有工作可做的方法。在电子游戏产业中,当一家公司雇用了数百名新员工来完成一个项目,然后在游戏完成后发现大家领着薪水却都无所事事,就会裁员了。将多款游戏保持在不同的开发阶段,The Molasses Flood 便无须面对这种困境。

有一段时间,一切都很好。但在经历了 4 年的财务危机之后,道林仍然对公司的状况有着一种折磨人的焦虑。新的人意味着有新的嘴巴要养活,有新的家庭要考虑。他发现自己很同情肯·莱文,理解为什么他的前老板领导一个数百人的团队会如此紧张。道林说:"在这个行业里,你不可能感到完全舒适。"在无理性游戏工作室时,至少他们感觉稳定,毕竟,他们是《生化奇兵》的幕后开发者。现在,他们只是一个独立的游戏开发者。道林说:"我曾在两家关闭的公司工作过,现在又经营自己的公司 5 年了。可以说,过去 5 年对缓解焦虑症药物的需求比之前 10 年都要高得多。"

他感到焦虑的理由很充分。2019 年春天,The Molasses Flood 和谷歌之间的问题开始出现。到了夏天,这两家公司开始面临道林所说的"愿景偏差"。道林认为开发进展得很顺利,尽管在游戏测试中出现了一些小问题,但《空穴》仍然与他们最初的设定相似。然而发行商的热情似乎已经消退。道林说:"我认为在与外部合作伙伴合作时,他们可能正在将中级管理层和审批层加入他们的行政结构中。而新加入的人并不直接与投资组合中的项目打交道……我只能猜测。但我认为我们坚持了下去。"

在 2019 年 9 月的一个项目截止日，The Molasses Flood 向谷歌发送了《空穴》的一个开发版本，但奇怪的是没有收到任何回复。几天后，道林接到他们代理人的电话，告诉他一些坏消息：谷歌退出了。"从本质上说，'我们觉得在这个特定的项目上，我们不是很好的合作伙伴，所以最好还是停止合作。'"道林说，"沟通过程非常友好，并没有带来担忧、冷漠或诸如此类的感觉。"

The Molasses Flood 再次发现自己处于电子游戏行业过山车的下行通道上。但是这一次，道林没有那么担心了，他们的财务状况很稳定，不需要寻找新的发行商。公司已经积累了足够多的积蓄，即使没有谷歌也能完成游戏——而且这个时机确实有点巧。道林已经预订了飞往加利福尼亚的机票，他和达米安·伊斯拉计划在那里向所有大型电子游戏发行商推销他们的另一个项目。道林说："突然之间，我们想到，'哦，好吧，我们有两款游戏要展示了。'"在这些会议中，他们与微软达成了市场协议，并在 2019 年 11 月 14 日的 Xbox 大会上官宣了《空穴》。《空穴》是一款关于保护小蔬菜怪物的可爱的多人游戏，虽然这款游戏与人们对《空穴》制作者的期望不太相符，但它看起来确实很有趣。2020 年 6 月 19 日，《空穴》上线后好评如潮，道林后来形容销量"即使不算惊人，也还行"。

虽然福雷斯特·道林和格温·弗雷不在一起工作了，但他们仍然是朋友。他们经常一起出去喝酒，在波士顿游戏开发者聚会上闲聊。现在他们都对经营公司有了独特的见解。"我非常非常幸运，我经历了两次公司关门，公司都有发给我们遣散费，善后都做得很好，"弗雷说她在 2019 年 10 月发行了 Kine 后，几乎立刻就盈利了，"现在我已经拥有了自己的公司，因为我担任过 The Molasses Flood 的首席财务官，所以我知道你当时有多窘迫。你去争取资金，一旦没能拿到那些数百万美元的合同，你肯定会倒闭。"

如今，The Molasses Flood 似乎很稳定，或者说至少是独立工作室所能做到的稳定，这要归功于人才、毅力和运气的结合。但另一家由无理性游戏工作室发展而来的工作室却没有这么幸运。事实上，这个工作室所经历的一切仍然是游戏界最离奇的故事——一个可以媲美阿加莎·克里斯蒂小说的神秘故事。这是一个消失了的工作室。

Chapter 4
The Case of
the Missing Studio

第四章

失踪的工作室

当 Junction Point 和无理性游戏工作室关门时，电子游戏行业迅速做出了反应。招聘人员飞往得克萨斯州和马萨诸塞州参加招聘会。像"无理性工作岗位"这样吸引人的标签在推特上成了热门。电子游戏网站发布了一些文章，对两家公司的历史归类建档，并推测它们倒闭的问题所在。朋友和同行纷纷表示同情和惋惜。

然而，究竟发生了什么，导致一家游戏公司倒闭了却无人知晓，而它的母公司也装作这次倒闭从未发生过？

2013 年 10 月 17 日，在加州诺瓦托一个翻新过的机库中，2K Marin 游戏工作室（2K 的子公司）消失了。经过 6 年的运营并开发过两款游戏后，开发团队就消失不见了。早上，在那里工作的开发人员被分到两个房间，就好像他们是某种奇怪的游戏节目中的赢家和输家。在第一个房间里的人被告知，他们仍有一份工作，工作地点是该公司一直在悄悄建立的一个新工作室，后来这个工作室被称为 13 号机库。在第二个房间里，一个人力资源部门的人站在前面，通知那些不幸的与会者，他们都将被解雇，同时要求他们都安静地待在屋内，依序一个个地办理离职手续。

"关闭"一词从未被使用过，这对那些被解雇的员工来说有些过分。就在同一天，当电子游戏网站 Polygon 和 Rock Paper Shotgun 报道称 2K Marin 经历了大规模裁员，甚至可能关闭时，2K 的公关团队发出了一份声明，似乎对他们的报道提出了质疑。声明中写道："我们可以确认 2K Marin 裁员，虽然这些都是艰难的决定，但我们会定期评估我们的开发工作，并决定重新分配创造性资源。[①] 我们创造世界级电子游戏的目标没有改变。"

也许这是一种说辞，毕竟第一个房间的人将继续在 2K 的办公室工

[①] 在美国企业界，还有什么比把夺走人们的工作称为"重新分配创造性资源"更残酷的吗？

作，或者发行商只是想避免负面报道。不论什么原因，高管的公开立场都对曾在 2K Marin 工作过的人产生了巨大的影响。公司关闭总是能得到粉丝和业内同仁的大力支持。如果要说公司的突然倒闭还能给你带来些什么的话，那就是可以看到这个世界有多么欣赏你所做的工作了。就像一位名人的去世会引发大量的推特文章和 Facebook 视频一样，一家公司的关闭也会给每个在那里工作过的人带来新的青睐和工作机会。对于那些为 2K Marin 工作的人来说，他们的公司并不是一个默默无闻的品牌，这是一群想要创造好游戏的优秀人才的集合。"这实际上是 2K Marin 前雇员的抱怨之一，工作室从未被官宣关闭，"2K Marin 最早的员工之一斯科特·拉格拉斯塔（Scott LaGrasta）表示，"他们从未说过这是终结。他们说这是一次资源重组。'我们不得不解雇一些人罢了。'"

几个月后，在纽约的一个投资者会议上，有人问 2K 母公司 Take-Two 的首席执行官施特劳斯·泽尼克（Strauss Zelnick），《生化奇兵》的进展如何。① 那是 2014 年 5 月，无理性游戏工作室刚刚关闭，这是否意味着《生化奇兵》也完结？他说不是。《生化奇兵》将继续作为他们的主打游戏之一，并且"2K Marin 将负责引导游戏向前发展"。

这令人困惑。2K Marin 在 7 个月前失去了所有员工。观察家想知道：这是口误吗？难道他们公司的 CEO 不知道 2K Marin 没了吗？也许他指的是 2K 在诺瓦托办公室的发行团队，他们将继续监督新《生化奇兵》？② 或者他只是在玩公关游戏？截至 2015 年 6 月，2K 的新闻稿还包含了关于 2K Marin 的发言，尽管该公司已经不复存在了。③ 时至今日，发行商

---

① 电子游戏网站 GameSpot 对上述言论进行了报道，该网站记者埃迪·马库什（Eddie Makuch）也出席了此次会议。
② 《生化奇兵》的第四款游戏，代号为 Park Side，最初是由得克萨斯州一家名为 Certain Affinity 的公司开发的。这个版本后来被取消并带回诺瓦托，后来被一家名为 Cloud Chamber 的公司接管。
③ 在 2K Marin 关闭近两年后，2015 年 6 月 1 日的一份新闻稿中写道："2K 品牌下拥有当今世界上最具才能的开发工作室，包括 Firaxis Games、Visual Concepts、2K Marin、2K Czech、2K Australia、Cat Daddy Games 和 2K China。"

不再表现得好像 2K Marin 还在，但也从未承认过公司的关闭。2K 的代表们甚至都不愿讨论这个问题。

对于 2K 的高管来说，名字可能并不重要。在诺瓦托的办公室里仍然有人在做 2K 的游戏——为什么他们要为"2K Marin"的存在与否而大惊小怪呢？但对于曾经在那里工作过的人来说，这些名号是有意义的。他们不认为自己只是 2K 这个大机器中的一个齿轮，他们认为自己是在打造一些独特的东西。

如何跟进像《生化奇兵》这样的游戏呢？在 2007 年夏天，当无理性游戏工作室的开发者公布了他们的开创性游戏后，肯·莱文首先决定不再尝试开发相同系列了。但是 2K 需要更多的《生化奇兵》系列，所以一些公司员工从马萨诸塞州搬到了圣弗朗西斯科湾区，成立了一个新工作室来负责《生化奇兵 II》。

在备受尊敬的制作人艾莉莎·芬利（Alyssa Finley）的领导下，这支新团队在 2K 的总部成立了工作室，并在加州诺瓦托的一个旧空军基地内翻新了机库。他们将自己的新工作室命名为 2K Marin（以这个地区的名字命名），开始开发有史以来很伟大的游戏之一的续集。与前作相同，《生化奇兵 II》也将发生在水下城市 Rapture 中。这一次，你将扮演一个在第一款游戏中常见的来势汹汹的"大爹地"，从不同的视角去看待这个困扰着许多玩家梦境的客观主义反乌托邦的世界。

《生化奇兵 II》的编剧兼主创乔丹·托马斯（Jordan Thomas）是个夸夸其谈的人，他的脸颊很窄，头发总是乱蓬蓬的。托马斯是沃伦·斯佩克特的追随者，在 21 世纪初一起在离子风暴共事过，对电子游戏的叙事性有着相似的敏感度。他喜欢恐怖，他的第一份工作是在离子风暴的游戏《神偷：致命阴影》（*Thief: Deadly Shadows*）中设计一个令人难忘的任务，名为"抢劫摇篮"，这个任务发生在一个废弃的收容所。*PC Gamer* 杂志将这一任务称为"PC 界有史以来最出色和最令人不安的关卡之一"，这让托马斯非常高兴。离子风暴在 2005 年关闭的时候，他在一家初创公司待了一段时间，但最终一无所获。后来，他与在 2K 的一位老朋友取得了联系，这位老朋友问他是否有兴趣搬到马萨诸塞州与一家名为"无理性"的游戏工作室合作，共同开发精神续作《网络奇兵 II》，他当然感兴趣。没有一款游戏比这对他的职业生涯影响更大了。托马斯说："我走了过去，与团队成员见面，很快就和他们产生了共鸣。他们如兄弟般在艺术方面指导我，就像突然冒出来的家人一般。"

托马斯在波士顿度过的第二年中，帮助无理性游戏工作室完成了《生化奇兵》的最后一年的艰难制作（"我牺牲睡眠来弥补时间的不足"）。他再次负责电子游戏中最受欢迎的关卡，这次是"游乐城堡"，一个霓虹灯般的游乐场，被一个反社会的艺术家扭曲成一场恐怖秀。里面满是人类的石膏像，起初看起来像是背景的一部分，但当你突然转过身，会发现其中一个站在那里，正要杀了你。当托马斯完成《生化奇兵》后，他在澳大利亚堪培拉的 2K 工作室待了几个月，帮助开发一个项目的早期版本，这个项目后来给他的生活蒙上了巨大的阴影。直到 2008 年，他接到艾莉莎·芬利的电话，问他是否愿意去圣弗朗西斯科担任《生化奇兵 II》的制作人。

无论从哪个方面来说，《生化奇兵 II》的开发都非常艰难，2K Marin 那快速扩张的团队在两年内投入了大量时间来完成游戏，这对于任何大规模的游戏来说都是一个很紧张的档期。在 2009 年，托马斯和他的团队意识到他们需要更多的人，而不仅仅是他们在诺瓦托雇用的几十个人，《生化奇兵 II》效仿了《生化奇兵》开发团队所做的事情，他们从 2K 澳大利亚分部借调工作人员，要求他们放下他们正在做的工作，来帮助制作《生化奇兵Ⅱ》。这是 2K 等大型电子游戏发行商的常见做法，工作室和开发者被视为可调配的资源，被重新洗牌并分配到下一款需要完成的游戏项目中去。当 2K 澳大利亚分部的负责人对此表示不满时，公司高管向他们承诺：在《生化奇兵Ⅱ》完成之后，下一个项目将由 2K 澳大利亚分部领导，2K Marin 将帮助他们解决问题。"我们清楚地认识到我们必须投桃报李，"《生化奇兵Ⅱ》的首席关卡设计师 J. P. 勒布雷顿（J. P. LeBreton）说道，"我们必须回报他们。"

对于乔丹·托马斯来说，《生化奇兵Ⅱ》是一次关于创造性领导力的惨痛教训。他带着傲慢和自大来到这个游戏，因他在"抢劫摇篮"和"游乐城堡"中获得了很高的赞誉。在为肯·莱文工作了一年之后，他觉得是时候轮到他当制作人了，让自己宏大的创意愿景在银幕上展现出来。但他所设计的故事结构过于雄心勃勃，玩家将探索《生化奇兵》角色的内心世界〔有点像经典的平台游戏《疯狂世界》（Psychonauts）〕，因此他们不得不在后期的开发中推倒重来，导致延迟的同时也带来了很大的压力。

在整个过程中，托马斯被续作这款历史上最受欢迎的游戏所带来的压力吓坏了。在很长一段时间里，他认为唯一的办法就是效仿他的前任，要求其他人执行他的既定方案。"我坚定地认为，如果没有效仿第一部游戏的制作方法，也就是故事驱动游戏，便不可能开发出《生化奇兵Ⅱ》。"托马斯说道，"一小群天才跟随着一个超级大天才，创造了这个惊人的作品。在《生化奇兵Ⅱ》的开发初期便有过很多次讨论，这款游戏就该这样去制作，我认为我们需要找到一种适合我们的方法，相对来说人与人之间更加平等一些的。为了做到这一点，我们付出了难以置信的代价。"

托马斯说，这个代价就是他与团队中其他成员，包括设计、美工和制作人员之间的关系。托马斯说："有些人来找我哭诉，或者去找其他高管哭诉他们与我之间的不快。我想和我一起工作过的人都会得出这样的结论：我是个狂热分子，我对艺术的关心远远超过对人的关心，而且无法扭转。"在《生化奇兵Ⅱ》的开发过程中，2K Marin 试图建立并践行一种合作和妥协的企业文化，而不是冲突和对单一领导者的服从，托马斯从中吸取了一些教训。他说："这是短期思维与长期思维的对比，比起人，你更关心艺术吗？如果你幸运的话，也许你的直觉是更关心人。但如果不是，从长远的角度来看，你就会开始意识到，为了艺术而摧残人的做法对工作无益，对你的灵魂也没有好处。"

《生化奇兵Ⅱ》于 2010 年 2 月 9 日问世，获得了大量好评，大多数评论家认为它虽然没有第一款游戏那么具有开创性，但它仍然是一款有价值的续作。尽管他们在开发过程中面临了巨大的压力，但 2K Marin 的团队仍然充满了活力。他们将所有公司成功所需要的两大要素结合起来：天赋和行动，现在他们只需要理出下一个项目就行了。

该公司的 4 位顶级设计师和美工——乔丹·托马斯、扎克·麦克伦登（Zak McClendon）、霍加斯·德·拉·普兰特（Hogarth de la Plante）和杰夫·沃（Jeff Weir）开始聚在一起，进行方案的讨论。在经历了《生化奇兵Ⅱ》的所有负面状况后，托马斯想摆脱创意总导演的模式。这一次，他们 4 个都有平等的发言权。他们向 2K 领导层推荐了一些方案，高管从中挑选了他们最喜欢的方案，并允许这 4 名开发者先开发了一段时间。他们把这个项目命名为《里士满》（*Richmond*），以圣弗朗西斯科的一个居民区来命名，每天都在想象它会是怎样的。

根据设计文件和相关工作人员的描述，《里士满》是一款在线角色扮演类游戏，玩家可以与好友组队。同时，它也是一款多人沉浸式模拟游戏，玩家可以做出各种选择并探索各种秘密。开发者将其定位为《辐射》（*Fallout*）和《楚门的世界》（*The Truman Show*）的结合。每个玩家都将在一个巨大的穹顶中开始游戏，在那里他们的行动被某种神秘的未知力量监视着。他们将逃离穹顶，去寻找一个充满神秘科技的未开发荒野。在游戏过程中，他们会遇到不同的派系，探索其他的穹顶，完成任务，收集战利品，并与其他玩家互动。

编导们为《里士满》想出了各种疯狂的点子，也知道一旦真正开始制作这款游戏，他们很可能会砍掉其中的一半。你可以交好或背叛派系。如果敌人在战斗中侥幸逃脱，那么他们会记住你的。你也可以让你的角色退役，重新开始一个新角色，然后访问旧角色，看看他们的表现如何。《里士满》充满野心并令人兴奋，这是在进入游戏制作的残酷现实之前会产生的常见情绪。当游戏的传闻传到公司的其他地方时，大家都会兴奋地开始准备制作它。

但现在还不是时候。当 2K Marin 完成《生化奇兵 II》后，一个小团队开始制作游戏的可下载扩充《女神的巢穴》（*Minerva's Den*）。乔丹·托马斯和他的团队一直在幻想着开发《里士满》。然后 2K Marin 的所有人又都转移到了一个已经开发了多年的项目上。但在 2010 年，他们似乎终于准备好要开始制作《里士满》了。他们如愿以偿了。

"XCOM"这个词读起来像是一个首字母缩略词，但实际上它是"外星之战"（Extraterrestrial Combat）的缩写，这个秘密的半军事组织在同名电子游戏系列中负责保护地球免受外星人攻击。第一款《幽浮》游戏是由英国设计师朱利安·戈洛普（Julian Gollop）所带领的小型团队制作的。在游戏中，玩家将在一系列回合制任务中与各种各样的外星士兵战斗。它在 1994 年发行时便获得了口碑和商业的双赢，在市场上销售得非常好，以至于发行商 MicroProse 跟着推出了一系列的续作和单行版。从 1994 年到 2001 年，有 6 款不同的《幽浮》游戏问世，其中一些比其他的更好。后来，由于财务困难和版权的问题，该系列有一段时间被雪藏。MicroProse 被卖给了孩之宝公司，后者又变成了雅达利，很快这些公司都不再生产电子游戏。《幽浮》系列游戏一直处于休眠状态，直到 2005 年 2K 买下了它的版权，希望它在新一代的游戏玩家那里重新焕发活力。

同年，肯·莱文在无理性游戏工作室位于澳大利亚堪培拉的第二个分部启动了全新的《幽浮》项目，而马萨诸塞州的办公室则专注于制作《生化奇兵》。开发人员计划彻底重新构想《幽浮》的概念，将其从策略类游戏转变为第一人称射击类游戏，游戏中主角的眼睛充当摄像头。外星人已经入侵了地球，玩家必须一路使用各种武器并管理多种资源，最终将它们赶出地球。澳大利亚团队的第一个原型设定在一个挤满了外星人的加油站，玩家必须智取并射杀他们，就像《使命召唤》中的外星场景一样。另一个原型是让玩家负责一个飞行的"幽浮"基地，他们可以绕着地球的大气层飞行。在那里，玩家会被一艘运输飞船直接空投到一场外星战斗的中心，就像在《拯救大兵瑞恩》(Saving Private Ryan)中冲进海滩一样。

来自波士顿的肯·莱文是《幽浮》的创意总监，但是他的注意力在接下来的几个月里随着《生化奇兵》的开发而逐渐减弱了。到了 2006 年，波士顿团队从澳大利亚抽调了一些人来帮助他们完成游戏，以至于《幽浮》的团队规模太小，无法完成多少工作。在《生化奇兵》于 2007 年夏天发行后，肯·莱文又将目光投向了《幽浮》，并告诉无理性游戏工作室这将是他们的下一款大型游戏，并聘请查德·拉克莱尔参与制作游戏。当肯·莱文看到澳大利亚团队所做的游戏内容时，他要求他们进行彻底的修改。"肯走过来，说'这是我想做的'。"2K 澳大利亚开发者说道，"这和我们之前做的没有任何关联，所以我们把他的意见抛在了一边。"

大约同一时期，2K 经历了一次重组，它将无理性游戏工作室的两个办公室拆分为两个独立的实体，即现在的 2K Boston 和 2K Australia。2K Boston 在几年后改回了"无理性"的名字，但它以前的姐妹工作室仍然保留了 2K Australia。到了 2008 年，肯·莱文和他的马萨诸塞州团队放弃了《幽浮》转而选择了后来的《生化奇兵：无限》，并将该项目归还给了他们的澳大利亚同事。此时，内部的斗争，包括肯·莱文和 2K 高管之间的争吵，一直都困扰着整个公司。关于肯·莱文和克里斯托弗·哈特曼（2K 的总裁）之间的矛盾，以及所有 2K 工作室的开发者都将要面临追责的谣言四起。澳大利亚团队的一名成员表示："我们被通知整个工作室在一段时间内不再允许与波士顿团队进行对话。"一个普遍的看法是，2K 的主管故意给所有的工作室起了单调的名字——2K Boston、2K Australia、2K Marin，这样一来就没有一个工作室能发展出自己的特色。他们都只是 2K 电子游戏生产机器上的某个齿轮。

最让 2K Australia 的开发者沮丧的是，每次他们试图在自己的游戏中取得进展时，他们的老板都会要求他们放弃一切去帮助别人。这种情况最终在 2010 年初发生了改变，当《生化奇兵 II》完成后，《幽浮》便成为 2K Australia 和 2K Marin 共同开发的下一个项目。区别是在《生化奇兵 II》中，2K Australia 的设计师和美工必须遵循 2K Marin 的指示，也就是说，现在角色颠倒了。2K Australia 将带头来制作《幽浮》，而 2K Marin 将成为辅助制作的工作室。

这引起了 2K Marin 的一些抱怨，许多员工都认为自己太有才华了，不适合做烦琐的工作，尽管他们也获得了某种慰藉：这不会持续很长时间。一旦他们完成了《幽浮》，他们就有望在 2011 年之前转移到《里士满》项目中去，办公室里一直都在小声讨论这个消息。没有人真正知道为什么会有一个射击类的《幽浮》，难道《幽浮》不应该是一款策略类游戏吗？更不用说 2K Marin 团队为什么要在他们自己有这么多好点子的情况下做这个，但这样的安排是合情合理的。2K Marin 的人只需要帮助《幽浮》问世，然后他们便能够专注于自己真正想制作的游戏。2K Marin 早期员工斯科特·拉格拉斯塔说："《里士满》是我们的梦想项目，而《幽浮》是我们的副业。我们会帮助他们完成，然后去制作《里士满》。"

运营 2K 的高管对《幽浮》游戏有一定的期许，它必须同时拥有完整的单人模式和多人模式，这样人们就不会只玩一次就去 GameStop 上把它卖掉了。2K Australia 团队大约有 30 人，人员太少以致无法独自制作这样一款游戏，但他们能设计单人游戏模式。2K Marin 团队现在已有将近 80 人，可以花一段时间来搞定多人模式，然后再转移到《里士满》的开发。这似乎是一个简明的安排。

当然，你知道对于电子游戏开发者来说，计划赶不上变化。到了 2010 年春天，情况变得很明显，即使两个工作室一起合作，他们也没有足够的人力来制作单人和多人模式，所以 2K 放弃了后者。2K Marin 的设计师 J.P. 勒布雷顿说道："他们不愿意扩展任何一家工作室去完成所需的工作，这导致我们花了几个月时间制作的多人游戏模式被删除了。"

现在，2K Marin 和 2K Australia 不再各自开发《幽浮》的独立组件，而是两家工作室都负责单人游戏，这意味着他们必须密切合作。以前可以克服的问题，比如他们之间相隔 19 个时区的事实，突然变成了灾难性问题。在加利福尼亚州的诺瓦托和澳大利亚的堪培拉之间安排一次 Skype 通话就已经很困难了，更不用说两个团队为了制作像《幽浮》这样复杂的游戏需要经常交流了。

过去几个月来一直暗流涌动的紧张局势终于爆发了。对于傲慢、自信的 2K Marin 团队来说，2K Australia 团队并不知道他们在做什么。对于疲惫、愤懑的 2K Australia 团队来说，2K Marin 团队非常自我，很明显他们并不想尽全力来制作这款游戏。2K Australia 的设计主管觉得自己一直在被轻视，而 2K Marin 的设计主管觉得自己刚刚在《生化奇兵

II》中创造了一款很棒的游戏，理应得到更好的待遇。2K Australia 公司的设计师克里斯·普罗克特（Chris Proctor）说："在很长一段时间里，双方的关系一直是敌对的。领导层根本无法相处，这样真的很糟糕。"

2K 的高管一个无心的举动不小心把事情弄得更糟了。2010 年 4 月 14 日，2K 发布了一份新闻稿，宣布这款第一人称射击类游戏《幽浮》正在开发当中，底下有着一行奇怪的文字：

> 2K Marin 在加利福尼亚州诺瓦托和澳大利亚堪培拉均设有姐妹工作室。2K Marin 是一家 2K 开发工作室，专注于为 2K 游戏制作新 IP 并拓展特许经营。

换句话说，澳大利亚分部最初被称为无理性游戏工作室澳大利亚分部，然后变成了 2K Australia，现在是 2K Marin 的一部分。这是一个语义上的变化，但是就像所有 2K 的语义变化一样，它带来了巨大的影响。堪培拉的一些开发者已经觉得自己是公司里的二等公民，现在他们甚至连自己的名字都没有。严格来说，他们是"2K Marin 的澳大利亚堪培拉分部"。一个善意的解释是，2K 想在两个团队关系明显变得紧张的时候把他们统一起来，但这一举动激怒了 2K Marin 的工作人员，也羞辱了澳大利亚分部的工作人员。一名在堪培拉分部工作的人表示，"这是毁灭性的打击，令人心碎。"

在整个开发过程中，《幽浮》项目一直在变化。直至今日，即使是这款游戏的开发人员也无法记住它所采用的所有形式。从某个角度来说，这是一款非对称多人游戏，让玩家同时扮演人类和外星人的角色。另一个版本则围绕着调查神秘事件和拍摄外星人的照片而不被发现的剧情展开。游戏有第一人称视角的原型，玩家可以通过主角的眼睛看到游戏，也有第三人称视角的原型，摄像机可以悬停在主角的肩膀上。到了

2010 年夏天，当项目开始出现问题时，两家工作室都不太清楚游戏到底要设计成什么样子。J. P. 勒布雷顿表示："就在那时，情况从摇摇欲坠变成了极其糟糕，他们试图向我们展示的总体设计方向简直就是一种无望的挣扎。"

在不到一年的时间里，2K Marin 在开发《生化奇兵 II》中努力建立起的所有互信互利和合作文化都消耗殆尽。克里斯托弗·哈特曼和他的高管团队认为，把 2K Marin 和 2K Australia 的员工加起来，就相当于他们所需的人力，但这两家公司很难融合在一起。他们都是有主见有创造力的人，有着自我抱负和知识文化，不能被硬塞进同一台机器里。勒布雷顿说道："他们认为如果游戏开发中有两拨人马，便能够将其整合在一起并假设这是一个足够完整的开发团队，去完成这款庞大且充满野心的游戏。但这就像乐队一样，也必须相互能看对眼。"

与此同时，乔丹·托马斯和《里士满》的其他主管也沉浸在前期制作的创造性喜悦中，为他们自己梦想中的游戏编写设计文件并绘制概念草图。每次从同事那里听到《幽浮》的最新消息时，托马斯都会感到内疚，但他很高兴能够远离这场闹剧，但随后 2K 的主管打来了电话，托马斯意识到他的幻想结束了。托马斯说道："开发新 IP 的团队被通知'你必须解决这个问题'，所以创意控制权再次回到了核心的 2K Marin 团队，希望能够恢复士气。"不知何故，《幽浮》从一个临时性的支援工作转变成了 2K Marin 的下一个大项目。

2K 的高管造成了一个双输的局面。2K Marin 团队不想掌管《幽浮》，大多数人甚至都不想参与进去。托马斯说："那个时候有很多内容已经制作完了，设计中也有很多不一致的决定，从我们接管它的那一刻起，已经算紧急情况了。"与此同时，堪培拉分部的成员眼睁睁地看着他们的老板剥夺了他们的自主权，先是剥夺了他们的名字，然后又把他们重新改造成一个助手型的工作室，而这本该是他们大展宏图的好机会。堪培拉分部的设计总监艾德·奥尔曼（Ed Orman）和艺术总监安德鲁·詹姆斯（Andrew James）辞职了，随后几周有更多的人也一起离开了。

几个月后，2K再次重组。澳大利亚分部的设计师克里斯·普罗克特说："有天深夜，我们收到了一份会议邀请，通知大家上午10点在停车场集合。"第二天早上他到公司时，一位主管开始念名单上的名字。这个人，下楼，那个人，上楼。普罗克特被安排去楼下那群人那里，他很快就发现这是个坏消息。原来，2K将《幽浮》项目完全从澳大利亚分部撤出，其员工除了投入无理性游戏工作室的下一款《生化奇兵》之外别无选择。"楼上的团队将继续致力于《生化奇兵：无限》的开发。"普罗克特说道："而楼下的人被解雇了。"当普罗克特坐在那里发呆时，2K的一名高管将他和其他一些设计师拉到一边并告诉他们：事实上他们可以保留自己的工作并继续开发《幽浮》，但有一个条件：他们必须搬到圣弗朗西斯科去。普罗克特说："我当时真的很生气。"

普罗克特想了一会儿。离开他的朋友和家人是很艰难的，然而，就像许多游戏开发的同行一样，他已经习惯了在世界各地辗转。普罗克特在澳大利亚墨尔本出生长大，曾在全国多个开发工作室担任设计师，并被解雇了几次而没有真正开发出什么游戏（"我有太多的游戏被取消了，这是一些相当糟糕的经历"），直到他搬去了挪威奥斯陆，在Funcom工作，该公司开发了一款名为《神秘世界》（The Secret World）的网络间谍类游戏。在那里遭遇另一轮裁员后，他飞回澳大利亚后开始考虑离开电子游戏行业。普罗克特说："我想：'你知道吗，这太不稳定了，我不能一直辗转于各个国家之间啊。'"

当时，之前工作时认识的一位朋友建议他加入位于堪培拉的2K Australia。普罗克特被继续留在自己国家制作游戏的想法所说服，在他被叫到楼下的房间并听到这个坏消息之前，他已经在2K Australia为开发《幽浮》工作了几个月时间。而现在他必须做出另一个艰难的决定。

普罗克特说："我和我的朋友以及家人谈了很多，每个人都说，'哦，你应该抓住这个机会去美国。'"2K支付了他的搬迁费用，并在他寻找新公寓时帮他在圣弗朗西斯科找到临时住所，最后他越来越喜欢美国。"它最终成了一个非常好的选择。"普罗克特说。

现在是官方消息：2K Australia 版的《幽浮》完成了。那些留下来的员工将帮助无理性游戏工作室完成《生化奇兵：无限》，而2K Marin 则完全拥有这款射击类游戏《幽浮》的所有权。再一次，没有人感到高兴。澳大利亚工作室遭到了重创，而 Marin 的开发者则背负着一款由于多次重启和行政命令而不断改变的游戏，并且这是一款他们从一开始就不想做的游戏。① 此外，备受粉丝期待的另一款《幽浮》系列游戏正在开发过程中——《文明》(Civilization)，其背后的工作室 firaxis 正在制作一款回合制策略类游戏，更类似于最初的《幽浮》。这使人感到不安，你甚至都不了解其存在的缘由，就开始了制作。

在 2010 年和 2011 年的贸易展上，2K Marin 的《幽浮》的公众预告片呈现出了一种粗犷而爆炸的风格，揭露了一款第一人称射击类游戏，游戏中玩家可以在 20 世纪 60 年代的美国背景中射杀外星人。从内部来看，游戏非常不同于以往。随着 2K Marin 的接管，游戏经历了更多的重启，从第一人称转变为第三人称。《幽浮》的发布也从 2012 年 3 月推迟到 2013 年初，然后又推迟到了 2013 年夏天。当初作为一个过渡项目交给 2K Marin 的游戏，现在却占据了他们多年的生活。游戏高级系统设计师詹姆斯·克拉伦登（James Clarendon）说："团队的士气非常低落，没有人认为我们真的能做出什么东西来。"

直到今天，许多为《幽浮》工作的开发者仍在疑惑这款游戏为何没

---

① 澳大利亚团队随后开始制作自己的项目，即《无主之地：前传》(Borderlands: The Pre-Sequel)，这是 Gearbox software 公司推出的抢劫射击类游戏系列的新作品。这款游戏于 2014 年 10 月发行。6 个月后，2K Australia 被永久关闭。

有被取消。为什么 2K 的高管，也就是克里斯托弗·哈特曼没有及时止损并转向其他方面？正如记者克里斯·普兰特（Chris Plante）在为电子游戏网站 Polygon 撰写的一份详细报告中所描述的那样，这个项目曾是一个"财务黑洞"。几乎没有人想玩这款游戏，更没有人想继续为这款游戏工作。乔丹·托马斯说："取消一款游戏会让人很痛苦，但继续制作一款让人混乱的游戏，不断地剥夺你的创造性思维能力，这也一样不好，这是一种慢性辐射中毒。"

当肯·莱文打电话让托马斯回到无理性游戏工作室帮助完成《生化奇兵：无限》后，托马斯也就中途离开了这个项目的开发。在 2012 年和 2013 年，许多老员工也因为厌倦了《幽浮》项目的现状而离开了 2K Marin。有些人认为工作室已不可能有积极的结果。一些设计师甚至在负责人都调到《幽浮》后，仍在继续开发《里士满》，但到了 2012 年，他们要么离开，要么被拖到《幽浮》中，导致《里士满》项目悄然消亡。许多受挫的 2K Marin 开发者加入了无理性游戏工作室，制作了像《生化奇兵》那样的沉浸式模拟游戏，游戏中充满了沉浸式故事叙述和科学实践。他们不想在《幽浮》中投入更多时间了。斯科特·拉格拉斯塔说道："'从玩家角度出发'是我们在《生化奇兵 II》中所强调的重要内容。但在《幽浮》里则是，'不，你得坐下来，开始看故事情节。希望你们喜欢掩体射击类游戏。'"

大卫·皮特曼（David Pittman）是 2K Marin 的首席人工智能程序员，他就是心怀不满的老员工之一。2013 年 3 月，也就是游戏发行前几个月，他因为对游戏和工作室的现状不满而辞职。他说："这是一个非常困难的项目，原因有很多。开发方向和领导层一直在变化。"和他的许多老同事一样，皮特曼一直待在 2K Marin，希望有一天能去制作《里士满》，但到 2013 年之后这个项目显然已经夭折了。皮特曼说道："我坚持了很长一段时间，因为我想做出《里士满》。后来我开始意识到这款游戏可能永远也完成不了了。"

减员并不是唯一的坏兆头。2013 年，在《幽浮》开发的最后几个月，2K Marin 的员工被转移到汉密尔顿机场的另一个机库。詹姆斯·克拉伦登记得当时非常热。"士气低落，大家开始产生关于阴谋论的想法——他们想把我们榨干，他们并不在乎我们，"克拉伦登说，"我们在机库里发现了黑寡妇，一种巨大的毒蜘蛛。"他们已经习惯享受办公室的福利，比如供应的午餐和咖啡，现在却需要搬回他们的旧机库。拉格拉斯塔说："很明显，我们正在变成二等公民。"

很快，传言四起，2K 实际上是计划对他们的旧机库进行翻新改进以另建一个工作室。紧接着传言被证实：2K 聘请曾在无理性游戏工作室协助完成《生化奇兵：无限》制作的罗德·福格森创建一个全新的游戏开发品牌。① 在接下来的几周里，福格森开始悄悄面试 2K Marin 的开发者，看看谁更适合在这家后来被称为 13 号机库的工作室工作。②

2013 年 8 月 20 日，《幽浮》终于以一个笨拙的名字问世了：《调查局：幽浮解密》(*The Bureau: XCOM Declassified*)。这款游戏评价一般，销量也很差，这让许多外部观察人士不禁怀疑它为什么会存在，尤其是当 Firaxis 于 2012 年推出了有着稳定销量和好评的策略游戏《幽浮》之后（在接下来的几年里，Firaxis 继续制作了《幽浮》的续集和衍生产品）。当然，2K 的人多年来一直在问这个问题。克里斯·普罗克特说道："在游戏发行后，工作室的士气相当低落。我们当时正在制作它的下载版资料片，但它却变得越来越毫无意义，很明显没有人真的想要它。"

在接下来的几周，2K Marin 剩下的员工试图去了解他们下一个项目是什么，但都得不到一个直接的答案。这感觉就像是他们身处游戏中的

---

① 实际上福格森在工作室正式成立之前就离开了。2014 年一位名叫哈登·布莱克曼的卢卡斯艺术前总监接替了他的位置。
② 这个名字对在汉密尔顿机场工作的每个人来说都是个讽刺的笑话，那里只有 10 个机库，没有一个名为 13 号机库。

炼狱，等待着看命运将他们带向何方。一些开发者开始设计原型，希望能够说服 2K 批准一些新项目。其他人只是坐在办公桌前，更新他们在人才网上的资料，申请其他公司的工作。用奇怪这个词来描述这个时期都显得太轻了。普罗克特说："每个人上班时间都只是在找工作，而领导层似乎对此没有意见。"

◆ ◆ ◆

  2013 年 10 月 17 日，本该是斯科特·拉格拉斯塔的好日子。几个月以来，他和妻子一直想买一套房子，但他们对房东的报价，不断被那些钱包鼓鼓的硅谷工程师开出的现金邀约超越。现在终于快要敲定一个协议了。或者说，至少曾经是，直到 2K Marin 把所有人分到两个房间开公司会议，而拉格拉斯塔被叫进了"坏"房间，2K 人力资源部的人告诉他和他的同事他们被解雇了。拉格拉斯塔说："我妻子给我发来消息：'他们接受了报价；我们将得到这所房子。'然后我给她回短信说，'不，我们不能接受这个价格了。我现在就要失业了。'"

  拉格拉斯塔在电子游戏行业拥有足够多的经验，能够察觉到即将发生的事情。他在 2008 年加入 2K Marin，之前他被动视的圣地亚哥子公司 High Moon Studios 解雇（那次裁员甚至也是以同样的方式发生的，有一间"好"房间，也有一间"坏"房间）。他很享受在《生化奇兵 II》中担任设计师，但《幽浮》是另一回事。拉格拉斯塔说："这很艰难，我尽力了。我并不是在做我想做的游戏，但我能否只做游戏中我想做的那部分呢？"在《幽浮》的早期开发过程中，他喜欢制作他们最初设想的紧张且充满恐怖的关卡。拉格拉斯塔说："然后 2K 公司的方向发生了转变。你们的立场已经很明显了'告诉我该做什么，我就会做。你们显然不想要我的创意，你们只是想让我执行你们的设想。'说完你们就走了，从此做这个游戏就没那么有趣了。"最终,他开始在工作之余开发了一款小型游戏,将他无处安放的创造力注入自己的项目中。

在《幽浮》项目不受欢迎,又缺乏新项目,甚至隔壁设立新工作室的消息已经不再是秘密的情况下,拉格拉斯塔开始怀疑裁员即将到来。而在《幽浮》上浪费 3 年时间并不是开发人员决定的,如果工作室是因为制作了一款高风险的游戏而失败了,或者他们制作了一款很棒的游戏但销量不佳而关闭了,那他们难过的同时至少可以自豪地离开。但《幽浮》是一个不受待见的项目,2K 的财务人员又不想放弃这个项目的残余价值,这使得它完全成了一场悲剧,因为这是工作室的最后一搏。

拉格拉斯塔最终没买成房子。在 2K Marin 关闭后的几年里,他在圣弗朗西斯科湾区换了几份电子游戏相关的工作,最后来到了 Telltale,这是一家制作类似《权力的游戏》(*Game of Thrones*)、《行尸走肉》(*The Walking Dead*)等大型叙事类冒险游戏的工作室。他在那里的工作也很痛苦。拉格拉斯塔说:"一直需要修改,在办公室工作 8 个小时回家后,等孩子睡觉了,然后我会开始查看工作中是否有亟待处理的状况。"当他再次寻找新工作时,他和妻子不得不面对这样一个现实:如果他想继续从事游戏行业,他们可能必须搬到另一个城市。"我想是我妻子说的,'我们能去欧洲吗?'"拉格拉斯塔回忆道,"我转向她说,'你是认真的吗?我们可以去。'"

到了 2017 年秋天,拉格拉斯塔和他的妻子收拾好他们所有的东西搬到了瑞典的马尔默,在那里他在育碧的工作室 Massive Entertainment 工作,开发一款由詹姆斯·卡梅隆(James Cameron)的电影《阿凡达》(*Avatar*)改编的游戏。对于一个在圣弗朗西斯科生活了 10 年的美国人来说,这是一次重大的文化冲击。瑞典人的生活方式在很多方面都很不同。例如,工资明显较低。当拉格拉斯塔在工作时,他根据自己的历史薪酬提出了一个数字,却被告知这个数字是工作室领导才有的。与此同时，瑞典政府提供的福利对任何美国人来说似乎都是不可思议的——医疗保健、教育补贴，以及为刚生下宝宝的父母提供的高达 480 天的带薪假期。瑞典以工会为中心的文化与美国形成了鲜明的对比，美国电子游戏公司没有工会。

拉格拉斯塔说："总体而言，育碧非常善于避免大规模裁员。所以我觉得这是个可以长待的地方。"这里的福利，加上唐纳德·特朗普政府在美国日益右倾的现实处境，促使拉格拉斯塔留在了瑞典。他说："你必须调整你的生活重心。和住在加州相比，我觉得自己更像是个中下阶层，因为我能买得起的奢侈品更少了。"然而，最重要的是，生活在马尔默意味着摆脱了由美国支离破碎的医疗保健系统引发的焦虑。拉格拉斯塔说："我知道在这里如果我被一辆巴士撞了也没关系，但在美国的圣弗朗西斯科湾区，几乎只要发生一次严重意外事故，就离破产不远了。"

■ ■ ■

这已经变成了俗套的故事：在一家工作室关门后，发现里面都是才华横溢的人才。但俗套是有充分理由的。这些年来，当开发者们陆续从 2K Marin 中走出来后，许多人放弃了大公司的薪水而选择独立，在朋友或家人的支持下创造了一些令人印象深刻的游戏。最著名的是《到家》(Gone Home)，由史蒂夫·盖纳 (Steve Gaynor)、约翰尼曼·诺德哈根 (Johnnemann Nordhagen) 和卡拉·齐莫尼亚 (Karla Zimonja) 共同开发，他们共同参与了《生化奇兵 II》的扩展制作。《到家》是一个短暂而痛苦的游戏，一个十几岁的女孩回到家中空荡荡的房子里，想弄清每个人都去了哪里。这个故事完全是通过环境来讲述的：冰箱上的日历、答录机上的留言、废弃的信件和日记条目。就像没有枪击部分的《生化奇兵》。当《到家》于 2013 年 8 月 15 日发布时（就在《幽浮》发布的前几天），它受到了评论界的好评，并直接在游戏圈产生了理念冲击，激励了许多 2K Marin 开发人员去创造自己的独立开发道路。

从工作室的废墟中涌现出来的其他独立融资游戏包括叙事冒险类游戏《小说家》（The Novelist）〔由前 2K Marin 首席设计师肯特·哈德森（Kent Hudson）制作〕；一款以喜马拉雅山为背景的探险游戏《荒野永恒》（The Wild Eternal）〔由前质检员凯西·古德罗（Casey Goodrow）领导〕；以及一部讲述凄凉的美国民间故事的游戏《彼处水如酒》（Where the Water Tastes Like Wine）（由《到家》发行之后单飞的诺德哈根创作）。在澳大利亚，《生化奇兵》开发总监乔纳森·切伊（Jonathan Chey）制作了一款以卡牌为基础的策略类游戏《卡牌猎人》（Card Hunter），然后是一款科幻类随机迷宫冒险游戏《虚空混蛋》（Void Bastards）；而艾德·奥尔曼和安德鲁·詹姆斯在《幽浮》项目进行到一半时辞职，创办了一家独立工作室，开发了一款探索末日世界的冒险类游戏《淹没》（Submerged）。

2013 年初，程序员大卫·皮特曼最终接受了《里士满》已停止开发的事实，然后离开了 2K Marin，并继续自己开发游戏。有了他的积蓄和他妻子在游戏工作中获得的大笔奖金，他认为自己能撑到年底。皮特曼说："我想做独立游戏已经有很长一段时间了。我想，'我有一些积蓄，我可以在八九个月内做成一件事。'最糟糕的结果也就是我休了 9 个月的假，做了自己喜欢的事。"

在接下来的几个月里，皮特曼创作了《爱尔德里奇》（Eldritch），这是一款有着块状的、类似《我的世界》图形的第一人称射击类游戏，背景灵感来自 H. P. 洛夫克拉夫特（H. P. Lovecraft）的克苏鲁神话。这是一个短小但富有挑战性的游戏，带有随机生成的关卡和一系列受沉浸式模拟游戏启发的能力，你可以找到让你隐形、传送或催眠敌人的法术，让你以多种方式应对困难。在经历过《幽浮》开发的艰难后，皮特曼在一款小型单机游戏中感受到了自由和解脱。他在 2013 年 10 月发行了《爱尔德里奇》，当时他的前雇主工作室正在关闭，这款游戏反响相当不错。皮特曼说："它不但回本了，还可以支撑我继续再制作两款游戏。"

接下来的两款游戏——一款名为《霓虹魅影》(Neon Struct) 的政治黑幕类游戏和一款受《吸血鬼猎人巴菲》(Buffy) 启发的吸血鬼射击类游戏《杀手冲击》(Slayer Shock) ——并不那么成功。到了 2016 年，皮特曼需要找到一份更稳定的工作，不仅是为了养活自己，还因为他怀念着团队合作的感觉。尽管之前他也偶尔会和同为游戏开发者的双胞胎兄弟 J. 凯尔·皮特曼 (J. Kyle Pittman) 合作，但那种感觉不太一样。

皮特曼申请了几个有着大预算公司的工作，但经过了多年的独立创作，一想到要再次为一个大型项目工作，他的焦虑就开始飙升。他在 13 号机库接受了面试，这个工作室从 2K Marin 的骨灰中诞生。一走进办公室他就汗流浃背。皮特曼说："仅仅在那种环境里待上几个小时，我就已经感到筋疲力尽了。在体验了一个独立开发者在创造性工作中极大自由度之后，再回到大公司开发者所做的那种细节性的工作真的让我压力很大。"皮特曼觉得他真正想做的其实是与一位老同事重逢。

《生化奇兵 II》的制作人乔丹·托马斯一直羡慕前同事的独立创业。2013 年，当他在马萨诸塞州完成《生化奇兵：无限》时，他看到了皮特曼和《到家》团队等老同事所做的事情，他决定也尝试着独立开发。他开始与另一位多年来与他关系密切的《生化奇兵》的美工斯蒂芬·亚历山大 (Stephen Alexander) 交谈，商讨完成《生化奇兵：无限》之后他们即将联手开创的新事业。托马斯说："我们都对大公司感到疲惫了，我们有特别的创业优势，彼此的家人都有稳定的收入，并可以给我们很好的支持。所以对于我们这个年纪的人来说，做独立开发者并不像学生时代去创业那么可怕。"

这就是秘诀所在——来自其他地方的资金支持意味着一定程度的自

由，这是许多受 2K Marin 灾难影响的人所没有的。到了 2013 年夏天，托马斯和亚历山大都退出了无理性游戏工作室，住在亚历山大父母的家里一边工作一边思考。托马斯以他对残酷恐怖的热爱，做了一些黑暗的方案，但亚历山大对此没感觉。在《生化奇兵》的世界里待了这么多年，他想要一些更轻松的内容。然后一个画面突然在托马斯的脑海里蹦了出来：两个游戏开发者为某个决定而争论，画面的镜头没有对准他们，而是对准他们正在使用的白板，在争论的背景声中，各种想法不断地被涂鸦在白板上然后又被记号笔打叉。

从这个画面出发，托马斯和亚历山大最终想出了一个超现实的四维破壁游戏《魔法阵》(*The Magic Circle*)，在这款游戏中，你扮演一个废弃的、未完成的电子游戏的实测者。你的目标是逃离游戏，使用开发者留下的工具来改变现实，设计关卡并重新编程敌人的人工智能行为。你在玩的时候，会看到一场又一场的争论在不满的游戏执行制片人米斯·伊芙琳（Maze Evelyn）和执迷不悟的、以自我为中心的创意总监伊斯梅尔·吉尔德（Ishmael Gilder）之间发生，托马斯认为这反映了自己以及曾经的制作人同时间的真实状况。吉尔德在游戏中说："我找到了合适的人，把他们锁在房间里。能完成游戏的制作就是奇迹出现了，或者是我们自相残杀。不管怎样问题都解决了。"

两年后，多亏了他们夫妇的辛勤工作和亚历山大父母的贷款，托马斯和他的小团队发行了《魔法阵》。它回本了（足够他们偿还贷款和利息），但收入不足以再制作一款新游戏，这让托马斯和亚历山大陷入了困境。他们想保持独立，但他们需要一笔投资来维持下去。在他们接触业界人士探寻机会时，他们对制作《生化奇兵 III》的可能性进行了一次特别有趣的讨论，但该项目经历了挫折（并最终被沃伦·斯佩克特搞砸了）。后来托马斯开始和他的一位身价上亿的同事马特·斯通（Matt Stone）交谈，他是《南方公园》(*South Park*)的联合创始人。托马斯在

《南方公园》的角色扮演类游戏上做了一些咨询工作，搭建起了电视制作人和游戏开发者间的桥梁，他在这个过程中认识了斯通和《南方公园》的合作者特雷·帕克（Trey Parker）。托马斯提到他们正在为制作一款新的电子游戏寻找融资，而斯通，他的百万富翁朋友，则提出了让他欢欣鼓舞的提议：如果他和帕克提供资金呢？

托马斯和他的团队为他们的《知觉丧失俱乐部》（The Blackout Club）做了一个宣传。这是一款前所未有的在线恐怖游戏。多亏了斯通和帕克，团队在 2017 年有足够的资金雇用包括大卫·皮特曼在内的其他开发人员，皮特曼好几个月以来他一直关注着托马斯的独立开发，并希望能加入他的团队。这就像一个迷你版 2K Marin 重聚了。皮特曼："我一直在期待他们能拿到预算，他们正在做的事情很令人兴奋。"

2019 年夏天，《知觉丧失俱乐部》问世。故事发生在一个被一种神秘的疾病感染的小镇上，这种疾病让每个人都在夜里梦游。游戏让你扮演一名少年的角色，试图弄清楚为什么镇上的成年人都在这个明显的流行病及其超自然的起源问题上撒谎。在一系列的任务中，你要和其他玩家组队收集信息，并尽量避开城镇上出没的怪物。

这是一个有趣的游戏，但《知觉丧失俱乐部》与众不同的是：当你玩游戏时，真正的人可能会突然控制游戏中的生物。开发人员雇用了一组演员，他们会在晚上的某个特定时间登录到《知觉丧失俱乐部》并随机加入玩家的任务，以神秘的神灵身份出现，比如 DANCE-FOR-US 和 SPEAK-AS-ONE。当你在玩《知觉丧失俱乐部》时，你有可能会遇到这些演员中的一个，或者收到来自某个开发者的令人毛骨悚然的短信，就像电子游戏里的互动剧场。托马斯说："当人们意识到我们在做什么的时候，他们欣喜若狂，这是我从未见过的。我从未做过能引起人们这样反应的作品。"

回顾所有这些创新游戏：《到家》《爱尔德里奇》和《知觉丧失俱乐

部》，让人不禁要问，如果 2K Marin 没有被一款像《调查局：幽浮解密》这样灾难且耗费巨大的游戏所拖累，会是什么样呢？那些在 2K Marin 工作过的人，渴望着另一个现实，即他们不必花费数年时间做一个他们不想做的游戏，至今仍然在为未能完成的《里士满》叹息。如果 2K 的管理层做出了更明智的决定，2K Marin 会创造出像如今《知觉丧失俱乐部》那样富有创意的游戏吗？如果工作室并没有像陷入 Rapture（《生化奇兵》中的背景城市）一样突然消失，那么《里士满》也会像沉浸式模拟游戏《杀出重围》或《生化奇兵》一样受人喜爱吗？

不过，还有另一种看待这个问题的方式。如果 2K Marin 没有失败，所有这些开发人员都将被困在大公司开发的泥沼中，那里的项目过于昂贵，而对于开发者来说，在游戏中添加互动剧场等一些独特操作的风险也太高。我们很容易想象当高管看到《到家》这类游戏时，会要求其创作者增加更多的爆炸元素，或者暗示《知觉丧失俱乐部》的互动剧场对那些没有能够幸运地在游戏中遇到神灵的玩家是不公平的。在涉及数百个工作岗位和数千万美元的成败关头，负责人往往会倾向于使用他们已经知道的方法——他们往往会强迫你制作一款多人模式的游戏。

最后，大卫·皮特曼和乔丹·托马斯是幸运的。并不是每个人都能从家庭、合作伙伴或千万富翁媒体大亨那里获得经济支持。在 2K Marin 关闭后，大多数人都无法自由地去追求自己的创作梦想。有些人离开工作室去了当地其他的大型工作室，或搬去了其他城市，或艰难地寻找着新工作。

肯尼斯·雷纳（Kenneth Reyna）是一名关卡设计师，在 2K Marin 把他扫地出门时，他已经在游戏行业工作了十多年。工作室关闭后，他失业了近 6 个月。他曾在圣马特奥找到了一份制作《使命召唤》的合同工作，但两个小时的通勤对他来说时间太长了。2014 年底，他已经离开了电子游戏行业。在动荡不稳、压力巨大和薪资不足的情况下，游戏对他来说似乎不再是一个可行的职业。雷纳说:"一个在其他行业从事类似工作的人会得到更多的报酬,回到某个大游戏公司担任 54 号设计师,是一份非常痛苦的差事。如果你回一家游戏公司工作,就等于失去很大一部分收入。"

　　人才流失并不是电子游戏行业的特有现象,这经常可以在各种财报或公告栏上看到,但像雷纳这样的情况并不少见,特别是在圣弗朗西斯科湾区。一旦你在电子游戏行业工作了十多年,发布了几款游戏,你可能会开始痛苦地领悟到自己被公司压榨了,尤其是当你隔壁办公室的人碰巧一年赚了 3500 万美元的时候。

Chapter 5
Workaholics

第
五
章

工作狂

扎克·蒙巴赫（Zach Mumbach）进入电子游戏行业的经历被他称为"史上最愚蠢的故事"。他在加州圣何塞长大，是一个喜欢玩滑板的朋克摇滚少年，梦想着有一天成为一名职业游戏开发者。还在高中时他就开始涉足游戏设计，对第一人称射击类游戏《毁灭公爵 3D》（Duke Nukem 3D）进行了定制化开发，用模块重新安排关卡布局，或将所有角色替换为《星球大战》中的生物。模仿的成功让他相信开发游戏或许是一个可行的职业。2000 年夏天，刚从高中毕业的蒙巴赫便上网查询了他最喜欢的游戏公司之一——EA 的地址。

如今，EA 这个名字可能会让人联想到停滞不前的续作和没完没了的道具交易，但在之前很长一段时间里，这家大型发行商受到了电子游戏玩家的尊敬和喜爱。整个 20 世纪 80 和 90 年代，EA 垄断了有利可图的体育电子游戏，如《疯狂橄榄球》（Madden）和《足球世界》（FIFA），并明智地投资了威尔·莱特〔Will Wright，代表作《模拟城市》（SimCity）〕，彼得·莫利纽〔Peter Molyneux，代表作《主题公园（Theme Park）〕，当然还有理查德·加里奥特（Richard Garriott）和沃伦·斯佩克特等创意天才领导的团队。

蒙巴赫喜欢的许多游戏都是由 EA 开发和发行的。该公司的主园区位于红木海岸，离他的家只有半个小时的车程。他说："我穿上我最好的有领衬衫，然后开车去那里，我从前门走进去，走到安检台说，'嘿，我来这里找工作。'"然后，据蒙巴赫回忆，警卫把他领进了一个满是人的房间。碰巧那天是 EA 招聘新员工的日子。面试的人力资源代表分发了几包文件，其中一人看着蒙巴赫，问他是谁。"我说，'哦，我是扎克·蒙巴赫。'"他回忆道，"他们说，'很抱歉，你不在名单上。'然后他们把我放到了名单上，并给了我一份文件——我没忽悠你，兄弟——我填好了文件，那天我在质检部门当了一名测试员。我是不小心进来的，这听起来是一个愚蠢透顶的故事，但事实就是如此。"①

　　EA 的老板即使知道他不应该出现在那里，可能也不会在意。质量检测部门，或是质量保障部门是电子游戏公司中专门负责寻找故障、漏洞和错误的部门。对于旁观者来说，它通常被认为是一项完美的工作——可以玩一整天游戏！但事实上，这可能是一个艰苦的过程。测试者从未像普通人那样玩游戏，有时他们需要连续数周不断地完成同一个关卡；其他时候，他们不得不花几个小时重复一个普通的操作，比如绕着镜头晃来晃去，或者一头撞到墙上。在 2000 年的 EA，成为一名游戏测试员并不需要太多的经验，薪酬也不高。② 一位在那里工作的人称 EA 的质检部门"当时简直就是个兄弟会"。那些刚从高中毕业的闲散人员会很适合这个工作。

　　蒙巴赫很兴奋，这是他的重大突破。他和其他新员工坐在一台装有早在几个月前就发布了的 EA 赛车游戏《暴力摩托：越狱》（*Road rash: Jailbreak*）的旧版本的游戏机前。旧版本充满了团队已经发现的小故障和漏洞。现在，老板们想看看蒙巴赫和其他有抱负的面试者是否也能找出它们。在接下来的两周里，申请者必须尽可能多地寻找漏洞，并在每天收到游戏的新版本时重复这一过程。

　　并不是所有人都能通过整个测试。一些新员工的沟通能力很差，而另一些人则因为找不到足够的漏洞而无法通过面试。那些成功的人会被转移到 EA 的测试部门，在 EA 最终雇用他们做全职工作之前，他们会在那里做一年的合同制工作。蒙巴赫熬过了两周的时间，然后靠自己的努力找到了一份合适的工作。他说："我不信教，但我觉得命运或其他

---

① 曾在该团队工作过的卢克·哈灵顿（Luke Harrington）还记得当初聘用蒙巴赫的场景。哈灵顿说："扎克没有经过正常的人事筛选就出现了，但他一进门，就有不少人说，'我们应该给他一次机会。'"
② 即使在今天，在美国的许多大型电子游戏公司中，游戏测试员的工资也接近最低工资，被视为一个较低的阶层，常常得不到太多的福利，并被告知不要与其他开发人员交谈。

什么东西在眷顾着我，或者这是命中注定的。"

像许多有抱负的游戏开发者一样，蒙巴赫将游戏质检员视为最终引导他进入游戏业其他职业方向的垫脚石。他觉得自己得到了一份成千上万人都想要的工作，这是他能够以制作电子游戏谋生的途径。所以他欣然接受了这个角色，把额外的时间投入一次又一次的游戏测试中，从射击类游戏到体育类游戏，从《007：明日帝国》(*007: The World Is Not Enough*) 到《拳击王 2001》(*Knockout Kings 2001*)。蒙巴赫并不关心这其中的许多游戏，但他仍然每天晚上在办公室待到很晚，追踪大大小小的故障。他认为在 EA 脱颖而出的最佳方法便是证明自己是最努力的员工，而一旦他真的脱颖而出，就能从测试游戏转向制作游戏。

蒙巴赫大部分时间都待在办公室，这是有原因的。他不能去其他任何地方。在高中时，他曾是一起盗窃案的共犯，在下班时间开车去接一个闯入滑板店的朋友。蒙巴赫说："我为他编造了一个不在场证明，我说他整晚都和我在一起，当然其实并没有，随后他就坦白了。"警方以妨碍司法公正的罪名起诉了蒙巴赫，当他的案子最终进入法庭时，就在他加入 EA 的几周后，他认罪了。

判决结果是软禁 3 个月。当蒙巴赫的脚踝上绑着一个定位器离开法庭时，他被告知 3 个月内只能去公司或者待在家里。蒙巴赫和他的父母关系不太好，所以 EA 的红木海岸区成了他的新家。他说："我在 EA 工作的前 3 个月基本上是在公司度过的。我从早上 9 点到那里，凌晨 1 点才会离开。我会回家睡觉，然后马上回来。"

即使在他的软禁结束后，蒙巴赫仍然继续长时间地加班工作，以他的魅力和坚韧征服了他的老板。2001 年时，他被提升为 Maxis 的《模拟高尔夫》(*Sim Golf*) 的首席测试员，这是一款模拟游戏，玩家可以在自己的高尔夫球场上设计和比赛。① 他搬到了 Maxis 位于胡桃港（Walnut Greek）镇以北 50 英里（1 英里 ≈ 1.61 千米）的办公室，并在接下来的几年里帮助测试了《模拟人生：纯属意外》（The Sims: Bustin's out）和《模拟人生 2：美满人生》（Sims 2: Glamour Life Stuff）等游戏。后来，由于 EA 的重组，他搬回了红木海岸工作室，蒙巴赫借此在职务上获得了一个很大的提升。

在 Maxis，蒙巴赫曾与制作部门紧密合作——这个部门负责调度、预算和其他后勤工作。用外行人的话来说，制作者是指确保所有事情进展顺利的人。制作比测试薪水更高，也更有魅力，而且关键的开发决策就是在这里做出的。而作为领导，蒙巴赫已经在做一些与之相关的组织工作了。在做了将近 5 年的质检测试人员后，他已经为新职务做好了准备。蒙巴赫回忆道："他们说，'嘿，我们需要制作人，而你一直在以质检员的身份干着制作，那么你现在想做制作人吗？'"

蒙巴赫作为制作人的第一款游戏是发行于 2007 年的《辛普森一家》（The Simpsons Game）。这是一款突破常规并让玩家有代入感的愚蠢游戏；到最后，你会遇到本作的创造者，游戏版形象的威尔·莱特（Will Wright）和马特·格罗宁（Matt Groening），然后以一场革命性的舞蹈大赛向上帝发起挑战。剧情写得很扎实，但批评的声音却很响亮。《游戏报道》（Game Informer）杂志的评论家写道："《辛普森一家》拥有粉丝们想要的一切，但却是一个缺乏乐趣、没有意思的游戏。"

EA 的红木海岸工作室似乎无法开发出一款突破性的热门游戏或形成一种标志。在整个电子游戏行业中，其他工作室都因其最出名的

---

① 发行于 2002 年 1 月的《模拟高尔夫》，就是从传奇设计师席德·迈尔（Sid Meier）的失败中走出来的。多年来迈尔一直在尝试着创造一款关于恐龙的游戏，但他的原型却从未成功。据他的同事杰克·所罗门（Jake Solomon）回忆，有一天迈尔说他放弃了制作恐龙游戏，并从办公室消失了两周。当他回来的时候，他告诉大家他已想出他们的下一款游戏，并向他们展示了一个可以用来设计高尔夫球场的游戏原型。EA 当即被说服。所罗门告诉我："任何看到它的人都认为它非常棒。"

系列游戏而闻名。Maxis 因《模拟城市》和《模拟人生》而广受欢迎。BioWare 以《质量效应》(Mass Effect) 等角色扮演类游戏而闻名。无理性游戏工作室则刚刚通过《生化奇兵》引起了世界的关注。像暴雪(Blizzard) 和任天堂 (Nintendo) 这样的大公司尝试了多种类型的游戏和授权，但他们将自己的产品打磨得完美无瑕。如果你购买了像《暗黑破坏神 II 》(Diablo II) 或《塞尔达传说：风之杖》(The Legend of Zelda: The Wind Waker) 这样的游戏，你就会感受到它们的不可思议。①

没有人将 EA 红木海岸与任何东西联系起来。这是一家什么都干的游戏工作室，遵循 EA 高管在任何一个财政季度的要求，开发任何内容，无论是高尔夫游戏《泰格·伍兹》(Tiger Woods)，还是《指环王》的电影配套游戏。在 EA 红木海岸开发的大多数游戏都与外部授权捆绑在一起，比如《007》(James Bond) 和《教父》(The Godfather)。在外界看来，那里的开发者更像是一群雇佣兵，毫不挑食地为 EA 开发能带来最多收益的游戏。那个工作室甚至没有一个正式的名称。

2008 年，该工作室的命运发生了变化。在 EA 红木海岸，由迈克尔·康德雷 (Michael Condrey) 和格伦·斯科菲尔德 (Glen Schofield) 两个人领导的团队设计了一款科幻类恐怖游戏，玩家将在游戏中扮演一个名为艾萨克·克拉克 (Isaac Clarke) 的科学家，他被派去应答一艘坠毁宇宙飞船发出的求救呼叫。在飞船上，他发现飞船上的人被一种外星病毒感染了，这种病毒能让尸体复活，成为令人憎恶的变异生物。克拉克装备着老式的采矿工具和简易的火焰喷射器，他必须在这些生物中杀出一条血路，在前进的过程中战胜令人不安的幻觉。这款名为《死亡空间》(Dead Space) 的游戏于 2008 年 10 月发行，获得了广泛好评。这款

---

① 对于电子游戏鉴赏家来说，将每款游戏与背后的人联系起来，而不是与品牌联系起来，可能会更明智，但游戏团队通常由几十人甚至几百人组成，工作室又喜欢保持其内部工作的不透明性。另外，记住一个公司的名字比记住创意总监的名字更容易。首席艺术家、程序员等人的名字更容易记住。由此可见品牌的力量。

游戏还称不上轰动一时，EA 后来说它在发行的头几个月就卖出了大约 100 万份，这虽然并没有达到发行商的高期望值，但是人们确实喜欢它。在依托他人的作品制作游戏长达数年之后，EA 红木海岸终于迎来了属于自己的重磅原创。

次年，EA 高管将 EA 红木海岸重新命名为 Visceral Games，并宣布公司将扩张到两个新地区：加拿大的 Visceral 蒙特利尔和澳大利亚的 Visceral 墨尔本。① 这是称呼上的变化，但就像 2K 的品牌变化一样，它对在那里工作的人产生了很大的影响。给 EA 的红木海岸重塑一个独特的品牌名称，就是该工作室官宣了自己的品牌，这便是 Visceral。他们制作的是第三人称动作冒险类游戏，他们的子公司遍布世界各地。

他们还将制作《死亡空间》续集，EA 的高管们希望凭借第一款游戏的好评和口碑，续集的表现会更好。在创造第一款《死亡空间》的过程中，Visceral 工作室的开发者学到了很多关于线性恐怖游戏以及如何制作它们的知识，现在他们希望能够做得更好。扎克·蒙巴赫并没有参与第一款《死亡空间》的制作，他一直在帮助制作一款改编自《但丁地狱》(Dante's Inferno) 的怪异游戏，但他很高兴能成为《死亡空间 II》(Dead Space 2) 的助理制作人。

《死亡空间 II》的开发人员表示这是他们参与过的一个相当好的项目，其开发过程十分平和美好。2010 年夏天的时候，雅拉·库里 (Yara Khoury) 曾是《死亡空间 II》的一名实习制作员，她非常喜欢在 Visceral 工作室的工作，主动要求延长实习时间，并最终成了一名全职员工。库里说："直到今天，我想如果你问任何人，他们都会告诉你《死亡空间 II》是他们职业生涯的亮点之一，整个组织都非常支持这个项目。团队

---

① "visceral" 这个词通常指的是你能在你的内心深处感觉到的东西。任何参加过 E3 新闻发布会的人都可以证明，这也是电子游戏中最常被滥用的术语之一，诸如"沉浸式"和"万亿次浮点运算"等。

的自主权很高，有一种全权掌控和主人翁的感觉，这使得大家士气高涨。"

《死亡空间 II》于 2011 年 1 月问世，评论普遍认为比前一部更精彩，EA 几周后在与股东的电话会议上表示，它的销量是第一款游戏的两倍。从很多方面来看，这似乎是成功的。但这次成功是相对而言的，正如沃伦·斯佩克特几年前所了解到的那样，像 EA 这样的上市游戏发行商并不满足于这样的表现。EA 的高管需要向股东展示他们的利润每年呈指数级增长。蒙巴赫说："这是 EA 最糟糕的部分，这种想法是如果我今年赚了 1000 万美元，我就成功了，但如果明年我赚了 1000 万美元，我就不算成功。我的股票下跌了，没有表现出利润增长。"

2011 年，电子游戏市场发生了天翻地覆的变化。游戏制作成本越来越高，特别是在圣弗朗西斯科湾区，那里的生活成本由于科技公司的过剩而急剧上升。线性单人游戏开始让人觉得是一种高风险、低回报的游戏，这也是 2K 等发行商试图将多人模式植入《调查局：幽浮解密》和《生化奇兵：无限》等游戏的原因。二手游戏市场是行业的一大恶魔，该市场是由北美最大的电子游戏连锁零售商 GameStop 推动的。GameStop 很乐意以 60 美元的价格卖给你一款游戏，一周后以 30 美元的价格进行交易，然后在行情好转时再以 55 美元的价格将你的旧游戏卖给用户。这意味着他们的商店可以获得纯利润，这种做法激怒了一大堆电子游戏高管，他们认为整个过程等同于盗版。当你在 GameStop 购买二手的《死亡空间 II》时，EA 并未从中获得一分钱。

几年后数字发行的兴起将有助于解决这一问题，但在《死亡空间 II》发行期间，GameStop 垄断了电子游戏零售。不管 EA 和其他大型发行商如何放低姿态地请求，也无法阻止 GameStop 买卖二手游戏，而抵制这个全球最大的电子游戏连锁销售商更是不可能的。因此，他们想出了另一个策略：降低二手游戏的价值。如果玩家能够通过购买新游戏获得更多好处，那么他们便不会再购买二手游戏了。

EA 在 2010 年推广了一个更狡猾的方案，那就是"在线通行证"。当你打开一款新游戏时，你会在光盘和其他宣传材料的旁边发现一张纸条，上面有一个独特的代码。加载游戏并输入代码你便能够看到一些很酷的内容。可能你可以获得一些额外的可下载内容，或者进入游戏的多人模式。关键是只能使用一次。如果你使用了自己的代码，然后将游戏卖回给 GameStop，那么无论谁购买了你的旧版本，都需要再花大约 10 美元购买他们自己的在线通行证。《死亡空间 II》便是较早使用这一模式的游戏之一。第一款《死亡空间》是单人游戏，而《死亡空间 II》则带有 4 对 4 的多人竞争模式，EA 希望这能让玩家购买游戏后玩得更久。如果要玩多人模式，你就需要在线通行证。

在《死亡空间 II》发行后，Visceral 工作室士气高涨，尽管该系列的销售量并不像 EA 所希望的那样庞大。但这对开发者来说并不重要，因为他们很高兴能够继续制作《死亡空间 III》（*Dead Space 3*）。这一次，EA 希望他们能够真正打入主流市场，并进一步推动多人模式游戏的发展，并告诉 Visceral，他们必须让整个游戏任务能够让两个人一起玩。《死亡空间 III》的背景设定在一个名为 Tau Volantis 的冰冷星球上，虽然你仍然会和科学家艾萨克·克拉克一起消灭外星人，但这次你可以和一个朋友一起玩，他将扮演这个系列的新成员：魁伟的约翰·卡佛（John Carver）中士。你可以独自或与好友一起玩整款游戏，但合作玩游戏会让你获得一些额外奖励。你只需要那张烦人的网上通行证。蒙巴赫说："合作模式不是来自开发团队，合作模式是发行商要求的。发行商说，'你需要增加合作模式来让这款游戏变得有生命力。'"

EA 的高管们还要求 Visceral 降低恐怖元素，增加动作元素，以期让《死亡空间 III》比之前的版本吸引到更多的用户。2012 年 6 月的 E3 展上，此时正处于《死亡空间 III》的开发中途，EA 高管弗兰克·吉博（Frank

Gibeau）在接受游戏网站 CVG 的采访时表示，他们对这款游戏抱有很高的期望。他说："我们正在考虑如何使它成为更有吸引力的游戏，因为最终你需要将用户规模扩大到 500 万左右，才能继续投资《死亡空间》这样的 IP。"

与此同时，Visceral 帝国的跨国愿望并没有实现。2011 年，EA 关闭了 Visceral 墨尔本分部。扎克·蒙巴赫曾短暂参与《但丁地狱》续作的开发，但后来该项目被取消了，并在 2012 年前往 Visceral 蒙特利尔分部参与制作了一款名为《战地双雄：魔鬼联盟》（Army of Two: The Devil's Cartel）的射击游戏。他原本以为只有两三个星期的出差，结果却变成了整整一年。然后在 2013 年 2 月，也就是《战地双雄：魔鬼联盟》发行不到一个月的时候，EA 关闭了 Visceral 蒙特利尔分部。

同一个月，《死亡空间 III》上架发售。它并没有卖出 500 万册，虽然 Visceral 员工认为他们做得还不错，但此时他们已经发行了 3 款游戏，但都没有达到 EA 的高预期。蒙巴赫说道："我的理解是《死亡空间》赚的钱不够多，《死亡空间 II》和《死亡空间 III》也是如此。"从 EA 的角度来看，如果《死亡空间》没有呈指数级增长，那么它就是小众游戏，所以即使有盈利，EA 也不想再继续发展它了。蒙巴赫说："从某种意义上说人们的期望是这样的：如果你卖出了 300 万份，那么你需要再卖出 500 万份接着卖出 1000 万份，你得不断成长。"

在《死亡空间 III》发行后不久，有消息称 EA 将暂停这款游戏。《死亡空间 IV》（Dead Space 4）的成本过高，没有投资价值。此外，由于 Facebook 和谷歌等大型科技公司的存在，圣弗朗西斯科湾区正变得越来越不适合做办公场所。工程师很难留住，房租也是天文数字，据 Visceral 员工公司的一名前员工估算，公司的成本在每人每月 1.6 万美元左右，这个数字包括工资和其他费用。按照这个数字，100 名员工每年将花费 1900 多万美元。Visceral 员工的办公室就在 EA 高管办公室的隔壁，感觉就像一直被老板们注视着，等待他们来证明自己存在的价值。当然，Visceral 工作室的员工都很清楚，其中两三个老板的工资就足以支撑起整个工作室的开销了。据美国证券交易委员会（SEC）的文件显示，2012 年，EA 的 CEO 约翰·里奇蒂耶洛（John Riccitiello）赚了 950 万美元，而弗兰克·吉博则赚了 980 万美元。

情况似乎很严峻，但至少 Visceral 有了新的证明自己的机会。整个 2012 年，一个小型开发团队一直在开发《战地》系列的下一款游戏，这是一款非常受欢迎的第一人称射击类游戏系列。最终诞生的是《战地：硬仗》（*Battlefield Hardline*），这是一款以警察和罪犯为主角的游戏，发生在现代的迈阿密和洛杉矶。2013 年，在完成《死亡空间 III》后，Visceral 的大部分开发者转向了《战地：硬仗》，希望这款新的射击游戏能够实现主流意义上的商业成功，并带来长期的稳定以便于让 Visceral 的员工能够在未来自由地追求更多原创理念，就如由 Visceral 的一小部分员工制作的一款开放世界海盗游戏原型。对于急需一场胜仗的工作室来说，《战地：硬仗》似乎能轻松达成使命。

问题在于，Visceral 的许多员工并不想制作多人射击类游戏。Visceral 已经将自己打造为《死亡空间》工作室，许多新开发者的加入也是为了他们能够制作《死亡空间》这样的游戏。他们的天赋和专长是制作动作冒险类游戏，而不是射击游戏。甚至像从这类表面上很简单的《死亡空间》的第三人称视角到《战地》的第一人称视角的内容转换，也需要在设计思路上做出巨大的转变。这就像电影导演从广角镜头转向特写镜头，当你在制作关卡和剧情时，你必须相应地调整你的大脑。不是每个 Visceral 工作室的人都想要这样的转变，整个 2013 年，许多人都离开了工作室，就像他们在 2K Marin 的邻居一样，他们也面临着类似的认同感问题。已成为《战地：硬仗》多人模式制作人的蒙巴赫说："我们中的一些人说，'这很酷，我喜欢做不同的东西，这很有节奏感。'但毫无疑问，我们也失去了很多优秀的员工。"

此时，蒙巴赫已经在 EA 工作了超过 13 年。他的工作狂心态从未消失，即使是在他遇到丽莎·约翰森（Lisa Johansen）——这个之后成为他妻子的女人，并开始与之约会之后。丽莎说："他们需要的是一直坐在椅子上的人，而他就是这样的人。我记得有一次他好几天都工作 14 或 16 个小时，我们会在下午 5 点在 EA 高速公路对面的 Wendy's 餐厅吃午餐。曾有好几个月我只能在这个时间见到他。"丽莎已经习惯了和工作狂一起生活，她的母亲是律师，父亲是顾问，在她成长的过程中，父母晚上和周末都在工作。圣弗朗西斯科的每个人也都在无休止地工作，为了创业或是给老板留下深刻印象。她说："我已经习惯了这个流行的工作方式，虽然我并不喜欢这样。"

2014 年 3 月，《战地：硬仗》进入了开发的最后一年，扎克和丽莎·蒙巴赫有了一个儿子。因为他们正在重新装修房子，所以和丽莎的父母住在一起，这带来了一些生活方式的问题。孩子出生后，扎克休了一个星期的假，然后就回到了急需人手的游戏开发工作中。丽莎说："这段时间里，我们作为一对新手父母和我的父母住在一起，他小声唠叨这个生活状态不是很好。"

对于蒙巴赫来说，危机似乎从未结束。他发现自己很难改变"工作第一"的态度，这种态度让他在 EA 工作的早些日子里很受欢迎。大多数晚上，他都会在下班回家与家人共进晚餐后，直接开车回去工作。蒙巴赫说道："没有人告诉我要在 EA 加班，我过去只是因为我沉迷那个游戏而忘记了时间，也可能是我将其置于包括我家庭的其他生活部分之上。这并不是一件好事，但我这样做了。在我的认知里，EA 赋予了我责任：'嘿，你来掌管《战地：硬仗》多人游戏。'而我非常严肃地接过了任务。"

从之前待在家里的时候开始，这种工作狂精神就一直在扎克·蒙巴赫的脑海中蔓延，现在情况越来越糟。当他晚上开车回家时，他在思考《战地：硬仗》应该有多少地图和枪支。当他坐在餐桌前和妻子聊天时，他正在思考玩家死亡后需要多长时间才能重生。每当他想看电影或玩其他电子游戏时，他的思绪总是飘回这款游戏。蒙巴赫说："我认为有很多人都是这样的，我也是其中之一，我们是问题的主要部分。"

蒙巴赫的工作狂状态像病毒一样传遍了整个工作室。对于其他尊重和敬仰蒙巴赫的 Visceral 员工来说，看到他一直在工作让他们对下班感到内疚。蒙巴赫说："你会觉得，'哦，该死，我没有尽职尽责，看看这些一直在这里的员工。'这也造成了一定的社会压力。"这种潜伏的危机文化在电子游戏产业中很常见，有多少公司甚至无须要求就能让员工们承担额外的工作。蒙巴赫继续说道："如果你是一个真正聪明的高管，你只需要雇用那些工作狂，然后把他们放在高位。那样你就不用要求大家加班，对此视而不见就行了。"

还有另一种言外之意是，那里的人们应该感到幸运。蒙巴赫认为他如果不尽心尽力的工作，就会被取代。他见证了整个电子游戏行业不断地关门和裁员。他在 EA 内部目睹了裁减，甚至在 Visceral，他的朋友和同事在公司削减成本的举措中被解雇。蒙巴赫认为，让自己躲过裁员的最好办法就是比周围的人更努力地工作。与扎克共事的卢克·哈灵顿说道："扎克总是快速穿过 EA 的大厅，好像他有什么地方要着急去似的，在楼梯上跑来跑去。"

蒙巴赫经常把电子游戏行业比作职业体育，在职业体育中，成就最高的人是那些为自己的事业奉献一生的人。例如科比·布莱恩特（Kobe Bryant）就因执着于追求更好而出名。他每天早上第一个去健身房，最后一个离开。队友们会发现他在受伤的时候，也在黑暗中练习投篮，只是因为他足够努力。他不练习的时候也在看比赛录像。

当然，科比·布莱恩特那时的年薪是 2500 万美元。

"我从没想过这一点,"蒙巴赫说。"我只是考虑了工作的需要,然后考虑到大家会努力这一事实。你要么跟上,要么跟不上。"蒙巴赫知道,当裁员的时候,老板们会优先保留那些每周工作 6 天、每天工作 12 小时的员工,而不是那些早上 10 点上班、晚上 6 点下班的员工。蒙巴赫说:"这有点残酷,如果你在顶级团队中工作,就会有人想取代你,你就会感受到这种压力,尤其是当你开始变老、结婚、生子,开始有自己生活的时候。"

《战地:硬仗》在经历了 3 年的艰难制作后,于 2015 年 3 月问世,其销量足以让 EA 高管满意。当 Visceral 的开发者完成游戏后,他们分成了两组。一个小组转向了他们的下一个项目《乌合之众》(*Ragtag*),而另一个小组则开始制作《战地:硬仗》多人模式的 DLC。蒙巴赫很高兴能加入后者。虽然《战地:硬仗》不像《死亡空间》那么受欢迎,但它拥有一群每天都在玩的忠实玩家,而蒙巴赫也经常加入他们,并在推特上分享自己的名字,以便玩家能够在多人游戏中找到他。他和《战地:硬仗》团队的其他一些成员花了几个月的时间所做出的后续游戏方案和原型都被 EA 拒绝了。到了 2016 年,Visceral 让所有人都加入《乌合之众》的开发中。毕竟这是他们做过的最大最激动人心的项目了。

2013 年 4 月,蒙巴赫开始开发《战地:硬仗》时,弗兰克·吉博和 EA 的其他高管正在谈判一项重大协议。迪士尼刚刚收购了卢卡斯影业以及大受欢迎的《星球大战》系列电影,从根本上改变了媒体格局。随后,迪士尼关闭了标志性的电子游戏工作室 LucasArts,解雇了 150 名员工,并取消了他们的所有项目(这距离 Junction Point 关闭仅几个月时间)。该工作室的其中一个项目《星球大战 1313》(*Star Wars 1313*)曾在不到一年前的 E3 展上抢尽了风头。曾经有过关于 EA 将接管游戏制作的说法，这些说法似乎很严重，以致《星球大战 1313》的开发团队甚至驱车前往 Visceral 展示他们的作品，但这些希望都落空了。《星球大战 1313》最终被取消了。①

相反，EA 的老板们在 2013 年 5 月 6 日正式宣布达成了《星球大战》主机游戏的独家版权协议。据声明称，其他公司也可以尝试开发《星球大战》社交或手机游戏，但 EA 将是唯一被允许为"核心"观众制作《星球大战》游戏的发行商。作为新闻稿的一部分，EA 宣布将有三家工作室参与《星球大战》的开发：DICE、BioWare 和 Visceral。

对于这家运营了很久的游戏工作室来说，这是一次意外之举。虽然 Visceral 的大部分工作都在《战地：硬仗》中，但另一个小团队正在开发他们自己的《星球大战》游戏。在聘请了因开发热门游戏《神秘海域》而闻名的艾米·亨尼格（Amy Hennig）来领导该项目之前，他们改变了几次游戏形式和代码。2016 年春天，当蒙巴赫完成《战地》的工作并加入《星球大战》团队时，《星球大战》已经成为像《死亡空间》一样的第三人称动作冒险类游戏。这是一个以遥远的银河系为背景的抢劫故事，故事中有很多主角，包括韩·索罗（Han Solo）式的大胡子流氓道奇和他的持枪搭档罗比。他们组成了一个杂乱的帮派，所以团队给这个项目起了个代号《乌合之众》。

大多数电子游戏开发者都对能开发像《乌合之众》这类游戏的想法感到兴奋，但蒙巴赫发现自己很失望。当然，他是《星球大战》的忠实粉丝，就像电子游戏行业的其他所有人一样。毕竟，他一开始是为《毁灭公爵》而制作《星球大战》模组的，但他只想玩《星球大战》游戏，而不是自己制作。蒙巴赫想要制作《战地：硬仗》的续集，他

---

① 你可以在我的上一本书《血、汗和像素》（Blood, Sweat, and Pixels）中读到关于《星球大战 1313》的整个故事。很抱歉做了一次免费的推销。好吧，我其实没那么抱歉。

觉得在他们真正有机会看到自己能够做些什么之前就放弃这款游戏实在是太遗憾了。

至少现在他们有了安全保障。在《死亡空间Ⅲ》未能达到 EA 的预期后，Visceral 公司的许多人都担心隔壁的高管向这边瞟了一眼后，开始考虑为什么还在为如此昂贵的工作室买单。然而现在，Visceral 正在制作一款有着世界上最大授权的游戏，EA 也将此公之于众了。在电子游戏产业中，如果有人能免受裁员和工作室关门的影响，那肯定是《星球大战》的开发者。蒙巴赫说："老实说，我觉得我们在很长一段时间里都会是最安稳的。"

但是《乌合之众》的开发变得越来越混乱。与其他开发类似规模项目的工作室相比，Visceral 工作室人手不足。工作室用于制作游戏的电子游戏引擎 Frostbite 存在一些技术问题。① 亨尼格和其他员工之间也存在冲突。这款游戏的主管和 EA 高管之间发生了激烈的争论，从游戏玩法的创新到《星球大战》的参考内容，他们都争得不可开交。开发团队希望这款《星球大战》是一次大胆的尝试，没有绝地武士或毛茸茸的怪物，但 EA 的市场调查显示，粉丝将《星球大战》与特定角色联系在一起，导致高管向团队提出诸如"楚巴卡（Chewbacca）在哪里？"的一些问题。

当 EA 的老板们推动《乌合之众》上的多人模式时，就发生了关于盈利能力的争论，就像他们在《死亡空间Ⅲ》上所做的一样。高管们会问："你的 FIFA 终极团队在哪里？"他们是指 EA 足球游戏中的卡片收集模式每年为公司带来数亿美元的收益这件事。而那些旧的在线通行

---

① 电子游戏引擎是一套可重复使用的代码和技术，用于提高开发效率。在 21 世纪初期，EA 强烈鼓励所有工作室使用单一引擎：Frostbite。从理论上来说，这是一个明智的举动，因为使用一个引擎可以让 EA 的所有子公司共享技术，并为公司节省数百万美元的第三方引擎公司授权费用。然而 Frostbite 是 DICE 为了制作第一人称射击类游戏而设计的。试图将其用于其他类型的游戏可能会导致各种各样的麻烦，就像 Visceral 的员工以及 BioWare 的游戏《龙腾世纪：审判》(*Dragon Age: Inquisition*)《质量效应：仙女座》(*Mass Effect: Andromeda*)和《圣歌》(*Anthem*)所遭遇的那样，被 Frostbite 的技术问题严重阻碍。换句话说，就像 BioWare 的开发者曾经告诉我的那样："Frostbite 充满了剃刀片。"

证非常不受欢迎，EA 被迫在 2013 年取消了它们，但公司的首要任务仍然是确保所有游戏既不受二手游戏市场的影响，又尽可能多的赚取利润。EA 希望游戏能够在发行后长期保持盈利（最流行的说法是"游戏即服务"）。

　　Visceral 再一次面临了认知危机。多年来，该工作室一直专注于授权游戏，直到最终发行了《死亡空间》三部曲。后来出现了《战地：硬仗》，抛下了许多想要制作第三人称动作冒险类游戏的 Visceral 开发者。为了制作这款游戏，Visceral 招募了一些具有第一人称射击类游戏经验的新人。现在三年过去了，Visceral 工作室的成员都知道如何制作第一人称射击类游戏后，却被指派制作一款第三人称动作冒险类游戏。蒙巴赫说："我们 3 年前聘用的员工非常适合这个职位，但我们却决定要制作多人射击类游戏。后来重组了团队，现在你再次要我们重组团队，这在某种程度上是行不通的。"

　　到了 2017 年，大家都很清楚《乌合之众》有麻烦了。EA 从它的温哥华分部指派了一个团队加入该项目，对于 Visceral 的员工来说，很明显，EA 的计划实际上是让温哥华团队接管开发。这两家工作室立即发生了冲突，在流程和设计决策上发生了争执，所以当他们为游戏制作关卡和演示时，进展很缓慢。蒙巴赫和他的许多同事一样，觉得要放弃一些东西。他认为艾米·亨尼格也许会辞职，EA 会把项目搬到温哥华，或者派另一个团队来帮忙。几乎没人预料到将要发生的事情。Visceral 的另一名开发者表示："它简直是凭空出现的，无法预料。"

◾ ◾ ◾

　　2017 年 10 月 15 日周日的清晨，丽莎和蒙巴赫迎来了他们第二个儿子。当他们第二天从医院开车回家的时候，EA 的一位高管打来电话说想过来聊聊。"没问题，过来吧。"头晕目眩、睡眠不足的蒙巴赫说。高管来了后向这对夫妇打了招呼，并对他们的新生儿微笑了一下。然后把他们拉到一边，说出了一些令人崩溃的消息：Visceral 准备关闭了，《乌合之众》项目被取消了。公司将于星期二召开会议通知全体员工。

这位 EA 高管继续解释关闭的原因，包括游戏进度落后，以及在圣弗朗西斯科的运营成本太高，但蒙巴赫这些都没听进去。他满脑子想的都是他刚出生一天的孩子、他的老公司，还有那些与他共事多年的同事突然之间再也不能每天和他一起工作了的事实。蒙巴赫并不担心能否找到新工作，这位高管曾向他保证，EA 还有其他职位空缺。但他担心同事们可能没有他那么幸运。"放下这款游戏对我来说很轻松。"蒙巴赫说，"无法完成这款游戏是很糟，但工作室因此而被关闭是非常残酷的。"

2017 年 10 月 17 日，蒙巴赫走进了 Visceral 工作室位于加州红木海岸的办公室，他知道这将是在该工作室召开的最后一次全体员工会议。其他员工都不知道接下来会发生什么，一些人惊讶地发现，他不是应该在休陪产假吗？他为什么来工作了？"我的出现提醒了一些人，一些糟糕的事情即将发生，"蒙巴赫说，"而其他人对此则丝毫没有察觉。当我们要去会议室的时候，我的好友跑到我面前给了我一个大大的拥抱，因为他很兴奋，他知道我刚有了一个孩子，他说'恭喜你！'"

Visceral 工作室的员工挤在 EA 园区剧院的前几排座位上，当高管帕特里克·瑟德隆德和杰德·雷蒙德（Jade Raymond）告诉他们工作室即将关闭时，他们目瞪口呆。高管们表示，工作室关闭的背后有很多因素。电子游戏市场发生了变化，EA 不再愿意在线性单人游戏上投入大笔资金，因为玩家只玩一次就会把游戏卖回给 GameStop。高管们谈到了最近大受欢迎的《绝地求生》(PlayerUnknown's Battlegrounds)，他们想效仿 PlayerUnknown 的这款大逃杀游戏，同时赞扬了 Visceral 的员工，对团队的才华和努力加以肯定。然后就是告诉大家如何去拿遣散费。

会议结束后数十名员工鱼贯而出,他们得面对现实。他们都必须在 EA 或其他公司找到新工作。如果他们想在 Visceral 这样的大预算工作室工作,其中一些人将不得不举家搬迁到新的城市。丰厚的遣散费使他们经济上有了足够的缓冲,但他们也知道自己的生活已经不可挽回地改变了。"大家非常失望,"蒙巴赫说,"每个人的反应都不同。有些人很生气;有些人只是伤心;有些人受够了:'是啊,去他的,把这地方烧了吧。'"蒙巴赫的反应只有回家。"我要走了,我在休陪产假,我当即就解脱了。"

在公开声明中,EA 表示《乌合之众》项目对创造性的挑战促使他们做出关闭 Visceral 的决定。他们在网站上写到,该项目早先"规划了一款以故事为基础的线性探险游戏",现在他们计划将其转变为"更宽泛的选择以增加多样性和玩家自由度",换句话说就是减少未知的探索以及增加更多开放的世界。EA 高管帕特里克·瑟德隆德在宣布关闭游戏的博文中写道:"在整个开发过程中,我们一直在测试游戏中玩家的概念,听取他们关于想玩什么以及如何玩的反馈建议,并密切跟踪市场的基本变化。很明显,我们需要调整设计才能让玩家愿意回归游戏,并给他们带来长期的良好游戏体验。"①

这些说明引发了关于 Visceral 工作室关闭的无数猜测和讨论。这对电子游戏行业意味着什么?单人游戏是否已经消亡? EA 是否打算将游戏作为一种服务,设计成让玩家无限体验的形式,而永远放弃像《死亡空间》这样的授权游戏呢?

另一种说法在 Visceral 工作室关闭几周后出现了。2017 年 11 月 9 日,EA 宣布以超过 4 亿美元的价格收购游戏工作室 Respawn。该工作室是

---

① 该项目转移到 EA 温哥华分部,它在那里被重新启动,成为一个代号为 Orca 的开放世界的《星球大战》游戏,持续了大约一年才被取消。开发人员随后推出了一个新的《星球大战》项目,一个代号为"Viking"的《星球大战:前线》(Star Wars: Battlefront)衍生产品,也被取消了。

开发《使命召唤：现代战争》（Call of Duty: Modern Warfare）的工作室 Infinity Ward 在 2010 年大批员工离职后成立的，它曾与 EA 合作开发过《泰坦陨落》（Titanfall）和《泰坦陨落 II》（Titanfall 2）。EA 还与 Respawn 签署了另一款游戏的协议，这是一款以《星球大战》为背景的第三人称动作冒险类游戏。[①] 这款游戏后来被称为《星球大战：绝地陨落的武士团》（Star Wars Jedi: Fallen Order），它与 Visceral 为《乌合之众》的设想完全不同，它的主要角色是一个挥舞着光剑的绝地英雄，而不是一帮格格不入的恶棍，但这也引发了关于这两款游戏是否真的适合 EA 游戏路线的疑问。

Visceral 工作室的关闭与 Respawn 工作室的被收购有关联吗？ EA 没有透露，但有很多证据可以证实这一猜测。在收购前一周，游戏网站 Kotaku 获得了韩国游戏公司 Nexon 在当年夏天向 Respawn 工作室提出收购要约的文件。但根据 Respawn 的发行协议，EA 拥有优先收购权，所以 EA 的高管们不得不做出一个艰难的决定：要么损失掉他们投入《泰坦陨落》的资金而与拥有该游戏的 Respawn 一并成为 Nexon 的财产，或者拿出足够的现金来打败这个要约。

显然他们选择了后者。也许正因为如此，Visceral 工作室不复存在了。

◾ ◾ ◾

在 Visceral 工作室关闭后的几周或几个月里，该工作室的前员工都陷入悲痛，并开始寻找他们下一份工作。有些人留在了 EA，在开发《模拟人生》的 Maxis 工作室工作，或者搬到其他城市，比如 EA 在温哥华

[①] 计划中的《泰坦陨落 III》（Titanfall 3）最终变成了一款名为《Apex 英雄》（Apex Legends）的大逃杀游戏，这款游戏在 2019 年 2 月上线时就为 EA 带来了立竿见影的成功，符合 EA 制作一款与 PlayerUnknown 的《绝地求生》相仿的游戏的期望。

的一个大型园区。有些人在圣弗朗西斯科湾区内外的不同游戏工作室找到了工作，有些人则完全离开了电子游戏行业，在附近的 Facebook 和苹果等科技公司找到了高薪工作。

公司关闭后的头几天，蒙巴赫一家手忙脚乱。即使是在最好的状况下，养育孩子也已经够困难的了，而现在又面临着失业，更是雪上加霜。蒙巴赫不仅要为 3 岁的和刚出生的孩子的开销和医疗保险发愁，他们的整个社交圈也突然分崩离析。和 Visceral 工作室的一些员工已经认识了十多年，现在要永远分开了。丽莎说："这太让人不知所措了，尤其是有了一个新宝宝之后。我们在那里感觉很舒服，大多数朋友都是通过 EA 认识的，我们整个社交网都在那里，所以这真的是一个时代的终结。"他们每年都会参加 EA 的节日派对。也会带着孩子去参加一年一度的 EA 夏季展会。难以想象如果没有这些基本的日常活动，他们的生活会变成什么样子。

好消息是蒙巴赫有很多选择。Visceral 工作室关闭后不久，蒙巴赫和斯科特·阿莫斯（Scot Amos）通了电话，他是开发《辛普森一家》时期的老朋友。阿莫斯现在在附近的 Crystal Dynamics 工作室做主管，这个工作室正在开发一款由《复仇者联盟》（The Avengers）改编的游戏。"他当场就给了我一个工作机会。"蒙巴赫说，"他说：'我们会确定细节问题，但我想让你知道，你有地方可以去。'"

Visceral 工作室的遣散费会一直给到 1 月，所以在接下来的两个月里，蒙巴赫一直和家人在一起，这给了他很多时间思考。他在 EA 工作了 17 年，虽然他们对他很好，但很难忽略掉 Visceral 工作室开发人员和隔壁 EA 高管之间的贫富差距。美国证券交易委员会（SEC）的文件显示，EA 首席执行官安德鲁·威尔逊（Andrew Wilson）在 2018 财年（2017 年 4 月至 2018 年 3 月）赚了 3500 万美元。帕特里克·瑟德隆德本可以获得超过 4800 万美元的收益，这要归功于 EA 给他的股票留任奖励以期挽留他继续在公司，虽然他没有继续留任，但仍然带走了数百万美元。

当蒙巴赫和他的同事们忙于制作《战地：硬仗》等游戏时，他看到那些 EA 高管每天下午 5 点就下班了。他一直认为他需要加班才能成为精英中的精英，就像科比·布莱恩特一样，但那些真正拿着像超级运动员那样薪水的人却每周只须工作 40 个小时。而那些曾在 Visceral 工作室埋头苦干的人现在却正在寻找新的工作。

即使是年薪 10 万美元这样的高薪，在圣弗朗西斯科也没什么用。"我厌倦了每周工作 80 个小时，就是为让帕特里克·瑟德隆德这样的人能买一辆新车。"蒙巴赫说道，"你有一份不错的薪水，但你并没有成功，你只是在谋生。"和蒙巴赫一样的开发者仍在原地踏步，虽然他们能付得起房租和账单，但他们赚得并不多。拥有自己的房子对于他们大多数人来说是一个白日梦。"你工作这么努力，两三年过后你能得到什么呢，两三万美元的奖金吗？"蒙巴赫说，"EA 和动视高管的收入属于公开信息，那些人不制作游戏，而他们与开发者之间的收入差距太巨大了。"

现在，蒙巴赫有很多时间来思考公司政治和高管阴谋。他看到 EA 不仅关闭了 Visceral 工作室，还关闭了 Visceral 工作室在蒙特利尔和澳大利亚的分部，以及 Bullfrog〔《地下城守护者》(*Dungeon Keeper*)〕、Origin（《创世纪》）、Westwood（《命令与征服》）等标志性公司以及更多。对于 EA 的高管们来说，他们最看重的是投资者和财政季报，工作人员的生活似乎只是电子表格上的数字。蒙巴赫说："他们对未来是否保住工作都不在乎。有一年 2000 万美元奖金，我这辈子都足够了。就像如果我知道能现在把股票以三倍脱手，谁会管它两年后会清零呢？"在蒙巴赫看来，经营 EA 的人似乎不太关心制作优秀的电子游戏，他们更关心尽快利润最大化。"感觉这些家伙是在玩游戏。"蒙巴赫说，"他们玩预算游戏，玩收益游戏，玩支出游戏。他们裁员只是为了后续的招人，这样（扩招）可以让本季度或那个季度看起来不错。"

然后是他刚出生的儿子。Visceral 工作室关闭后的几个月里，帮助妻子照顾第二个孩子的经历，让蒙巴赫意识到他真的错过了第一次。在大儿子出生的头几个月里，他一直在制作《战地：硬仗》。现在他看到了他的妻子在喂孩子、换尿布，以及其他伴随新生命而来的各种甜蜜小负担。"你会意识到，'哦，该死，上一次我真的搞砸了。'"蒙巴赫说，"我当时不在，这对我妻子来说太残忍了，她没有得到任何帮助。"而现在他可以帮上忙了。

现在他有时间和孩子们在一起了。"他每天都花很多时间和家人在一起。"丽莎·蒙巴赫说，"一旦你成为其中的一部分，就很难放手了。"

Visceral 工作室关闭 3 个月后，也就是 2018 年 1 月，蒙巴赫作为一个全新的制作人进入了 Crystal Dynamics 工作室。刚来办公室没几天，他就开始感到不安。《复仇者联盟》这款游戏很刺激，但他真的想再经历一次电子游戏制作的苦差事吗？ 蒙巴赫在焦虑的状态下接受了这份工作，担心孩子的生活和家庭的健康保险，但现在他开始怀疑自己是否做出了错误的决定。在 Crystal Dynamics 工作与在 Visceral 工作并没有什么不同。"他们并没有让我抓狂。"蒙巴赫说，"但我身处其中时会想，伙计，这支团队对他们所制作的游戏非常兴奋，他们非常努力地工作，而我每天下午 6 点就回家了，这感觉很糟糕。"他开始感受到自己在制作《乌合之众》《战地：硬仗》以及 Visceral 其他游戏时所感受到的那种愧疚感。在吃饭或哄孩子上床睡觉时，蒙巴赫会走神，思考雷神之锤动画或游戏的合作任务将如何运作。当他知道 Crystal Dynamics 的其他开发人员还在那里工作时，他开始渴望晚上回办公室继续工作。

蒙巴赫开始感到暴躁和沮丧，他的身体似乎被人同时朝多个方向拉扯着。他觉得他不能全身心地投入工作或家庭。每天在办公室，他都会问自己在那里做什么。当他在 2000 年进入 EA 时，他一直是办公室里最年轻的人，但现在他已经 36 岁了。"我环顾四周，并没有看到很多比我大的人，"蒙巴赫说，"我开始工作的时候每个同事都比我大，但那是 18 年前的事了。那些当年 30 或 28 岁的家伙，他们现在在哪儿呢？"

这个问题的答案日渐明显。

2018 年 2 月，也就是他加入 Crystal Dynamics 的 1 个月后，蒙巴赫告诉工作室负责人斯科特·阿莫斯他要辞职了。阿莫斯说，他理解这一点，并请蒙巴赫多待几个月，等他们找到一个接任者。蒙巴赫在这里的最后一天是 2018 年 4 月 4 日，也就是他工作 3 个月后。"我也是一个伪君子。"蒙巴赫说，"因为我曾经和同事交流过，一旦你开始开发一款游戏，你就不应该离开它，你应该完成制作。"一旦你成为游戏开发这个大机器中的一个齿轮，离开一个项目就意味着为你周围的所有人带来了额外的工作。"与其加入一个团队 6 个月后就跳槽，还不如根本不加入。"蒙巴赫说，"但我还是这么做了，好吧，这是因为家庭或者……"

在接下来的几个月里，蒙巴赫和他的妻子决定做出重大改变。他们放弃了在圣弗朗西斯科湾区生活，卖掉了在圣马特奥的房子，搬到了华盛顿州西雅图郊外的双桥岛。通过以前的 EA 关系，蒙巴赫在一家建筑公司找到了一份办公室的工作。在接下来的几个月里，他发现自己的工作时间更正常了。他每天在离开办公室后和家人共进晚餐。每天晚上孩子们睡觉前，他都会和他们一起玩。慢慢地，蒙巴赫能够将自己的工作生活与家庭生活分开，将自己从 18 年的游戏开发中养成的坏习惯中脱离出来。"这很吸引人，也很有趣，但这不是我小时候的梦想。"蒙巴赫说，"所以每次想起来，心里总有一种失落，就像是丢了什么东西的感觉。"

生活方式的差异是巨大的。蒙巴赫不用再每天驾车遭遇堵车，而是从双桥岛乘轮渡到西雅图，然后骑自行车到市中心的办公室。他们不再住在圣弗朗西斯科的房子里，那里从厨房的窗户就可以看到他们的邻居，他们现在住在森林中间，周围是自然和宁静，能看到的只有树木。"我们在这里很开心。"丽莎·蒙巴赫说，"这种变化对我们来说真的很好。缺点是离开了朋友和家人，但生活节奏太不一样了。这里有很多森林，很贴近自然，也没有汽车，这太棒了。"

但蒙巴赫的生活中还是少了些什么。在日常聊天和推特个人资料中，他一直声称自己是一名游戏开发者。当他结识新的朋友，他们问他是做什么的时候，他对于回答是做建筑的有点难以启齿。"这很伤人也很伤自尊。"他说："那曾经是一件值得骄傲的事。我努力工作想成为一名顶级电子游戏制作人，那是我14岁时的梦想。我真的很难对自己说，'哦，我不再是游戏制作人了。'"

与此同时，蒙巴赫一直充满敬畏之情地看着在Visceral公司的老朋友本·万德（Ben Wander）制作并发布了一款以美国禁酒令时期的加州为背景的侦探游戏《悬案疑云》（*A Case of Distrust*）。这款游戏不像EA游戏那样进行大规模或大肆宣传，但它却是一个令人印象深刻的项目，拥有光滑的手绘轮廓和一个关于20世纪20年代走私者曲折而又冷酷的故事。万德还利用业余时间环游世界，他正在与其他几位前Visceral员工一起研究下一个项目。万德说道："我们一直在制作一个演示版本并把它发给朋友们征求意见，'嘿，这样够好吗？你觉得呢？'"

蒙巴赫也是他的朋友之一。扎克开始询问关于项目的问题，以及他们过去几年的情况，然后万德开始推销自己的想法。"起初我说，'嘿，我能投资吗？我相信你们。我有点闲钱，也知道你们需要钱。我可以投资游戏吗？'"蒙巴赫说，"他们问，'那是什么意思？你投资的目的是什么呢？'我说，'我什么也不想要，我只是想帮助你们。'"

当然，蒙巴赫其实并不想成为投资人。他真正想要的是找回自己的身份。他真正想知道的是，他是否能够重新成为一名游戏开发者。本·万德的下一个项目是一款战略类游戏《空中王国》（Airborne Kingdom），玩家需要在游戏中管理和运营一座飞行城市，而蒙巴赫迫切地想帮助他们。万德说："扎克似乎从一开始就非常兴奋。他只是想以某种方式参与其中。"万德也迫切需要一个制作人，而蒙巴赫很乐意帮忙，即使这意味着得不到报酬。万德说："我们只能靠自己勉强度日。我们没有足够的预算支付给工资。"

蒙巴赫开始养成一种习惯。他会以正常工作来养家，下班后与家人共度时光。晚上当孩子们上床睡觉后，他会加班几个小时，帮助制作和推销《空中王国》。当然，他再次精疲力竭的风险是存在的，但蒙巴赫需要一个创造性的出口。"我觉得他为了有更好的生活质量做出了巨大的牺牲，接受了一份自己并不热爱的工作。"丽莎·蒙巴赫说，"我很担心他放弃梦想。而本给他带来这个机会，这看上去是最好的折中。他可以在施展这种激情的同时也兼顾到我们的生活。"

到 2020 年夏天，万德找到了足够的资金来负担蒙巴赫作为《空中王国》制作人的薪水，蒙巴赫也结束了两年的间歇期，再次成为一名全职游戏开发者。但蒙巴赫仍然发誓他"再也不会为顶级发行商工作了。"离开高预算的电子游戏行业让他受益匪浅。"当你在做这件事的时候，会感觉这是世界上最重要的事情。"蒙巴赫说，"我正在做的事情非常重要，我正在制作一款大型顶级游戏。"自从有了他刚出生的孩子和工作室倒闭之后那段经历，他清楚地意识到生活中的其他事情对他来说更重要。他不再想有高管的薪资远高于他，也不再担心像 EA 这类公司的稳定性。"独立制作是方向，"蒙巴赫说，"最终只有独立才能让我们做出更好的游戏。"

在被关闭之前，Visceral 很大的问题之一是没有能打出金字招牌。

经历了员工变动和类型调整，这家工作室从未真正出名，最终导致了它的灭亡。在电子游戏行业，就像 Junction Point 和无理性游戏工作室所证明的那样，即使是拥有强大名声的工作室也可能在毫无预警的情况下倒闭。就算你的公司是被一个身价数千万美元的传奇棒球运动员拥有，行业的波动起伏也会像龙卷风一样在任何时候以任何理由向你袭来。

Chapter 6
Bloody Socks

第六章

血腥的袜子

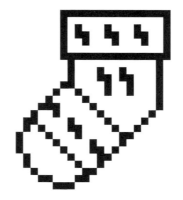

让索姆·安（Thom Ang）大吃一惊的是这个工作室的福利。安作为一名职业电子游戏美工已经有十多年了，最初在迪士尼为超级任天堂和世嘉五代制作《狮子王》（*The Lion King*）和《玩具总动员》（*Toy Story*）等授权游戏，之后又在索尼、EA 和 THQ 工作。这些都是好工作，但没有一份像 38 号工作室那样奢华。

38 号工作室是那些想以制作游戏为生的年轻人梦寐以求的公司。该公司位于马萨诸塞州梅纳德的一个历史悠久的旧工厂，有着红砖砌成的墙壁，一座若隐若现的钟楼，以及附近阿萨贝特河如画的景色。该公司的高管们表现得就像在经营着一家刚刚获得 10 亿美元估值的硅谷科技独角兽公司。员工们不仅可以获得一流的健康福利保障和健身房会员卡，还有价值数千美元的个性化高端游戏笔记本电脑，以及免费的餐食，奢侈的旅行费用和为他们正在进行的电子游戏《哥白尼计划》（*Copernicus*）订制的带有世界地图插图的 Timbuk2 背包。

负责所有这些福利的人是柯特·席林（Curt Schilling），他是一个有着一头淡黄色头发的前职业运动员，也是 38 号工作室的创立人和经营者。席林曾在美国职业棒球大联盟效力了 20 年，帮助亚利桑那响尾蛇队和波士顿红袜队赢得了冠军，最引人注目的是这是波士顿红袜队自 1918 年以来首次获得冠军。他已经在马萨诸塞州退役了，现在是一名电子游戏行业的 CEO。"柯特真的很照顾大家。"安说道，"他知道在他的行业里，他被视为明星，他是顶级运动员。品牌商凯迪拉克赞助了他生活的方方面面。他说，'这就是我想让我的团队感受到的。我要吸引最优秀的人才，我要给予他们最优秀人才应有的待遇。'他做到了。"

2008 年，当安第一次接到 38 号工作室招聘人员的电话时，他持怀疑态度。他在南加州长大，无法想象自己搬到东海岸的生活，那里的冬天寒冷而悲惨。他在 EA 工作的时候就已经认识 38 号工作室的员工了，所以他决定让公司派他飞去马萨诸塞州跟他们打个招呼。"我进去的时候还想着我应该不会接受这份工作的。"安说。但当他到那里的时候，他被办公环境、公司承诺和酷酷的氛围震惊到了。他的前同事向他展示了他们为游戏制作的图像。"我说，'天哪，这太美了。'"安回忆说，"这是一款非常棒的游戏。我也想参与进来了。"

当安接受了这份工作后，38号工作室给了他一笔不菲的搬家费，安排他直接飞回波士顿，这样他就可以另觅新居了。他爱上了马萨诸塞州阿克顿市湖边一座美丽的三居室农场。"我一直想住在这样的地方。"安说，"如果在洛杉矶，你不可能在湖边买到房子。"2008年6月，安正式成为38号工作室的美术总监，他负责管理一个美工团队，为《哥白尼计划》建立一个视觉基调。尽管工作室已经运营了两年，但他们并没有为游戏做出太多内容，但安并不认为这是个问题。在他从事电子游戏行业的这些年里，他知道项目开始时的进展是有多么缓慢。

安从未真正担心过38号工作室的财务状况，也从未想过钱是从哪里来的。毕竟，他是搞艺术的。当然他也是公司的高管之一，但他不参与业务发展或财务规划。游戏的开发计划确实有点不现实——席林会告诉人们他们的目标是2011年秋天完成，这大概是不可能的，因为到目前为止他们所做的还很少，但是负责的人很有钱，令人难以置信的有钱。柯特·席林在20年的棒球生涯中赚了超过1.14亿美元，他把电子游戏开发当成了自己的第二职业。席林想制作一款能打败《魔兽世界》的游戏，他也愿意为此投入大量资金。还能有什么问题吗？

■ ■ ■ ■

许多年前，1978年秋天，一位名叫理查德·巴特尔（Richard Bartle）的英国大学生花了很多时间思考这个世界有多糟糕。巴特尔在英格兰沿海的一个小镇上长大，家境贫寒。他住在公租房里，周围都是家庭贫困生活艰苦的孩子。他逃避生活的方式是玩棋盘游戏，在脑海里幻想世界。当他幸运地被附近的埃塞克斯大学录取时，他马上就被校园的计算机实验室吸引住了。计算机是唯一能让他幻想成真的东西。"在那个年代，要想进入计算机科学领域，你必须有一种特定的世界观。"巴特尔说，"计算机是赋予个人力量、改变世界的一种方式。他们会让这个世界变得比以前更好。"埃塞克斯大学的其他大多数孩子都来自中产或上层社会背景，所以巴特尔很高兴见到另一个名叫罗伊·特鲁布肖（Roy Trubshaw）的工人阶级学生。两人变成了好朋友，并开始讨论如何创建一个虚拟世界，在那里人们来自哪个阶级无关紧要，每个人都有平等的成功机会，无论他们的父母是谁。"我真的不喜欢真实的世界。"巴特尔说，"这糟透了，它一直很糟糕。"

1978年10月，特鲁布肖和巴特尔首次为他们发明的一款名为《多人地下城堡》（Multi-User Dungeon）的游戏测试了技术。这款游戏又称作MUD，他们在接下来的几年里将其向公众开放。游戏完全通过文本展开，使用富有表达性的句子描述虚拟世界（如"壁炉里有一团火欢快地燃烧着"），并允许玩家使用"向西"等简单命令与虚拟世界进行互动。你可以扮演一个角色，与怪物战斗并施放魔法咒语，但与那个时代其他基于文本的冒险类游戏不同的是，MUD允许你与他人一起玩游戏。它运行在阿帕网上，阿帕网是一个早期的在线网络，后来成为互联网的基础，并在20世纪80年代和90年代经历了各种迭代，在其他有机会接触计算机的年轻极客中越来越受欢迎。

特鲁布肖和巴特尔向公众免费发布了MUD的源代码，这错失了他们可能拥有的任何致富的机会，但随着世界各地的程序员在MUD代码的基础上构建自己的游戏，他们的人气开始飙升。在随后的几年里，许多衍生产品和后继者在羽翼未丰的互联网上涌现，MUD这个名字演变成了在线文本冒险的简写。最著名的是1991年由一群丹麦学生发行的

游戏引擎 *DikuMUD*，他们想玩像《龙与地下城》这样的在线游戏，包括深度状态和紧张的地下城爬行。与其他许多 *MUD* 代码库不同，*DikuMUD* 是开箱即用的——您只需要一个服务器和一些基本的编程知识就可以让它运行。因为所有内容都是文本，所以游戏很容易订制。如果你想把武器变成橡皮鸡或用《淘气小兵兵》(*Rugrats*) 里的动画角色替换所有敌人，你只需要替换一些代码语言。在整个 20 世纪 90 年代，人们使用 *DikuMUD* 这样的代码库制作基于几乎所有热门系列的在线游戏，从《哈利·波特》(*Harry Potter*) 到《龙珠 Z》(*Dragon Ball Z*)。如果你喜欢它，可能会有一个适合它的虚拟世界（更不用说，有许多 *MUD* 游戏都以色情角色扮演为特色）。

DikuMUD 的每一份源代码都带有一个巨大的免责声明：禁止所有人以营利为目的地使用。如果你想要创造一款以 *DikuMUD* 为基础的游戏，你就无法出售副本，以及要求订阅或收取游戏内部道具的费用。因此，在 20 世纪 90 年代，当 EA 等新兴大公司的高管们审视这些流行的虚拟世界，并试图弄清楚如何盈利时，他们意识到他们需要从头开始。对于 EA 来说，理查德·加里奥特在 1997 年将自己著名的《创世纪》系列转变成了一个虚拟世界《网络创世纪》(*Ultima Online*)，这款游戏的灵感来自 *DikuMUD*。1999 年，索尼在线娱乐公司发布了一款大受欢迎的网络游戏《无尽的任务》(*EverQuest*)，游戏本质上是带有图像的 *DikuMUD*。①

《网络创世纪》和《无尽的任务》都以电子游戏行业从未见过的方式让人上瘾。通过将传统 RPG 必经的打怪升级循环与在线社交动态相结合，这些被称为大型多人在线角色扮演游戏（MMORPG）的新游戏可

---

① 这引发了一场短暂的争议，当时一名开发者在一次会议上说《无尽的任务》是以 DikuMUD 为基础制作的，但因为《无尽的任务》的开发者实际上并没有使用 DikuMUD 的代码，只借用了它的思路，他们是无责的。

以使玩家沉迷其中而废寝忘食。玩家将与来自世界各地志同道合的其他玩家成为朋友，然后他们会觉得有义务继续玩游戏，以维持这些关系并保持自己的水平。《无尽的任务》后来被称为"无尽的垃圾"，通常说出来时带着一种听天由命而不是幽默的感觉。

对于电子游戏公司来说，这种水平的用户黏度意味着巨大的利润。《网络创世纪》和《无尽的任务》都向玩家收取每月订阅费用，这意味着只要这些玩家对游戏上瘾，公司就会持续获得数百万美元的收益流。在世纪之交，每个电子游戏公司都想拥有自己的 MMORPG。理查德·巴特尔对虚拟世界的设想已经实现，当初许下的愿望成真了。有了这些新的网络游戏，任何人都可以逃离现实生活，来到同一个游戏空间上，无论他们在哪里出生，无论他们的父母是谁——只要他们能支付每月 10 美元的费用。

《网络创世纪》和《无尽的任务》都获得了成功，吸引了成千上万的用户，但让 MMORPG 成为真正的主流游戏还需要几年时间。2004 年 11 月 23 日，快速发展并拥有《星际争霸》(*StarCraft*) 和《暗黑破坏神》(*Diablo*) 等杰作的电子游戏公司暴雪娱乐发布了一款名为《魔兽世界》的游戏。这款根据《魔兽争霸》战略游戏系列制作的游戏让暴雪在 20 世纪 90 年代声名大噪。《魔兽争霸》的故事发生在一个充满精灵、侏儒的奇幻世界。你的角色是两个阵营中的一个成员，来自人类领导的联盟或兽人驱动的部落。你要执行任务，在地下城战斗，挖掘资源，慢慢地将你的角色从奴隶升级为强者。你可以加入一个公会，参加 40 人的突袭，比如"熔火之心"，这是一个充满反派头目的火山地下城，需要玩家通力合作才能通关。突袭成功后，你的角色会获得独特的装备，然后你可以在魔兽世界服务器上向所有玩家炫耀，这也是你在电子游戏中所能获得的令人满意的体验之一。对于一个 4 人小组来说，协调战术已经够困难的了，更不用说 40 人的小组了——成功后的感觉就像你刚刚带领一支美式足球大联盟球队进入季后赛一样。

《魔兽世界》变成了一种文化现象。它解决了前几款游戏所存在的许多问题，比如复杂的界面和严格的角色死亡惩罚，让新玩家能够轻松上手。它的卡通图形具有视觉吸引力，甚至可以在最便宜的计算机上运行。截至 2008 年 1 月，它已经拥有了多达 1000 万的玩家，并经常出现在新闻报道和电视节目中。像米拉·库尼斯（Mila Kunis）和范·迪赛尔（Vin Diesel）这样的名人都承认了自己对《魔兽世界》的喜爱，这使得这款游戏成为一种普遍的消遣方式，玩家不再仅仅是男孩子们。世界各地的电子游戏高管都对《魔兽世界》的盈利能力感到震惊。玩家不仅需要花费 60 美元购买游戏，为每个扩展内容花费 40 美元，他们还需要每月支付 15 美元的订阅费用来维持角色。《魔兽世界》拥有 1000 万玩家，仅凭这些人，它每月就能获得 1.5 亿美元的收入，更不用说销售收入和随后几年游戏内嵌商城的交易收入了。这是上帝给股东的礼物。

对于一个有着在最不可能的情况下取得胜利的传奇棒球运动员来说，成功的 MMORPG 可能意味着致富的机会，或者就像他喜欢说的，"比尔·盖茨很富有。"他所需要做的，就是将其制作出来。

※ ※ ※

柯特·席林最初沉迷于 MMORPG 是在漫长的棒球赛季中。为了避免争议，避免和妻子闹矛盾，他带着笔记本电脑在一场场比赛中奔波，经常待在酒店里而不是和队友一起去俱乐部和酒吧。作为 2011 年商业案例研究的一部分，席林在接受《哈佛商业评论》（*Harvard Business Review*）采访时说："我不想因为经常分离而危及我的婚姻，所以我的计算机成了我的发泄方式。我旅行时带着一台 15 磅（1 磅 =0.454 千克）

重的笔记本计算机。"①

《无尽的任务》是他最喜欢的一款游戏，席林利用自己的名气与游戏开发商索尼在线娱乐公司取得了联系。每次他去城里和教士队比赛的时候都会去他们公司的圣地亚哥分部。他喜欢与开发者和高管交谈，向他们讨教制作电子游戏的经验。在 21 世纪头 10 年中期，当席林的职业生涯接近尾声，他开始为退役后的生活做准备，他决定尝试创造他梦想中的游戏。他会告诉人们，这是一款能和《魔兽世界》比肩的 MMORPG 游戏，它比其他所有游戏都要好，拥有尖端的图像和深入的故事情节，即使是最疲惫的玩家也会被吸引。

根据《哈佛商业评论》的案例研究，2006 年初的一个晚上，席林和朋友们在玩一款网络游戏，这些朋友一部分是他在玩 MMORPG 时认识的，另一部分是他在电子游戏行业认识的，当时他宣布要创办一家游戏公司。还有谁也加入了呢？那天晚上，他的 6 个网友做出了承诺，成为席林新工作室的第一批员工。他将其命名为绿巨人游戏公司，后来根据席林的球衣号码重新命名为 38 号工作室。在接下来的几个月里，席林从索尼在线娱乐公司直接招募了一些人，特别是那些曾经参与过开发《无尽的任务》的人。

席林认为，就像组建一支棒球队一样，成功之路在于招募顶级人才，所以他招了两名引人注目的人才：漫画家托德·麦克法兰（Todd Mcfarlane）和奇幻作家 R. A. 萨尔瓦托尔（R. A. Salvatore）。他并没有兴趣从小规模开始，然后随着时间的推移不断扩张，他想马上与《魔兽世界》展开竞争。他为公司提供了 500 万美元的种子投资，并宣称他将创建一个"乌托邦式"的办公室——在这里制作电子游戏不再是一份枯燥的朝九晚五的工作，而像是一份像球员刚刚进入大联盟一样激动人心的

---

① 这篇由诺姆·沃瑟曼（Noam Wasserman）、杰弗雷·J. 巴斯冈（Jeffrey J. Bussgang）、瑞秋·高登（Rachel Gordon）撰写的《哈佛商业评论》案例研究，包含了大量关于 38 号工作室的信息。

工作。公司总裁布雷特·克洛斯（Brett Close）是电子游戏行业的资深人士，他不得不说服席林放弃了一些更疯狂的想法，比如公司的汽车和员工分红计划，但福利待遇依然很优厚。

在研究电子游戏行业时，席林了解到，开发MMORPG与制作线性单人游戏截然不同。首先，你需要一个专门负责网络和维护在线服务器的程序员团队，确保在玩家接入网络的情况下游戏不会崩溃。此外，如果游戏要求玩家每月付费体验，它就必须提供足够的内容来证明这个价格是合理的。在21世纪头10年中期，一款标准的单人游戏可以在10或15个小时内结束，不会引起太多抱怨，但MMORPG必须让人觉得无穷无尽，因为它拥有数百个小时的内容。这意味着需要雇用大量的作家、美工和设计师，也意味着解决一些复杂的发展挑战。大多数棒球运动员在高中、大学、小联盟打球，然后才最终进入大联盟。在全明星艺术家和作家的支持下，席林在没有任何经验的情况下直接投身MMORPG开发，就像有人试图从后院棒球队直接晋升到纽约洋基队一样，除非你也像席林那样蛮干，否则这一切根本不会发生。

毕竟，席林代表的是一个关于勇气和毅力的传奇。虽然很多人认为他是一个傲慢、聒噪、观点保守的球员，经常与媒体争吵，但他让人最难忘的时刻是在2004年的美国棒球职业大联盟季后赛。席林在脚踝受伤的情况下进行投球。红袜队在美联冠军系列赛第六场以2比3落后洋基队（当时他已经从0比3的比分逆转过来），到他的比赛结束时，席林的脚踝伤势再次恶化，以至于他的袜子上都是血。红袜队击败了对手洋基队，进入了世界大赛。5天后，在对圣路易红雀队的第二场比赛中席林再次上场的时候，他伤口的缝合线破裂了，流血不止，溅满了另一只袜子。当红袜队赢得自1918年以来的第一次冠军时，席林的血腥袜子成了永恒的画面。

现在，席林相信他可以完成任何事情，即使没有背景或行业经验也可以制作 MMORPG。到 2008 年席林退役时，38 号工作室已经有超过 60 名开发者致力于他们 MMORPG 的开发工作。在接下来的几年里，他们会雇用更多的人。①"我们正在野蛮生长。"索姆·安说。问题是，公司需要努力为这些新员工筹集资金。席林自己仍在为 38 号工作室提供资金，多年来他多次与潜在投资者会面，但大多数人似乎更感兴趣的是追捧一位著名的棒球运动员，而不是签支票。在正常情况下，电子游戏行业的风险已经够大了，而现在一个没有电子游戏开发经验并且想挑战《魔兽世界》的运动员创办了一家奢华的公司，但他并没有吸引到足够多的投资。

风险投资家托德·达格雷斯（Todd Dagres）后来在采访中告诉《波士顿》(Boston)杂志记者杰森·施瓦茨（Jason Schwartz），他认为席林很有激情，但过于自信。席林身边虽然围绕着具有电子游戏经验的高管和领导，但作为一个老板，他的经验不足是显而易见的。"柯特不是 CEO，但你可以看到他很投入，有很大的控制权。"达格雷斯说，"我有点担心。"38 号工作室的一些因素让投资者不得不谨慎起来。该公司的首席运营官比尔·托马斯（Bill Thomas）之前从未在电子游戏行业工作过，他是席林妻子的叔叔。席林的妻子也是董事会成员，而她的父亲则在 38 号工作室的 IT 部门工作。

到 2009 年，席林对 38 号工作室的投入，已远超原来的 500 万美元，因为所有新员工的账单和他们的福利都在累积。由于无法找到新的投资者，又不愿关闭公司，席林只能继续前进，随着 38 号工作室的继续扩张，他消耗了越来越多的积蓄。2009 年 3 月，他得到了一个机会，这个机会可能会给公司带来巨大的利益，但也会让他付出更多的代价。举步维艰的电子游戏发行商 THQ 希望出售自己的一家开发工作室

---

① 柯特·席林于 2009 年 3 月正式退役，但由于伤病他错过了 2008 赛季，转而开始全职在 38 号工作室工作。

Big Huge Games，该工作室位于马里兰州巴尔的摩市郊外。席林在 38 号工作室的副手之一，资深电子游戏高管詹妮弗·麦克莱恩（Jennifer MacLean）是 Big Huge Games 联合创始人的朋友，她鼓励席林去收购这家工作室。

这一想法是合理的。席林曾告诉员工和潜在投资者，他们的 MMORPG 计划在 2011 年秋季推出，但在 38 号工作室中，那些曾有过一款或两款游戏制作经历的人都知道，根据他们目前的进展，在那个日期前不可能完成。在马里兰州，Big Huge Games 也在开发自己的单人 RPG 游戏。如果 38 号工作室收购了 Big Huge Games，他们便能够将 RPG 游戏投入到他们为 MMORPG 所制作的世界观中。然后他们可以先发行单人 RPG，吸引玩家对 MMORPG 的兴趣，产生一些急需的收益。"我把我的领导们带出来评估他们的工作。"索姆·安说，"我们当时说：'这可能行得通，他们有令人惊叹的艺术制作，这真的可以。'"

2009 年 5 月 27 日，38 号工作室的负责人宣布他们收购了 Big Huge Games 并将保留其 70 名员工（他们裁掉了其他几十人）。快到年底时，他们与 EA 达成协议发行这款游戏，即《阿玛拉王国：惩罚》（*Kingdoms of Amalur: Reckoning*）。EA 最终承诺投入 3500 万美元用于制作，让席林无须亲自掏钱就可以支付 Big Huge Games 的员工薪水，但 MMORPG《哥白尼》仍然没有投资者或发行商。它每天都在花费席林更多的钱。

回到位于马萨诸塞州的 38 号工作室的总部，制作一款爆款作品的压力正在不断增加。由于有了新补丁和扩展内容，《魔兽世界》不断壮大，其他 MMORPG 也以稳定的节奏进入市场，Square Enix 的《最终幻想 14》（*Final Fantasy XIV*）和 EA 的《星球大战：旧共和国》（*Star Wars: The Old Republic*）等潜在巨头也在发展中。为了竞争，《哥白尼》的奇幻世界必须不断发展，开发团队也必须不断扩张。38 号工作室的团队为游戏添加了新的领域、新的角色职业、新的能力和新的种族。每一次添加都需要花费更多的时间和金钱。当开发者往游戏中添加新内容时，他们都需要确保这些内容适合于游戏世界并能让玩家感觉良好。"我们一直在拓展。"索姆·安说："每次拓展的时候，我们都说：'现在我们需要将其深化。'"

他们受到了席林的鼓励，他能激发热情并真诚而不多疑。他喜欢把 38 号工作室描述成一个家庭，对那些认同他的愿景的人来说，他在办公室里和在俱乐部里一样是个好领导。员工称他为"队长"。38 号工作室的安迪·约翰逊（Andy Johnson）说："他是一个大块头，他身周遍布光环，大家会跟着他上战场。"

但席林以前从未经营过公司，这一点从他的一言一行都可以看得很清楚。早些时候，他建议每个人都像在棒球队一样轮班工作，连续来办公室 14 天，然后休息 5 天——这个想法很快被他的高管否决了。他经常发送电子邮件或即兴提出建议，给团队带来了大量工作。当席林说类似"在飞行坐骑上进行战斗是件很酷的事"这样的话时，他的员工便会放下手头的工作，开始编写设计文件。席林后来在《哈佛商业评论》中表示："现在我知道，我不能在设计会议上说，'我有一个很酷的想法'，因为这会让事情开始运转并开始投入资金，即使他们认为它不会奏效。"

席林早期的一个想法是，《哥白尼》可以有一个半人半马的扮演角色。设计师和美工试图说服他放弃这种想法，半人半马的生物不能使用坐骑，甚至无法通过门框。但席林一再坚持，直到最后被说服。对柯特·席林来说，《哥白尼》是没有极限的，这是他梦想中的游戏。到 2010 年初，他自己已经向 38 号工作室投入了 3000 万美元，尽管他也从朋友那里获得了一些小额投资，但他知道他们需要更多的资金才能把《哥白尼》变成现实。席林对这款游戏有着越来越大的野心，他继续将这款游戏以《魔兽世界》杀手的身份宣传。它不只是一款 MMORPG，还将会有授权商品和品牌协议，甚至电视节目。他会说，这会让他成为和比尔·盖茨一样的富人，让他能够追求自己的慈善目标。

一个接一个的投资者拒绝了席林，但他一直向身边的人坚持说 38 号工作室会发展起来，毕竟他是穿着两只破袜子赢得世界大赛的，只要有足够的努力和毅力，事情会解决的。对席林来说，他们一直都是如此。

■ ■ ■

当席林会见罗得岛州州长唐纳德·卡切里（Donald Carcieri）时，这个小州正在苦苦挣扎着。卡切里是一名能言善辩的共和党人，他在 2003 年就职时就承诺要拯救这个主要由民主党控制的经济正处于崩溃的州。多年以后，他还是没能做到。罗得岛州的失业率飙升至 12%，是美国失业率较高的州之一，再加上 2008 年美国的经济衰退也导致了该州各个城市的经济崩溃。卡切里需要有一个大动作才能实现他的宏伟承诺。

2010 年 3 月 6 日，席林在马萨诸塞州的家中为一部他希望能支持的二战纪录片举行了一场筹款活动（席林是二战的狂热爱好者，收藏了大量历史纪念品，其中最具争议的是纳粹军服）。他邀请了当地一些有影响力的人物，其中包括卡切里，两人谈论到 38 号工作室。① 席林说他想发展自己的公司，并为马萨诸塞州没有为他们提供税收优惠或财政支持而感到遗憾。卡切里对电子游戏一无所知，但他确实喜欢 38 号工作室打算收拾行囊离开马萨诸塞州前往罗得岛州这个想法。席林是新英格兰的英雄，如果卡切里能让他从大而老旧的马萨诸塞州搬到隔壁的小

---

① 唐纳德·卡切里坚称，这是他第一次萌生与 38 号工作室合作的想法，但法庭文件后来显示，罗得岛州的其他官员几个月前就与 38 号工作室的高管有过接触——这是诉讼过程中的一个重要争议。

州，那将是一场巨大的胜利。卡切里离开派对时承诺会保持联系，他开始爱上关于罗得岛科技行业的一个梦想——以 38 号工作室为核心的东海岸硅谷。

席林迫切需要的是钱，而卡切里可以提供这些资金，通过罗得岛州一家名为经济发展公司的机构，他们创建了所谓的就业保障计划。罗得岛州可以向 38 号工作室提供巨额贷款担保。作为交换，席林的电子游戏工作室承诺将在 3 年内搬迁并带来 450 个新工作岗位。对于席林来说，这似乎是一个奇怪的选择。这位直言不讳的共和党人曾在 2008 年的大选中为约翰·麦凯恩（John McCain）助选，并经常批评政府的奢侈开支，但他同意了这项协议。席林告诉卡切里，工作室需要 7500 万美元来完成他们的游戏，卡切里说他可以搞定这一点。

在接下来的几个月，38 号工作室的很多高管从马萨诸塞州梅纳德驱车 90 分钟南下，来到罗得岛州的普罗维登斯，试图说服经济发展公司的董事会成员这将是一个明智的投资。该工作室的一些承诺是具有误导性的，如声称工作室将每 2 年发布一款新的 RPG，每 4 年发布一款新的"网络游戏"。这样的节奏对于最有经验的开发者来说几乎是不可能的，更不用说那些还没有推出过游戏的公司了。沃伦·斯佩克特喜欢告诉别人，他的所有游戏都花了 3 年时间制作。在 21 世纪，几乎很少有大预算的游戏花费比之更少的时间，而网络游戏则需要两倍的时间。

罗得岛州的官员们被席林迷住了，也许是被他的明星效应所吸引，他们同意了 38 号工作室的要求。7 月的时候，合约已经生效，银行批准了一笔 7500 万美元的银行贷款，这笔贷款需要在未来 10 年偿还。罗得岛州众议院议长高登·福克斯（Gordon Fox）后来告诉《纽约时报》，席林的虚张声势让他和罗得岛的其他政客相信，这是正确的决定。福克斯对该报表示："他们告诉我们，我们的失业率可能会达到 13% 或 14%。

而你听到民众在说：'好吧，听着，我们现在需要一些新变化，我们现在需要工作岗位。'"

然而，并不是罗得岛的每个人都认为这是个好主意。在一封日期为 2010 年 8 月 6 日的信中，政治家林肯·查菲（John McCain）作为一名独立候选人参加了那个季节的罗得岛州州长竞选（卡切里的任期即将结束），他要求州政府暂停对 38 号工作室的承诺。他指出了其中的风险，如果这是一个好的交易，为什么马萨诸塞州没有提出留住 38 号工作室。"在这种难以获得信贷和难以捉摸的股权资本的环境下，为什么罗得岛州在敲定 38 号工作室之前不评估其他公司？"查菲写道，"我希望对这笔 7500 万美元的贷款担保的可行性多加关注并采取行动。在我看来，38 号工作室的交易一开始就是一个自我强化的错误期许，是从我们的州长偶遇柯特·席林开始的。"

但为时已晚，贷款已经到位了。席林和他的执行团队在 2010 年剩下的时间和 2011 年对 38 号工作室的员工发表了几次演讲，告诉他们这笔交易即将达成，并承诺这将为公司带来一笔意外之财。席林总是告诉人们，他的任务之一就是对所有员工保持透明。他希望他们知道正在发生的一切，他在多次的全体会议上做了解释说明。虽然办公室将不得不搬到一个半小时车程的罗得岛州，但这对他们所有人来说，意味着财务的稳定。

在他们准备搬到罗得岛州的时候，席林和管理团队让公司的开发员们把他们的家人带到市政厅，在那里他们可以提问题，公司会努力解决他们的担忧。当员工的家人问那些已经在马萨诸塞州买房并定居的人该怎么办时，席林和他的管理团队做出了一个重大承诺：他们正在制订一个搬迁计划。他们会支付搬家产生的费用。最值得注意的是，任何在马萨诸塞州拥有房子但无法售出的人，都可以选择将其卖给 38 号工作室，后者将负责支付抵押贷款，直到新买家出现。换句话说就是他们不会有任何损失。

索姆·安刚开始在 38 号工作室工作时就买下了那座湖边别墅。他不希望自己的办公室搬到罗得岛州后,每天都得开车一个半小时去上班。但他的房子被淹了,他的抵押贷款余额高于房产价值,导致了他的房子得不到好的报价。与 38 号工作室的交易似乎是摆脱困境的绝佳机会。安和他的妻子把房子卖给了这家公司,他们计划搬到罗得岛州。他们基本上没有亏钱,安认为在经历了过去几年的房市动荡后,这是一个小奇迹。

席林后来说当他们做完这一切时,38 号工作室花费了 320 万美元让 160 个家庭搬家。但他们有钱,在多年找不到投资者之后,38 号工作室现在因为罗得岛州而资金充沛。在席林看来,这种搬迁计划似乎是确保所有员工都跟着他一起来的唯一办法。这对他们来说是一笔不错的交易,好到不会让索姆·安拒绝。"我们确实问了这些问题:'你如何负担得起为每个人提供这些服务?'"安说,"他的回答是:'我们有 7500 万美元。'"

◆ ◆ ◆

2011 年 4 月 8 日,38 号工作室正式从梅纳德搬到普罗维登斯,租赁了帝国广场一号的六层大楼。"大家都看着它,感叹着'多完美啊。'"索姆·安说,"我们正在建立自己的帝国。"工作室的很多开发人员逐渐爱上了普罗维登斯,这是一个虽小却充满魅力的城市,有很多适合步行的地方。从位于市中心的办公室出发,工作室的员工可以漫步到酒吧和餐馆,享受午餐的漫长时光或下班后的聚会。办公室本身就是一个豪华的游乐场,冰箱里装满了东西,陈列着以托德·麦克法兰的艺术作品为原型的雕塑。"这太疯狂了。"一名在那里工作的人表示,"这可能是我在游戏公司中感受过的最为耀眼的时刻。"

整个 2011 年，随着员工们开发《哥白尼》项目，并在罗得岛州的新住所里安顿下来的时候，这家公司一直在不断发展壮大。贷款协议规定，38 号工作室在搬迁工作收尾后的 12 个月内创造 125 个新工作岗位（下一年再创造 175 个工作岗位，一年后再创造 150 个工作岗位），这使得招聘人员不得不加班加点地招聘新设计师、美工和程序员。新员工喜欢他们在 38 号工作室看到的东西，许多人都被这些福利迷住了，就像安刚开始工作时一样。"我真的很喜欢在那里工作，"2011 年加入该公司的动画师皮特·帕克特（Pete Paquette）说，"这些人都是业内顶尖人才。我准备在那里生活和工作一辈子。"

但对所有观察细微的人来说，帝国广场一号并不像看上去那么稳定。在源源不断的新员工、免费的酷玩意儿和所有那些抵押贷款支付之下，38 号工作室每个月都要花掉数百万美元。他们还必须在公司发行任何游戏或产生收益之前就开始偿还罗得岛州的贷款。后来有报道称，整个 2011 年，38 号工作室每个月的烧钱速度超过 400 万美元，这样一笔巨款总额支出将在一年内耗尽他们的全部贷款。法庭文件后来披露，38 号工作室只收到了罗得岛州指定用于贷款的 7500 万美元中的大约 4900 万美元。让席林大为沮丧的是，银行停拨了剩下的部分。

为了维持公司的运转，席林需要更多的钱。38 号工作室继续致力于开发《阿玛拉王国：惩罚》（马里兰州的 Big Huge Games）和《哥白尼》（罗得岛州），席林继续寻找新的投资者。多年来，他一直未能说服任何人向他的公司投入大量资金，他的追求现在看来似乎有些不切实际，但席林仍然相信，如果他全身心地投入某件事，就可以简简单单地心想事成。投资者虽然现在还没找到，但他们总会来的。席林在《波士顿》杂志采访中当被问及这种态度时表示："这就是我的风格。我认为这是我能够在棒球运动中获得那些成就的原因之一。这不是胡扯，我遇到过这样的情况，你可以让人们相信他们原本不相信的东西。"

席林从未想过要控制开支。毕竟他把 38 号工作室的员工视为家人。"家人"是他在与员工开会时经常使用的一个词。在席林看来，全明星待遇是防止他的员工去其他俱乐部的唯一办法。席林后来在波士顿 WEEIFM 广播节目中说："我们尽了一切努力来确保他们明白，他们永远找不到那些比我们更关心他们的雇主了。这是我们打造团队的唯一方法。"

詹妮弗·米尔斯（Jennifer Mills）在搬到罗得岛州的 3 个月之前第一次来到 38 号工作室时，她被吓到了。这是她大学毕业后的第一份工作，她被这款游戏和这家公司所吸引。在她上班的第一天，她四处向新同事介绍自己，并被告知并非所有的电子游戏工作室都对员工这么好，并不是所有的电子游戏工作室都招募这么多优秀的美工，或提供这么多优厚的福利。"每个人都握着我的手说，'哇，这是你的第一份工作吗？你真的被宠坏了，再也不会有这么好的公司了。'"米尔斯说，"我被那里的天才迷住了。"

这款游戏看起来很华丽，充满了圆滑的中世纪城堡和生动的环境——巨大的瀑布、古老的雕像、崎岖的山脉，危险的地下城市被霓虹灯绿色的阴影照亮。米尔斯是一名纹理美工，她的工作是绘制 3D 模型和环境。她每天都在给草、树、石头和所有建筑上色，使《哥白尼》的关卡图看起来如此美丽。她是公司的第一个环境纹理美工，在接下来的几个月中，她由管理一个实习生发展到几个实习生，然后是管理更多的美工。米尔斯在那里工作还不到一年就晋升为领导，这个头衔通常是留给经验丰富得多的人的。过了一段时间，舆论评价有点下降，关于 38 号工作室的传闻开始流传。一个常见的传闻是，公司对于晋升已经变得非常随意了，但米尔斯是一个有才华的艺术家，她认为她应该得到晋升。她说："至少在我的团队中，情况并非如此，升职是应得的。我的工作做得很出色。"

问题是米尔斯并没有得到应有的加薪。2012年初当她升职时,她被告知没有批准加薪。米尔斯说:"我们终止了招聘,这也意味着终止了更多的开支。我只记得当时我在想,可能是经济原因使得他们做事更务实了一些。"而她没有意识到的是,终止招聘几乎总是预示着更糟糕的事情。"那是我的第一份工作。"米尔斯说,"也许是太天真了,我没能透过表象看到暗流涌动着的不祥。"

就像在一个单调的灰色模型上涂上美丽的金色纹理,38号工作室的浮华掩盖了一个丑陋的现实。油漆脱落只是时间问题。

2011年圣诞节那天,安迪·约翰逊和他的家人收拾好了所有的东西,准备从亚利桑那州的凤凰城搬到罗得岛州的普罗维登斯,在那里他刚刚接受了38号工作室的一份工作。过去6年里约翰逊一直在为多产的电子游戏发行商THQ工作,但他开始为公司不稳定的财务状况而感到焦虑。高层的人事调整、股价大幅下跌和不断裁员已成为他日常生活的一部分。约翰逊说:"你给合作了3个月的同事发了一封邮件,然而邮件却被退了回来(员工离职后会注销其邮箱账号)。"了解到自己可能面临失业的风险后,约翰逊申请了许多新职位,最终38号工作室打来了一个电话,告诉他他们计划马上发布新的MMORPG,需要构建一个本地化团队来负责游戏用多种语言和在多个国家发行的后台工作。约翰逊从事本地化工作已有数十年。"我当时在想,'这是个好时机,因为反正我也要被解雇了。'"他说,"但这绝对是出了龙潭又入虎穴啊。"

2012年1月,当约翰逊来到帝国广场一号时,他分别向38号工作室的高管和开发商介绍自己。他们希望他开始招聘员工,并为《哥白尼》

在秋季发布产品做好本地化准备。约翰逊说道："我开始与设计师交谈，询问他们关于游戏规模和状态的问题，很明显他们并没有真正掌握游戏的发展方向。"然后他根据描述每个游戏区域所需要的单词数，整理出一个估计时间表。"这让他们比原来的时间安排多了一年。"约翰逊说。即使按照他最保守的所需时间计算，《哥白尼》不可能在 2012 年问世。

接下来的一周，约翰逊把日程表拿给公司副总裁中的一位过目，副总裁关上了门，问他还有谁看过。"在那之后，在我来这里第二周的周一，一切都开始变得疯狂。"约翰逊说。消息在其他副总裁和高管中传开了，他们会闯入约翰逊的办公室，对他制订的日程表示困惑。"越来越多的人来到我的房间问我，'这是什么文件，这是什么东西，你给谁看过，给我看看。'"约翰逊说，"我当时想，'哦，糟糕。'我刚刚做了尽职调查，试图弄清楚项目所有东西的规模、范围和估计时间。然后我觉得我发现了一些重大的秘密。"

就在这时安迪·约翰逊开始恐慌了。他是不是离开了一艘正在沉没的船而去了另一艘？他当时还不知道 38 号工作室的资金已经快用完了，但他很快就觉得席林下面的团队已经变得不正常了。开发者们开心地制作着这款游戏，获得了丰厚的津贴和薪水，同事之间的关系越来越亲密，他们的上级主管们正在重演《权力的游戏》。其中许多高管负责的是当时还不存在的业务，比如实体商品和想象中的阿玛拉世界观的外部授权，他们经常为这些领域而争斗。约翰逊说："团队之间没有交谈，互相猜疑。这不是一个有凝聚力的工作环境，已经支离破碎了。"38 号工作室的副总裁们经常参与约翰逊所说的"帝国建设"大会，为团队的规模和领域的范围而争斗。他们都想确保席林看到他们的成功，因为让他生气可能会有不好的后果。《波士顿》杂志的一篇报道称，这位前投手可能心胸不是很宽广，会冷落那些让他生气或告诉了他坏消息的副手。席林后来向杂志承认："团队间合作得并不好，那些表面文章和包庇袒护的现象让我震惊。"

然后招聘工作开始停滞了，这使得约翰逊无法完成他的工作。"其他一些和我同级别的人被请来组建支援团队，然而他们说自己只会坐在办公室里处理电子表格，为某些臆想出来的项目制订计划，或干脆说我要开始找别的工作了。然后他们就把自己锁在房间里。"约翰逊说。无聊的他只得去拜访其他部门，问是否有人需要帮助。他最终以高级制作人的身份加入了网站支持团队，最后在 38 号工作室工作了不到一个月就跳槽了。

与此同时，《哥白尼》项目也在进展着。开发人员大多不知道管理层的决策动向，只能继续专注于开发游戏。设计团队在敲定战斗系统时遇到了一些麻烦，席林经常会抱怨游戏玩起来很无趣，但他们还是有时间把事情做好。① 他们探索的一些理念对 2012 年的网络游戏领域具有革命性的意义。玩家可以根据自己的表现来改变游戏世界的结果，如果一个爆满的服务器的玩家打败了邪恶的龙，他们的世界将进入一个庆祝的状态。而另一个服务器的情况可能会比较糟，因为无法打败龙，只能看着它用熔岩摧毁自己的城市。与《魔兽世界》不同的是，《哥白尼》MMORPG 的设计是有限的，故事会随着时间的推移而发展并结束，最终进入资料片和续集。

但在席林创办 38 号工作室后的几年里，MMORPG 的世界发生了变化。在 2012 年，很少有玩家愿意每月支付 10 美元或 15 美元的费用，专家们认为在线游戏的未来是免费模式，这种模式避开了订阅模式，转而采用游戏内嵌商城的交易模式，即以小额费用出售武器和服装等道具。38 号工作室聘请的一些顾问将《哥白尼》的财务模式整合成免费游戏。

---

① 后来，38 号工作室的一个开发者联系到 Kotaku（一家电子游戏博客网站），反驳了席林公开评论《哥白尼》不好玩的说法。"在这场灾难发生前的两天，公司的最后一次试玩非常有趣。"他们写道，"这是游戏中第一次出现（玩家 VS 玩家战斗），我们很多人都不想停止游戏。"

开发人员并不清楚他们会走哪条路，但如果他们选择免费模式，就需要对游戏的设计和结构做出重大改变。这将花费更多的时间，消耗更多的资金。

由于公司高层的无能，资金减少，以及《哥白尼》的进展缓慢，38号工作室可能已经处于危险的境地。但至少终于有一款游戏发行了。2012年2月7日，38号工作室发布了《阿玛拉王国：惩罚》，这是Big Huge Games过去几年一直在开发的单人RPG游戏。虽然时机不太理想，Bethesda的革命性游戏《上古卷轴5：天际》（*The Elder Scrolls V: Skyrim*）已早于3个月前问世，但《阿玛拉王国：惩罚》是一款拥有漂亮的美术设计和出色的战斗模式的靠谱游戏。《卫报》（*Guardian*）评论员迈克·安德列斯（Mike Anderiesz）写道："《阿玛拉王国：惩罚》是一场胜利，它让使用相同世界和引擎的后续大型多人在线游戏（MMO）的前景变得更加诱人。"它卖得很好，大约130万份，超过了EA的预期，尽管它低于38号工作室的高预期，并没有立即收回制作成本。这意味着38号工作室将无法从游戏中获得任何收入——这对于一家濒临破产的公司来说是个坏消息。

2012年3月，在大多数员工不知道的情况下，38号工作室停止向许多外包商支付费用。① CEO詹妮弗·麦克莱恩也辞职了。他们搬到罗得岛州还不到一年，38号工作室就已经几乎花光了收到的4900万美元。尽管如此，席林仍然相信自己能够找到新的投资，他正在与游戏发行商进行洽谈，希望能够为《阿玛拉王国：惩罚》的续作筹集资金。他还向中国大型企业腾讯和韩国游戏发行商Nexon推荐投资38号工作室，席林认为这些交易可能很快就会达成。他们只是需要多一点时间，即使在等待的过程中他们不得不忽略一些账单。

---

① 该公司的咖啡供应商唐纳德·R. 巴尔博（Donald R. Barbeau）后来告诉《普罗维登斯日报》（*Providence Journal*），由于38号工作室的未付账单，他损失了7000多美元。

2012 年 5 月 15 日，38 号工作室的设计师希瑟·康诺弗（Heather Conover）走到帝国广场一号的时候，突然遇到了设计部的一位同事。他们打了招呼后一起走了进来。然后同事问她是否收到了工资，她说她不确定，等会儿查一下。当他们到达办公室时，康诺弗登录了她的账户，里面没有进账。"当发现大家似乎都没收到时，我们都有一种不祥的感觉。"康诺弗说，"'你拿到钱了吗？你拿到钱了吗？不，我没有。我的天啊，我也是。这是什么意思？发生什么事了？'"

康诺弗是在 2010 年夏天开始在 38 号工作室工作的，当时他们还在马萨诸塞州，她是质检团队的一名实习生。她非常喜欢这份工作，在 2011 年的时候有一个机会，让她回到了罗得岛州的办公室做设计师。她制作了区域、任务、谜题和生物，并在《哥白尼》游戏的制作中与其他设计师和美工合作，一起为玩家开发吸引人的任务和挑战。"其中充满了对创造性追求的乐趣。"她说，"内容设计本身具有多面性，需要一定的通才技能，对此我很赞同。"

例如，康诺弗学到的一个经验就是 MMORPG 中的隐晦很难实现。比如在新手区——一个到处是精灵的寒冰小村庄，她设计了一个任务，让玩家遇到一个妻子失踪的男人。这位以制作美丽冰雕而闻名的乡村巫师会试图让玩家相信一切都很正常，他说这个人的妻子肯定是因为不开心才离开的。但如果玩家拼凑出足够多的提示线索，他们就会知道到底发生了什么。"原来是村里的巫师把人们冻成冰，这样他就可以享受成了不起的艺术家的荣耀。"康诺弗说道，"在不太明确的情况下引导玩家整合这些线索是一种挑战。"在单人角色扮演类游戏中，她可能会保持隐晦，但在 MMORPG 中，你会被其他玩家包围，并经常与好友聊天，所以给出直接的指示就很重要了。

这种类型的设计挑战是康诺弗的动力，她喜欢她在 38 号工作室度过的每一天——至少直到她的薪水没有发放的那一天。康诺弗说："这是那场闹剧的开始。"突然间，工作室里流言四起。餐饮服务商没收到钱，当地记者打电话到员工们的家里，出现在他们的办公室里。还有一位开发人员怀孕的妻子在看医生时，得知 38 号工作室的医疗保险计划已经失效了。

康诺弗和她的同事直到很久以后才了解到全部情况。2012 年 5 月 1 日，38 号工作室未能偿还其中一笔银行贷款，导致贷款违约，引发了时任罗得岛州州长林肯·查菲的愤怒。自从担任州长后，查菲已经对早前公开批评 38 号工作室的言论有所收敛，也许是意识到他已经被协议所困，不得不与之和平相处。2011 年，当席林和他的团队搬到罗得岛州时，查菲去参观了新办公室，并说他会尽最大努力支持公司。但从那以后，他基本上一直保持沉默。38 号工作室没能偿还贷款是此次查菲愤怒的导火索。

2012 年 5 月 14 日，林肯·查菲告诉记者，他的目标是"让 38 号工作室保持偿付能力"。这几个字传遍了整个行业，吓坏了所有与席林交谈过的潜在投资人，包括腾讯和 Nexon。"对话立刻就结束了。"席林后来在波士顿的一个广播节目中说，"我当时就知道，这个世界对我们来说将充满伤害。"5 月 15 日，该公司罗得岛州和马里兰州的 379 名员工得知他们都没有拿到工资。"那时我们已经从悬崖跌落。"安迪·约翰逊说，"我们就像自由落体一样，等着坠落至地面。"

接下来的几天是一片混乱——充斥着愤怒的全体会议和仍然没有收到工资的疲惫员工。管理层要求他们继续工作，说 38 号工作室是一个家庭，他们需要团结起来渡过难关。高管们说，如果没人来上班，他们就会受到负面报道，这可能会毁掉公司自救的任何机会。带着摄像机和麦克风的记者在办公室外扎营,在员工进出时接近他们。一些开发人员根本就没有露面。其他人则试图把办公设备带回家。"人们拿起台式机和显示器,说,'管他的,我要拿这个,这就是我的报酬。'"约翰逊说,"为了阻止员工们把东西带出办公室,保安人员都在超负荷工作。"

他们的领导人席林则一反常态地保持沉默,与他的副手和律师一起努力挽救这家公司,试图创造奇迹。他把自己收藏的珍贵金币作为抵押品向另一家银行贷款,但这远远不够。一个精心设计的计划包括从罗得岛州获得税收抵免,然后利用这些抵免吸收投资,但查菲阻止了这项交易。这位州长把这次失败视为一个政治机会,每隔一天就在媒体上攻击38号工作室,甚至称《阿玛拉王国:惩罚》为"可悲的失败",其实无论以何种标准衡量,这些说法都是胡扯。作为一个全新的授权类游戏,它实际上已经表现得相当不错了。

很快,查菲公开透露了38号工作室的一些内部信息,比如《哥白尼》的预计发行日期(现在是2013年6月),并经常抨击该公司随心所欲的支出。但事实证明,他有更大的野心——他试图在2016年以民主党人的身份竞选总统,然后在2020年以自由主义者的身份再次竞选总统,而批评38号工作室似乎是一个唾手可得的政治胜利。几年后,在一篇措辞严厉的报纸社论中,席林将他工作室的失败归咎于查菲的行为。"查菲先生是个虚伪的骗子。"席林写道,"他没有资格当州长。他缺乏必要的认知,无法(正确)介入和影响一笔远远超出他理解能力的生意。他对罗得岛州的人民,特别是对38号工作室的员工们做了些什么,又漏做了什么,这些我都不会让人们忘记的。"

直到5月底,38号工作室的员工一直在工作,尽管他们一直都没有领到薪水。几个人拼凑了一个两分钟的预告片,放大了《哥白尼》华丽的环境并在YouTube上发布,这在一定程度上是为了最后一搏,试图吸引一些电子游戏发行商去抢购,同时也为了确保即使游戏永远不会推出，他们的作品仍然会被世人看到。

但现在公司已经是焦土一片。每天都有关于 38 号工作室动荡的新报道。一向不愿承担风险的大型电子游戏发行商不敢与一家被持续如此负面报道的公司合作。然而，在 38 号工作室员工中，仍有一些人相信席林会找到让公司维持下去的方法。"我一直在想，'他们会从帽子里变出一只兔子。'"索姆·安说，"他们会想出办法的。"

毕竟，正是对席林的信任让他们走到了今天。他仍然是他们的队长，他们的领袖，那个穿着血淋淋的袜子赢得冠军的人。"我爱那个人在公司所做的一切。"安说，但席林最后的努力并没有奏效，与查菲和罗得岛州的谈判也毫无进展。"我记得我们有一次必须参加的全体会议。"詹妮弗·米尔斯说，"几个高层领导和柯特走了进来，柯特坐在大家面前，双手抱着头。我想大家看到这一幕的时候内心都被深深触动了，因为我们知道他是多么希望这一切能够成功。"

2012 年 5 月 24 日，38 号工作室的所有员工都收到了一封电子邮件。这封电子邮件的作者是"和蔼可亲"的首席运营官比尔·托马斯，他是席林妻子的叔叔。邮件内容异常冷淡：

> 本公司正在经历经济危机。为了避免进一步的损失和解散的可能性，公司决定必须要在全公司范围内裁员。这些裁员是非自愿、无关纪律原因的。这是您的正式解雇通知，即日生效，2012 年 5 月 24 日，星期四。

没有离职补偿金。员工们也得不到他们最后被拖欠的那部分工资。他们的医疗保险也没了。后来的破产申请显示，38 号工作室共负债 1.5 亿美元，其中数百万美元是欠贷款、供应商和保险公司的，更何况那些员工了。

在接下来的几天里,席林在采访中说他已把自己的 5000 万美元投入这家公司,现在"用光了"。他曾数次对记者和电台采访者表示,他没有从公司拿过一分钱,但这并不完全是事实。尽管席林没有领取薪水,但后来的破产申请文件披露,自 2011 年 6 月以来,他在差旅上花费了近 4 万美元的公司资金,他还参加了公司的医疗保险计划,每月支出近 1500 美元。文件还显示,38 号工作室的高管在这一方面也表现"出色",其中就包括席林妻子的叔叔比尔·托马斯,他在运营的最后一年从 38 号工作室获得了总计 421 678 美元的薪酬。其中包括 129 857 美元的搬迁费,5 万多美元的差旅费,以及托马斯关闭工作室所需的 1 万多美元的咨询费——尽管其他员工都没有拿到薪水。席林喜欢把他的雇员当作家人来谈论,但最终,只有他真正的家人才能有所获益。①

38 号工作室的员工都知道席林经常挥霍无度。他们直到后来才意识到,他的许多高管都拿着高薪,而公司的支出已超过了实际拥有的资金。在 5 月 14 日之前,几乎没有迹象表明 38 号工作室在苦苦挣扎。甚至当《阿玛拉王国:惩罚》于 2 月发行时,所有员工都收到了一尊昂贵的游戏巨魔雕像。

开发人员相信公司正在蓬勃发展,而且罗得岛州的贷款担保至少会让他们完成并发布《哥白尼》。大家相信席林关于完全透明的承诺,并且认为他已经兑现了这个承诺。席林后来在接受电台采访时说:"这让员工们都措手不及。我所犯过的,或者说我们作为一个领导团队所犯过的错误中的一个就是,这个灾难对他们来说突如其来。"

之后的相关诉讼中,专家们试图找出谁应该为 38 号工作室的灾难

---

① 希瑟·康诺弗说,她现在认为"家庭"这个词是一个危险的信号。"柯特经常说我们像一家人一样。"她说,"现在这对我来说有点刺耳。每当工作室里有人说我们是一家人的时候,我就会说:'不,那不是现实,不是真的。'"

负责时，目标指向了多个方向。席林和他的许多前开发人员把责任完全归咎于林肯·查菲。还有一些高管指责席林不称职，称他知道他们无力支付账单，但没有采取任何措施削减成本、通知员工或控制局势。这就好像他是一个棒球经理，看着一个个苦苦挣扎的投手一次接一次被对方按打——每个人都知道需要换人了，但席林拒绝让新的投手上场。

当索姆·安收到来自 MoveTrek Mobility 公司的信时，他还处于心烦意乱的状态。38 号工作室曾聘请这家公司出售他在马萨诸塞州的湖边住宅，结果它没卖出去。在合同的细则中，安同意如果公司遇到财务困难，停止支付抵押贷款，债务将由他承担。而现在，他又成了旧房子的主人，他原以为那所房子一年前就已经卖了。惊慌失措的安打电话给 MoveTrek Mobility 公司，询问具体情况。"他们说，'意思是你必须还银行的贷款。'"安说。

安既没有工作也没有薪水，他还欠了罗得岛州的房租和马萨诸塞的抵押贷款。但他还算幸运，他的旧房子恢复了一些价值。还有 6 个公司的员工也被马萨诸塞州的原房产困住，这些房子还没卖出去，他们的一些抵押贷款比他们的房子价值还要高数万美元。根据公司的破产文件声明，公司的两名前员工每人各自面临着超过 10 万美元的净亏损。

事实还表明，38 号工作室还欠着负责安置员工的搬家公司的钱。5 个月前，安迪·约翰逊刚刚和家人从亚利桑那州搬到罗得岛州，这时他收到了搬家公司寄来的 1 万美元的账单。"我当时很恐慌。"他说道。约翰逊失业了，他的家人被困在一个他们几乎不了解的城市里，他甚至付不起房租。他说："我不得不用我所有的退休金来支付这些费用，因为我已经失业 6 个月了。在我 40 岁生日那天，一个特别值得骄傲的时刻——当然这是反话，其实我想说的是卑微——我在英国的妈妈为我们付了房租。"他最终没有支付搬家的费用。

席林的赌博失败了。他相信他可以在伤病中坚持投球，只要坚持不懈，只要有毅力，一切都会好起来的——但这一信念并没有实现。数百人的生活因此而支离破碎。

◼ ◼ ◼

在38号工作室关闭后的几周里，电子游戏行业团结起来，试图帮助那些失业的员工。招聘人员在社交媒体上推广了"38号工作室"之类的词条，并飞到普罗维登斯参加招聘会。罗得岛州派代表到帝国广场一号以便人们可以在办公室登记失业，一些38号工作室的员工带来了罐头食品来帮助处境艰难的同事。大家聚在一起喝酒，悲叹这一切的结束。对于一些游戏开发者，甚至是那些在电子游戏行业浮沉多年的人来说，38号工作室是他们人生中非常美妙的经历之一。

那位在上班途中发现拿不到工资的希瑟·康诺弗，在招聘会上与一家名为卡宾枪（Carbine）的公司进行了交流并被这家公司的网络游戏《荒野星球》（*WildStar*）吸引住了。想到将要离开她从小生活的新英格兰时，她曾有过一段时间的忐忑不安，但后来她接受了这份工作，搬到了南加州。康诺弗回忆说这没有那么艰难。"他们说，'希瑟，这里每天都是晴天。'"她在卡宾枪工作了4年，运用并完善了自己在38号工作室学到的MMORPG设计经验，之后又因一次裁员而失去了工作。后来她搬到了华盛顿州的西雅图，在ArenaNet工作室工作，帮助设计在线游戏《激战II》（*Guild Wars 2*）。西雅图是电子游戏产业的中心，是微软和任天堂等大型公司的总部，这也是她接受这份工作的原因之一，如果在ArenaNet的工作不理想，还有其他选择。对于康诺弗来说，进入游戏行业意味着牺牲自己的人生目标，"我的梦想之一便是拥有一栋房子，但这对于在游戏行业中工作的我来说有点像是痴人说梦。38号工作室所发生的一切，让我从梦中惊醒——'哦，好吧，你永远不应该觉得工作足够稳定，以致可以买一栋房子安顿下来。'"

在 38 号工作室关门前一年开始在这里工作的动画师皮特·帕克特在距离普罗维登斯以北几英里的无理性游戏工作室找到了一份新工作。两年后，他又面临同样的经历。"一开始我很震惊，因为我想，'哦，糟糕，又来了。'"帕克特说，"我做一份工作似乎不能超过两年。"最后他成了自由职业者，远程为 Riot 和暴雪等公司做动画。帕克特说："回顾这两次经历，我可能会有吃不到葡萄说葡萄酸的心态，但在这两家公司的工作经历为我创造了大量的后续机会，这本身就是非常宝贵的。"

詹妮弗·米尔斯是首席环境纹理美工，她甚至在开始工作之前就做好了被裁员的准备。"我一直认为在我职业生涯的第一结局可能会是流浪。"米尔斯说道，"我记得我对自己说，'好吧，我可能会在某个时候突然被解雇。'但我在第一次工作时并没有想到会这样，我没想到我加入的第一个工作室就出现了这么大规模的裁员。"在 38 号工作室关闭后的几年里，她搬回波士顿（在那里她被解雇），然后是得克萨斯（在那里她被解雇），接着到了西雅图，她找到了一份梦寐以求的工作——在《龙与地下城》的代理公司——威世智担任艺术总监，这家公司在电子游戏领域进行了大量投资。米尔斯喜欢她的新工作，但创伤挥之不去。"即使在这家了不起的公司，刚工作几天的我仍然开始觉得'天哪，我什么时候会再次被解雇呢？'"米尔斯说，"我当时觉得厄运总是跟随着我。"和同事们谈心让她慢慢释怀，原来他们中的许多人都经历过类似的职业过山车。几乎所有从事电子游戏工作的人都有类似的故事。

有一条共同的线索：不稳定性。38 号工作室的关闭是疯狂和不寻常的，历史上没有其他电子游戏工作室从美国的一个州获得过 7500 万美元的贷款担保，但它的结果与任何其他大规模裁员一样。数百人被困在罗得岛州，那里没有其他电子游戏公司或者其他工作。那些想留在电子游戏行业的人不得不再次改变他们的生活，搬到新的城市。

如今，38 号工作室的前员工们深情地谈论起他们在那里的时光，称赞团队和游戏。许多人说，他们仍然和老同事保持联系并谈论描绘着可能的未来——如果他们有更多的时间就好了，要是林肯·查菲没有发表那些可怕的评论就好了，要是席林没烧掉那么多钱就好了。

对于席林本人的评价褒贬不一。有些人至今对他们的前队长津津乐道，而另一些人则把发生的一切归咎于他的傲慢。也许《哥白尼》并不是席林想象中《魔兽世界》的杀手级游戏。也许它不是一个能通过商品和电视交易产生数十亿美元的超级 IP。作为又一款试图从理查德·巴特尔的虚拟世界愿景中赚钱的游戏，如果故事发生在今天，它还有可能被列入打折品区。但令这个团队伤心的是，即使多年后，他们也没有机会再去尝试了。

38 号工作室关闭后，席林变成了一个网络喷子，为唐纳德·特朗普摇旗呐喊，并在 Facebook 和推特上分享保守派的表情包。他花了大量的时间攻击自由派政治家和黑人人权运动，以及除了福克斯新闻（Fox News）以外几乎所有的新闻机构。2015 年，他因发布将极端穆斯林和纳粹相提并论的图片而被暂停了 ESPN 分析师职务。一年后，ESPN 因他在社交媒体上分享针对变性人的负面表情包而解雇了他。后来，他在布赖巴特一个广播节目中担任主持人并表示他在考虑竞选国会议员。①

如今，许多 38 号工作室的前员工都觉得席林现在的行为令人震惊，他们说他从来没有在办公室里那样说过或做过。领导 38 号工作室的席林有很多特质，但大家都说他对员工们很温柔和善。几年后，一些曾与

---

① 2019 年 8 月 13 日，唐纳德·特朗普在推特上写道："伟大的投手和爱国者柯特·席林正在考虑竞选亚利桑那州的国会议员。这太棒了！"席林最后没有在亚利桑那州竞选国会议员，尽管他确实继续在为特朗普助选。

他共事的人形容他是一位伟大的领导者——一个从根本上关心他的员工和他们的家庭的人，尽管他的财务策略失败了。许多人很难将 2008 年席林的表现，与 2015 年及以后席林的表现统一起来。不过正如 38 号工作室的一名前员工所承认的那样，也许他们并不真正了解他。

毫无疑问，38 号工作室的事件对这位传奇棒球运动员产生了巨大的影响。在攻击民主党人、分享下流表情包的同时，席林还需上庭提供证词，然后眼睁睁看着自己的公司破产、资产被拍卖出售。2016 年，在一系列复杂的诉讼之后，美国证券交易委员会指控罗得岛州经济发展公司（RIEDC）和富国银行欺诈投资者，因为它们未能披露 38 号工作室实际上并未获得所需的全部贷款。诉状称："我们指控 RIEDC 和富国银行，他们知道 38 号工作室还需要 2500 万美元来资助该项目，但却没有将这一重要信息传递给债券投资者，导致后者无法获悉完整的财务状况。"

在关闭后的几个月里，38 号工作室的失败成了全国性的新闻，让人们注意到了罗得岛州及其与一名超级明星运动员的冒险交易。然而，在西南方 400 英里处，数十人也成了席林灾难的受害者。但他们的故事并没有得到那么多的关注，这是一个悲剧，甚至有点讽刺。毕竟，他们才是真正制作了游戏的人。

Chapter 7
Big Huge Problems

第七章

Big Huge Games
工作室的困境

2012 年 5 月 15 日，星期二，是 Big Huge Games 工作室的"暗黑破坏神"日。这家位于马里兰州的电子游戏工作室的负责人意识到，人们期待已久的《暗黑破坏神 III》（*Diablo III*）的发布可能会影响他们的工作效率。因此，他们让员工在工作时间来玩这款游戏，也算是对竞争对手的一种调研。

真的，那是一个放松的好月份。当时 Big Huge Games 工作室刚刚发行了一款新游戏《阿玛拉王国：惩罚》，随后又发布了两款扩展内容，该工作室的领导团队也即将签署开发续集的协议。工作室首席设计师伊恩·弗雷泽（Ian Frazier）说道："我们决定花一天时间研究《暗黑破坏神 III》。""玩一整天《暗黑破坏神 III》是很有趣的。"但是在交流时，《暗黑破坏神 III》却并不是大家主要的话题。大家互相询问的内容是：你发工资了吗？

当时已经传出了一些他们的母公司 38 号工作室陷入财务困境的传言。就在前一天晚上，罗得岛州州长林肯·查菲发表了一段流传甚广的言论，称他正在努力维持 38 号工作室的偿债能力。一些 Big Huge Games 工作室的员工也对这一灾难有所耳闻。乔·夸达拉（Joe Quadara）是工作室战斗类别团队的负责人，他在周一晚上听说公司已经没有足够的钱支付员工工资了。周二是发薪日，传言一旦成真，他们在那一天就会知道答案。"我醒来后做的第一件事就是查看我的存款。"夸达拉说，"但我看见什么也没有，我就明白了，'哦，该死，这下完了。'"

作为战斗设计师之一的贾斯汀·佩雷斯（Justin Perez）当天休假。他和三个同事早在几周前就决定聚在一起玩一整天的《暗黑破坏神 III》。他们把台式机搬到其中一个人的家里，这样他们就可以待在同一个房间里了。即使得知他们其实也可以在办公室里玩这个游戏，佩雷斯和同事仍然坚持他们的原计划。他们打算花一整天的时间来研究暴雪公司的新游戏，当他们在山羊人和恶魔中一点一点地前进时，他们会把其他问题都抛在脑后。这就像一个老套的局域网聚会。

至少在他们的电话响起来之前是这样计划的。"我们办公室的一些朋友打电话来。"佩雷斯说,"他们说:'嘿,我觉得你们还是来趟办公室吧。'于是我们就去了。"他们发现办公室一片混乱。《阿玛拉王国:惩罚》卖得很好,自己的团队正在讨论各种想法,想要在此基础上制作出续集。他们中的大多数人都不知道 Big Huge Games 工作室或 38 号工作室可能会陷入财务困境。毕竟席林刚刚从罗得岛州获得了 7500 万美元的贷款担保。公司怎么会漏发工资呢?"我记得当时很震惊。"佩雷斯说,"而且这是我第一次经历这样的事情,所以我不知道这是否正常。这只是偶尔发生的吧?还是这是个大事?"

当天下午,Big Huge Games 工作室的员工与罗得岛州 38 号工作室的高管进行了视频电话会议,后者要求他们要有耐心。"他们得到的信息是,'哦,我们遇到了一点麻烦,但我们正在解决,别担心。'"佩雷斯说,"我们明天或者这周就会想办法,我们正在努力解决,所以别太担心。"后续的几天里,他们一直在重复着承诺:"别担心。我们会想办法的。"而在接下来的一周半时间里,Big Huge Games 工作室的员工每天都在查看自己银行账户的入账,工资一直没发。5 月 24 日,他们全部被正式解雇。

在《暗黑破坏神 III》上线后的几个小时内,它就饱受服务器崩溃和故障的困扰,并伴随着一条模糊而令人沮丧的信息:"错误 37"。它糟糕透了。但 Big Huge Games 工作室的员工们很快就意识到,他们真正需要担心的是 38 号工作室的灾难。

有趣的是,伊恩·弗雷泽的电子游戏生涯始于《暗黑破坏神》。在

他主修工程学的父亲的鼓励下,他一直在阅读关于"选择你自己的冒险"内容的书籍,并幻想着如何设计自己的游戏。2003 年,他大学毕业,获得了计算机图形技术学位,然后开始申请大型电子游戏工作室的工作,但是一无所获。愿意给他面试机会的公司是那些招聘质检测试职位的公司,他们只会支付最低标准的工资,远远不够在像洛杉矶或西雅图这样的大城市去生活。

最后,弗雷泽在田纳西州大烟山的沃尔玛配送中心找到了一份物流工作。他在那里一边攒钱,一边继续申请电子游戏公司的职位。最终,他发现了一家位于波士顿附近的新工作室——Iron Lore Entertainment,该工作室想制作自己的《暗黑破坏神 II》。当时该系列的最新版本《暗黑破坏神 II》于 2000 年问世,很少有游戏能像《暗黑破坏神 II》那样让人上瘾或在全球范围内如此吸引人。游戏中你可以扮演女巫、圣骑士或其他幻想角色,一路冲过成群的怪物和恶魔,一路追逐顶级装备。《暗黑破坏神 II》的成功秘诀在于随机内容——地图、武器和盔甲都是由计算机算法程序生成的,确保每款新游戏都让人觉得玩起来不太一样。

如今像 Iron Lore Entertainment 这样的工作室正试图效仿《暗黑破坏神 II》的成功,弗雷泽认为这可能是他进军电子游戏行业的一次重大契机。"我想,'嘿,这些家伙创办了一个全新的工作室,也许他们不太了解游戏行业。'"他说道,"与那些拒绝我的工作室不同,也许这家工作室会接受我的简历,因为他们了解得不多。'"

弗雷泽申请了 Iron Lore Entertainment 的初级设计师职位,没有得到回应。于是他查看了工作室的网站,发现除了员工的名字和简历,他们还列出了办公室的电话号码。他打电话到总经理的语音信箱,留言说:"'嗨,我叫伊恩·弗雷泽,我敢肯定你已经拒绝了我的申请,因为我是一个新手,没有人想雇用新手,但我做了一个很棒的游戏模型……'"他继续解释说,在过去的 4 年里,他一直做一个名为 *Lazarus*

的项目，这是对理查德·加里奥特 1988 年的奇幻角色扮演类游戏《创世纪 V》(*Ultima V*)的完全翻版。2000 年，当弗雷泽开始上大学时，《创世纪 V》看起来已经过时了，基本的图像和动作主要是通过屏幕上的滚动文本展开的("巨型蜘蛛未击中")。弗雷泽从小就很喜欢这款游戏，他觉得把自己的业余时间花在这款游戏的重制上会很有趣，也许对自己的职业生涯也有好处。

至 2004 年，当弗雷泽申请 Iron Lore Entertainment 的工作时，他已经招募了一个由《创世纪 V》粉丝组成的小团队，他们都参与了 *Lazarus* 的开发。它起点很高，3D 图形和游戏体验比最初的《创世纪 V》更现代，更容易上手。*Lazarus* 项目给 Iron Lore Entertainment 的领导留下了深刻的印象，他们让弗雷泽飞到马萨诸塞州进行面试并参加设计测试。他说："他们让我坐在一个房间里使用他们专业的关卡编辑软件，然后说：'请你制作一个好玩的关卡，完成后告诉我们。'"弗雷泽在已有的关卡上折腾了几个小时，然后开始感到恐慌，他所做的一切似乎都不起作用。这是他进入电子游戏行业的机会，也许是他能得到的唯一机会，但他却搞砸了。弗雷泽说："我真想站起来，拿起包，一言不发地走出大楼。"但相反，他把一切数据都抹去了，又重新开始制作。直到晚上 10 点或 11 点，当 Iron Lore Entertainment 的最后一名加班的工作人员走到弗雷泽面前说该锁门离开了，弗雷泽才做出了他觉得不错的东西，这足以让他得到那份工作。

弗雷泽于 2005 年 2 月从田纳西州搬到马萨诸塞州，在 Iron Lore Entertainment 开发并发行了《泰坦之旅》(*Titan Quest*)，这款游戏采用了《暗黑破坏神 II》的基本砍杀玩法，并加入了来自古希腊和古埃及神话中的怪物和背景。这款游戏和它的两个扩展版都卖得很好，到了 2007 年的时候，工作室正在为了制作《泰坦之旅》续集而努力寻找发行商，因为工作室要养活 40 个员工，而资金就快要烧完了。在拯救公司的最后一搏中，Iron Lore Entertainment 的管理层开始寻找为他人代工的活儿，弗雷泽组织了一次竞标，将《战争黎明》（Dawn of War）扩展成一款以桌面游戏《战锤》（Warhammer）为基础的热门即时战略系列游戏。他们最终赢得了合同，弗雷泽成了《战争黎明：灵魂风暴》（Dawn of War: Soulstorm）的首席设计师。但一年后这款游戏完成的时候，他们又陷入了同样的困境：无法找到新的投资，资金也快要耗尽。

2008 年初的一天，Iron Lore Entertainment 的总裁杰夫·古德西尔（Jeff Goodsill）把公司全体员工召集到一个房间里，说公司的资金已经快要用尽。他说这次他们似乎无法再"从帽子里变出兔子"来了，所以他们打算关闭工作室。弗雷泽说："与其把我们逼到最后一天让我们直接完蛋，他觉得不如现在结束，至少还可以给我们所有人一小笔遣散费。"

然后，古德西尔把弗雷泽拉到一边，告诉他他将得到最后一次加薪。弗雷泽作为首席设计师的收入远低于行业平均水平，因为 Iron Lore Entertainment 支付不起首席设计师的工资。弗雷泽说："他给我的最后一份薪水数额大幅增加，这样当我去下一家公司的时候，我就可以说，'看，这就是我以前的薪资水准。'这是人们往往考虑不到的地方，老东家真是太好了。"

当 Iron Lore Entertainment 倒闭的消息公之于众后，招聘人员打来了电话，很快弗雷泽就搬到了马里兰州的巴尔的摩，在 Big Huge Games 工作室找了一份设计师的工作，这是一家有着放肆的名称并有着远大目标的工作室。Big Huge Games 工作室成立于 2000 年，由 4 名前 Firaxis 员工创立，他们曾在开发《文明》的传奇设计师席德·迈尔手下工作。该工作室因一系列热门战略游戏，如《国家的崛起》（Rise of Nations）而闻名。在这款游戏中，你可以使用经过不同科技时代进化而来的军队来对抗那些争夺领土控制权的对手。每个玩家将选择一个文明（从英国、法国到印加和玛雅），并与其他所有文明进行竞争。《国家的崛起》从未像其最大的竞争对手《帝国时代》（Age of Empires）那样受欢迎，但它拥有自己的影响力，使 Big Huge Games 工作室得以蓬勃发展，甚至在数年的时间里不断扩张。

在制作了 7 年的策略类游戏后，Big Huge Games 工作室的领导层决定转向战略类游戏。2007 年 2 月，他们聘请了肯·罗斯顿（Ken Rolston），他是开创性角色扮演类游戏《上古卷轴 III：晨风》（The Elder Scrolls III: Morrowind）和《上古卷轴 IV：湮没》（The Elder Scrolls IV: Oblivion）的首席设计师。在 Big Huge Games 工作室里，罗斯顿负责设计一款全新的开放世界角色扮演类游戏，这是该工作室从策略类游戏类型中延伸出来的尝试。到 5 月份时，他们宣布与 THQ 达成发行协议，很快两家公司就开始讨论将他们的关系推向下一个阶段。THQ 通过与 Nickelodeon 和 World Wrestling Entertainment 等公司合作推出授权游戏而获得了巨额利润，该公司此前一直在吞并 Pac-Man 等多家游戏工作室。2008 年 1 月，这项交易最终敲定并宣布：THQ 收购了 Big Huge Games。

弗雷泽在 Big Huge Games 被收购几周后加入该公司，成为罗斯顿新角色扮演类游戏的首席系统设计师，该游戏名为 Crucible。他说："这个游戏很多方面都令人非常兴奋。"他们希望将大受欢迎的动作游戏《战神》（God of War）的战斗与《上古卷轴》的范围和探索相结合，游戏故事发生在一个巨大的幻想世界中，人们可以在那里见面，探索城市。弗雷泽说："这种融合有很多迷人的地方。"

但 Big Huge Games 工作室的员工在过去 10 年里一直在制作策略类游戏，而不是角色扮演类游戏。正如 Visceral 和许多其他工作室所了解到的那样，转向全新类型的游戏可能是一个巨大的挑战。Big Huge Games 工作室的开发者花了很长时间去想象 Crucible 是什么以及他们将如何制作它。弗雷泽说："你可能会花上几个月甚至几年的时间去思考游戏到底是什么，然后建立能够解决这个问题的技术基础设施。而在 Crucible 上，我们在构建技术基础的同时还需要努力解决游戏内容的问题，这可能会带来压力。"

被 THQ 这样的大型发行商收购的好处是他们不必担心资金的短缺了，他们很稳定。Iron Lore Entertainment 在每次完成项目时都需要寻找新的资金来源，而 Big Huge Games 工作室现在是一家大型上市公司的一部分。在整个 2008 年，当开发团队努力定义 Crucible 的愿景时，THQ 高管向团队领导保证了他们会有足够的时间去制作。弗雷泽说："我们一直被告知：'工作室有无限可用的资金，放心制作游戏吧。'而我现在明白了：永远不要相信'工作室有无限的资金'这句话。但是在当时，这似乎是可信的。"

没过多久，他们就发现 THQ 的资金非常非常有限。

乔·夸达拉一直是个争强好胜的人。他和 6 个弟弟妹妹一起长大，经常为了玩任天堂而争吵不休。在整个 20 世纪 80 年代，他都是圣弗朗西斯科街机行的一员，在机器下寻找硬币，然后在《街头霸王》(Street Fighter)等格斗游戏中与陌生人对打。随着时间的推移，他结交了一些其他的街机游戏迷，其中包括一群每周三晚上都会出现在他最喜欢去的地方之———森尼韦尔高尔夫球场的人。有传言说，这些人不仅仅是街机玩家，他们还是来自索尼和水晶动力等公司的真正的游戏开发者。后来，夸达拉问其中一人是如何进入电子游戏行业的，"他说，'哦，我们都是通过测试进来的。'"夸达拉说，测试意味着为了找到所有的漏洞和故障，而对一款视频游戏进行反复的研究，这是夸达拉在街机游戏中为了好玩而做的事情，即寻找每一个可能的竞争优势。开发人员看着他说:"你知道吗,你也会很棒的。"

经过几次面试后,夸达拉在水晶动力工作室获得了游戏测试员的职位,帮助追踪《噬魂者Ⅱ》(Soul Reaver 2)和《源毒》(Anachronox)等游戏的漏洞。在夸达拉刚开始工作后不久,他看到其他开发人员在午餐时间玩团队射击游戏《反恐精英》(Counter-Strike)。他之前从未玩过《反恐精英》,但他的竞争本能开始燃烧了。他说:"我就这么直接跳了进去,结果就像被人痛打了一顿。我回到家后组装了一台计算机,专门用来玩《反恐精英》,不断地练习,直到成为工作室中的佼佼者。"在接下来的几年里,夸达拉向水晶动力工作室的许多资深人士学习,其中包括后来参与了 2K Marin 的《生化奇兵 Ⅱ》《里士满》和《幽浮》的制作的扎克·麦克伦登(Zak McClendon)。夸达拉从质量控制转向生产,然后进入设计领域,他发现自己在制作电子游戏的战斗方面有令人满意的诀窍。

2008 年秋天,夸达拉在水晶动力工作室工作了 6 年之后(其中在索尼质检部门工作了一段时间),决定搬到马里兰州的巴尔的摩,加入 Big Huge Games 工作室,成为角色扮演类游戏 Crucible 的首席战斗设计师。"当我到那里的时候,我想我有点被骗了。"他说,"他们曾给我看过一段游戏运行的视频,看起来很不错。但当我到那里的时候,这个角色甚至不能运行。"动画看起来很僵硬,按键并不是很有效,游戏的很多方面都和夸达拉想象中的相差甚远。显然如果他们想让 Crucible 运作起来,就需要彻底修改流程——夸达拉开始尝试组建一支完全专注于游戏战斗方面的美工和设计师团队。

与此同时,夸达拉意识到 THQ 遇到了麻烦。由于许多因素——2008 年的全球经济衰退、尼克国际儿童频道和 WWE 授权游戏的人气下降,以及一些不明智的方向调整,包括在平板游戏上下的大赌注等等,使这个大型发行商损失了数百万美元。"无限的资金"这个说法不再被提及。到 11 月为止，THQ 关闭了 5 家游戏开发工作室，并要求员工削减成本。弗雷泽说："他们在全公司范围内进行了宣传，我们得到的信息是需要勒紧裤腰带了。不要买昂贵的厕纸，不要坐头等舱，诸如此类。很明显，当我们得到这个信息时，我们的处境并不好。"THQ 还取消了 Big Huge Games 工作室的第二个准备启动的项目，即一款名为 God: The Game 的 Wii 模拟游戏，迫使所有人转向 Crucible 的开发。

2009 年 3 月，有消息称 THQ 不打算留下 Big Huge Games 工作室了。THQ 给该工作室下了最后通牒：在接下来的 60 天内寻找新东家。如果没有人愿意收购 Big Huge Games 工作室，THQ 便会将其关闭。这种做法比较温和——通常，大型发行商会毫无征兆地关闭工作室，但现在他们有了与时间赛跑的机会。

Big Huge Games 工作室的领导团队召集了员工，告诉他们 THQ 所说的话，并提醒他们为防万一可以开始润色自己的简历了。时间紧迫，但高管们相信他们能找到买家。弗雷泽说道："我们拥有一款半成品角色扮演类游戏，这是一款很难制作的游戏，并且它的技术也令人印象非常深刻。我们认为，'有人会想要这个的，以及它的工作室和员工。'"

在接下来的几周里，弗雷泽、夸达拉和 Big Huge Games 工作室的其他成员感觉自己就像是在上演某种超现实版的《美国偶像》(American Idol)。有 6 家公司派出了高管小组来考察 Crucible 项目，并与在那里工作的开发人员进行了交谈。设计师贾斯汀·佩雷斯说，"就好像我们是在表演，或是在接受所有这些不同团队的采访。"对于佩雷斯这个体育迷来说，当一位传奇棒球运动员出现在办公室时，他感到特别意外。佩雷斯说道："我记得当柯特·席林宣布他将创办一个游戏工作室时，人们的反应是'哦，这太奇怪了吧'，这出乎意料。后来那个工作室的人也来了，一切似乎都很合拍。"

这是完美的契合。Big Huge Games 工作室的角色扮演类游戏需要更连贯的故事线,而 38 号工作室则拥有由多产的奇幻作家 R.A. 萨尔瓦托尔(R. A. Salvatore)精心制作的故事,他们需要发行一款游戏并开始创收。弗雷泽说:"他们立刻就被这个想法吸引了,把 Crucible 用阿玛拉世界的叙事和艺术方向重新命名。我们进入市场,然后再说,'大家好,欢迎来到阿玛拉,这个宇宙是不是很酷呢,这个艺术方向是不是也很酷?'当人们尝到了其中的滋味后,他们会在大型多人在线游戏中获得更丰富的体验。"①

在接下来的几周里,弗雷泽和 Crucible 团队使用 38 号工作室的美术资料和创意制作了一个演示版本,以表明他们能够创造出席林所期待的角色扮演类游戏。交易接近尾声,在这个过程中出现了裁员,Crucible 团队因为吸收了来自 God: The Game 的人而变得过于庞大,但最终还是签订了协议。2009 年 5 月 27 日,38 号工作室宣布收购 Big Huge Games 工作室。

从那以后,两家公司开始了相互了解。R.A. 萨尔瓦托尔来到巴尔的摩,向 Big Huge Games 工作室的工作人员展示了他长达 900 页的设计文档,并为 Crucible 项目搭配了故事,也就是后来名为《阿玛拉王国:惩罚》的游戏。他们决定将游戏设定在 38 号工作室的游戏《哥白尼》里面的故事发生的几千年前,这样 Big Huge Games 工作室就可以自由地决定自己的故事,而不必担心哪些事件发生了、哪些角色被杀了。到了年底,他们与 EA 确定了投资并发行这款游戏的协议。

一开始,38 号工作室看起来是一家不错的母公司。它是席林私人所有的,完全独立,这意味着它不必担心投资者和财政季度。然而当

---

① 对于弗雷泽来说,这是一个有趣而奇怪的巧合——38 号工作室和他的老东家 Iron Lore Entertainment 公司位于马萨诸塞州梅纳德的同一个广场。弗雷泽说:"从招聘的角度来看,我们在 Iron Lore Entertainment 面临的最大威胁是,一旦 38 号工作室开始招聘,他们就会挖走我们的美工,因为所有的美工都想和托德·麦克法兰一起工作。"现在,他兜了个圈子又回来了。

Big Huge Games 工作室的资深人士看到《哥白尼》的处境时，很难不警惕。"他们有很多好的开发者，但这些人都眼高手低。"弗雷泽说道，"他们试图做出《魔兽世界》杀手级的游戏，而任何想成为《魔兽世界》杀手的人都不太顺利。公司的高层领导大部分都没有游戏经验。"

在接下来的几个月里，缺乏经验的问题也影响到了 Big Huge Games 工作室。最大的问题是 38 号工作室的开发人员已经见怪不怪的一个问题——来自席林和其他高管的干涉。这位前投手经常联系 Big Huge Games 工作室的程序员和设计师并提出建议，这让该工作室的领导非常苦恼。由于对 Big Huge Games 工作室制作的动画作品不满，席林的一名副手还试图换掉动画团队的大部分成员，这引发了一些激烈的争论。

虽然《阿玛拉王国：惩罚》的动画并不像《哥白尼》的动画那么流畅，但前者确实有截止日期和发行协议，而《哥白尼》似乎有着无限的预算和无尽的时间——这是两家工作室之间的另一个争论点。动画师们最终还是留在了公司，但紧张气氛也随之而来。马里兰州开发者对他们在马萨诸塞州的母公司嗤之以鼻：他们在这里竭尽全力地试图在未来两年内推出《阿玛拉王国：惩罚》，而 38 号工作室多年来一直未能制作出这个《魔兽世界》的杀手，一些人甚至怀疑它可能永远不会真正发布。与此同时，席林似乎除了给 Big Huge Games 工作室的员工发邮件传达想法和建议外没有更好的办法，而其中有些想法还和《阿玛拉王国：惩罚》的主管们所传达的内容有直接冲突。

2010 年夏天的一个周末，乔·夸达拉来到办公室，发现 Big Huge Games 工作室的联合创始人正在收拾自己的东西。他们不会告诉任何人发生了什么——事实证明，他们受到严格的保密协议限制，无法说明什么。夸达拉后来了解到，联合创始人找到 38 号工作室的领导团队表示厌倦了这种干涉，并询问他们是否可以将 Big Huge Games 工作室拆分为一个独立实体。有传言说，他们威胁如果不这样做他们就辞职。作为回应，38 号工作室解雇了他们。弗雷泽说："创始人提出要独立经营。而 38 号工作室说，'1. 不可能；2. 我们和你结束了。'"①

这给 Big Huge Games 工作室带来了一场灾难。该公司已经与 EA 签订了《阿玛拉王国：惩罚》的制作协议，却没有了领导团队。在接下来的几个月里，他们聘请了新的工作室经理——前 THQ 创意总监肖恩·邓恩（Sean Dunn）。他们做了唯一能做的事：继续开发游戏。"我们有如此强大的公司文化。"夸达拉说，"即使没有创始人，我们也能继续。这并不是说创始人已经过时或不被需要，而是他们给我们灌输了一种合作的工作风格，这种风格在他们离开后仍在延续。"

在两位联合创始人离开后，席林的干涉越来越少，但两家公司的裂痕从未愈合。当他们继续致力于《阿玛拉王国：惩罚》时，马里兰州的一些开发者一直在想：38 号工作室资金耗尽时该怎么办？"从商业角度来看，我一直认为 38 号工作室成功的概率不高，"弗雷泽说，他开始问自己一个被证明是有预见性的问题："我们真的想依附于这个随时可能失败的公司吗？"

Big Huge Games 工作室的巴尔的摩总部的大部分房间都是传统的办公室，只能容纳一两个人。在楼层的一角，工作室推倒了一些墙壁，建造了两个更大的房间，每个房间可以容纳 8 到 10 名开发人员。其中一个大型办公室属于《阿玛拉王国：惩罚》的设计团队，专门负责游戏任务和关卡。在另一个办公室，一小群设计师和美工只专注于一件事：让游戏的战斗感尽可能好。他们称之为实战室。

---

① Big Huge Games 工作室的 4 名创始人要么拒绝就本书置评，要么没有回应置评请求。

这个由乔·夸达拉领导的实战室有一个不同寻常的部分。虽然许多电子游戏工作室都有主要从事战斗系统的设计师，但在 2009 年，很少有公司拥有同时由设计师和动画师组成的专业团队，他们之间的关系很亲密，可以在办公桌旁相互反馈意见。"我们的整个工作流程就是在处理一些小细节的时候可以对着房间大喊，'嘿，过来看看这个。'"战斗系统团队的一员贾斯汀·佩雷斯说，"所以我们工作得非常有效率。"

实战室的唯一目标是使《阿玛拉王国：惩罚》在攻击敌人的过程中有触感和满足感，无论你是用剑、用弓还是用游戏中比较特殊的武器，比如 chakrams——一组剃刀盘，你的角色可以绕着自己的身体旋转，然后向敌人投掷。一个优秀的战斗系统就是佩雷斯所说的 3C："角色如何移动，控制的反应如何，以及镜头在做什么。"所有这些机制都将直接转化为攻击敌方怪物的乐趣。一些微小的细节，比如轻微的镜头抖动或微妙的图像变化，都可能会对战斗系统的成功产生巨大的影响，这就是实战室的成员不断地交谈和调整他们的工作的原因所在。

随着时间的推移，设计师和动画师之间的关系越来越密切。像乔·夸达拉一样，他们都是好胜的人，喜欢玩可笑的游戏来互相竞争。很快，这些游戏变成了一场办公室游戏。"我不记得是怎么开始的。"佩雷斯说，"好比玩四子棋，或者把球扔进桶里，然后大家都开始互相竞争：'哦，我可以做得更好。'"这些游戏既有可笑的也有认真的，从往垃圾桶里扔球到激烈的《街头霸王》比赛，就像夸达拉小时候在圣弗朗西斯科街机行玩的游戏一样。

很快他们便想出了一个计分体系，甚至还购买了奖杯。"如果你赢了，你可以拥有奖杯一周。"佩雷斯说，"如果你是最后一名，你的桌子上必须有一张获胜者拿着奖杯的照片……正因为我们做过这些可笑的事情，我们的团队才如此亲密。"有时感觉就像他们是兄弟会的一员，因为一位设计师的游戏提案有点太夸张了（包括在一个巨大的橡胶健身球上翻滚，几乎会直接撞到墙上），所以夸达拉不得不设立一个"安全否决权"——但团队内的火花碰撞也对《阿玛拉王国：惩罚》的制作带来了好的影响。每个星期，实战室的成员都会坐在一个大屏幕前，用他们每个人都在做的东西来玩一个新的游戏，比如一个新的火球咒语、一个沉重的挥剑动作、一个特殊的能力，然后大家一起讨论。"房间里的其他人会反对它，对每一处小细节都吹毛求疵。"佩雷斯说，"没有人会觉得这是针对个人的。所有人都在想，'好吧，让我们解决这些问题吧，下一个会更好的。'"

确保批评具有建设性是一件棘手的事情，但 Big Huge Games 工作室的战斗系统团队做到了这一点。这是一个充满了喜欢和信任彼此的人的办公室——在这样的部门里，他们会根据谁在垃圾桶篮球中表现得最好来传递奖杯。团队中的一名动画师告诉我，这是他一生中做过的最好的工作。乔·夸达拉说道："我们总是惊讶于创造这款游戏的乐趣。随着我们做得越来越好，每个月都变得越来越有趣。"

《阿玛拉王国：惩罚》的开发遇到了很多问题。即使在创始人离开后，两个工作室之间的关系仍然不稳定，席林似乎仍然无法抑制自己对设计师的干涉。夸达拉说道："柯特在凌晨 2 点左右给我发了一封邮件，内容是关于他在《战神》的新预告片中看到的东西。他说，'嘿，我们能拍这个吗？'"夸达拉花了几个小时仔细地写了一封电子邮件，试图以一种温和的方式告诉席林不要再这样做了，但席林没有回信，这让夸达拉很焦虑。他生气了吗？夸达拉会因为反驳而被解雇吗？

几个月后的 2011 年 3 月，夸达拉在波士顿参加了 PAX East 大会，在那里他们向满屋子兴奋的粉丝展示了《阿玛拉王国：惩罚》。席林站起来介绍游戏的主创领导，其中包括夸达拉。"他提起那封电子邮件：'这家伙非常含蓄地让我闭嘴，我信任他，这就是乔。'"夸达拉回忆道，"那是自那封邮件之后我们第一次互动，这让我感觉非常好。我说，'太酷了,他是明白的。'"

不难看出席林是如何鼓舞了那么多人的。他拥有天生的魅力,尽管他并没有在 Big Huge Games 工作室投入大量时间,大型多人在线角色扮演游戏的开发和罗得岛州的政治问题让他很忙,但席林仍然经常出现在《阿玛拉王国:惩罚》的开发过程中,无论这是好是坏。肖恩·麦克劳林(Sean McLaughlin)是一名 UI 美工,在 2010 年他接到 Big Huge Games 工作室的邀请时还在犹豫是否要加入,但在接到席林的私人电话后,他决定加入该工作室。"他说服了我。"麦克劳林说,"他对此充满了热情,他的主动联系让我感觉很棒,显然我追星成功了。"

2011 年,38 号工作室从马萨诸塞州搬到了罗得岛州,而 Big Huge Games 工作室的开发者却一直在制作《阿玛拉王国:惩罚》,最终该游戏于 2012 年 2 月 7 日发行。评论褒贬不一,但如果说有一件事得到了普遍的赞扬,那就是战斗系统。夸达拉说道:"EA 很乐意分享自己的各项指标。它们会出现在每一篇评论中,并突出每款游戏的各个方面:关卡、故事和战斗系统。他们会给它打分,不管是积极的、消极的还是中性的。关于战斗系统的评价 98.6% 是积极的,其余是中立的。"

关键的共识是,对于一个全新的游戏授权系列,《阿玛拉王国》是一个非常好的起点。Big Huge Games 工作室的开发者们渴望制作出一款续作,吸取他们从《阿玛拉王国》中学到的教训并改正他们所犯的错误。夸达拉说道:"我们的团队中有许多人之前从未制作过游戏。有些人对它的反响有点失望,但与此同时,他们又重新意识到我们真的可以做好。"当夸达拉和他的实战室开始为续作的反派头子战斗和其他新想法进行探讨时,他们觉得工作室还是有很大潜力的。"我看到大家的水平都提升了。"夸达拉说。

弗雷泽和工作室的其他领导开始与 EA 讨论续作,讨论阿玛拉世界的设定地点以及如何让游戏变得更好,但 EA 犹豫了。就像迪士尼关闭了 Junction Point 工作室并完全退出主机游戏的开发一样，EA 的高管也担心传统游戏可能会被淘汰。此外，他们已经在 BioWare 工作室备受期待的《龙腾世纪：审判》（Dragon Age: Inquisition）中投入了大量资金，所以他们不确定自己的投资组合是否能够处理其他大型角色扮演类游戏。"他们最终通过了，正因为他们通过了，我们才能进一步四处兜售。"弗雷泽说，他即将担任《阿玛拉王国：惩罚 II》（Kingdoms of Amalur: Reckoning 2）的制作人。

最感兴趣的发行商是 Take-Two（2K、Rockstar 和无理性游戏工作室的幕后老板）。Take-Two 的高管与 38 号工作室和 Big Huge Games 进行了数周的交流，聆听了《阿玛拉王国：惩罚 II》的宣传内容，并就合同细节进行了谈判，最终在 5 月，这三家公司达成了口头协议。除了为游戏提供资金，Big Huge Games 工作室的开发者最终获得了独立。Take-Two 将发行《阿玛拉王国：惩罚》的续集，并与 Big Huge Games 工作室的员工一起创建一个新工作室，将他们从 38 号工作室中分离出来，并将他们搬迁到 2K 旗下《文明》的开发者 Firaxis 工作室旁边（Big Huge Games 工作室是由一群前 Firaxis 员工在 2000 年创建的，这真是一个奇怪的转折）。

2012 年 5 月 14 日，Take-Two 的高管们坐飞机前来与 Big Huge Games 签署协议。合同已定稿，距离正式签署协议还有几个小时，马上就要在纸上落笔了，然而这时罗得岛州州长林肯·查菲告诉媒体，他正在努力让 38 号工作室保持"偿债能力"——一个简短的词带来了灾难性的后果。Take-Two 的高管立刻就从机场打电话给 Big Huge Games，说他们必须退出。一旦 38 号工作室如传闻所说的那样很快破产，将导致合作因复杂的法律原因而分崩离析。"突然之间，我们成了政治毒药，没人愿意碰。"弗雷泽说道，"查菲的声明让 38 号工作室和 Big Huge Games 都注定要失败，因为没有人想与这种风云突变的糟糕局面扯上任何关系。转瞬之间《阿玛拉王国：惩罚 II》就不复存在了。"

尤其令人愤怒的是，如果他们能从席林那里得到更多的预警，Big Huge Games 的工作人员也许就能解决问题。如果他们哪怕有一丝迹象表明 38 号工作室可能陷入财务困境，他们都会更早地与 Take-Two 达成协议，从而有可能挽救工作室。正如一名参与谈判的人士所描述的那样："这就像投中了可以赢得 NBA 总冠军的投篮，却因为计时员的失误而在过半场时被取消了。"

2012 年 5 月 15 日的时候，《暗黑破坏神 III》发行的日子到来了，这对 Big Huge Games 工作室的员工来说是一个巨大的打击。突然间，他们拿不到工资了，没人知道接下来会发生什么。夸达拉说："这真的很让人焦躁不安。很多家庭都是靠工资生活。你的健康福利突然消失了，而你身处巴尔的摩，那里并没有一个庞大的游戏开发社区。"接下来的几天是一团不确定的混乱，席林试图挽救他的帝国，拼命与罗得岛州就拖欠贷款和税收抵免进行谈判。与此同时，在巴尔的摩的大多数人只是不断地走进办公室，从彼此间的同病相怜中得到安慰。每天 38 号工作室的高管都会与 Big Huge Games 的员工进行视频会议，向他们保证一切都会好起来，"但人们很难不产生怀疑。"贾斯汀·佩雷斯说，"我们都开始利用这段时间来整理自己的简历和文档，以防万一。"

2012 年 5 月 24 日，在停发工资 9 天后，Big Huge Games 的员工发现他们全部被解雇了。38 号工作室宣布破产，并关闭了罗得岛州和马里兰州的所有业务。工作室正式关闭了。

而他们不知道的是，灾难才刚刚开始。

当一家公司倒闭时，必须有人来处理遗留下来的所有东西。在 Big

Huge Games 的案例中，这个人就是弗雷泽，当接到 EA 同事的电话时，他正试图找出自己的下一个职业发展方向。事实上，这间巨大的办公室仍拥有数百个 PlayStation 3 和 Xbox 360 的开发工具包——这是 EA 为开发《阿玛拉王国：惩罚》而从索尼和微软租用的昂贵设备。EA 甚至不知道该打电话给谁来拿回它们。弗雷泽说道："我们在 EA 那边的制作人打电话给我说，'嘿，我们不知道该找谁来处理了。'最后我开车去了我们的工作室，因为我是少数还留着钥匙的人之一。"他装了一车 PlayStation 和 Xbox 的开发工具包，把它们运到 UPS 商店，然后继续运送了价值数十万美元的设备。弗雷泽说："像这样的小事情在最后都会发生，只是帮忙照顾一下同事。"

但由于 38 号工作室的疏忽，很多人没有得到照顾。乔·夸达拉提交过一份报销申请，他花了数千美元用个人信用卡预订了阿玛拉旅游主题，现在他意识到自己再也见不到这笔钱了。在他们大楼的一层营业的 Big Huge Games 餐饮承包商，已经几个月没有拿到钱了。"我们不知道这些。"弗雷泽说，"我们只是在享用培根，却不知道他们没有得到报酬。"有一天，餐饮承包商来到 Big Huge Games 询问发生了什么事，却发现没有可以询问的人了。只有少数几个人在办公室里进进出出，和老同事见面，做收尾工作。"我们说：'嘿，你随便拿些东西吧。'"夸达拉说，"他最后似乎拿走了大厅里的大电视。"

抢夺设备的不只是餐饮承包商。Big Huge Games 的一些前员工知道那些失去的薪水永远不会再来了之后，他们决定把办公室里的一些昂贵的计算机设备带回家，就像他们在罗得岛州的同事一样。一群老同事想尽可能多地待在一起，因为他们知道他们很快就会分离，前往全国各地。那个时候 38 号工作室的故事已经成为全国性的新闻，就像在罗得岛州一样，其他公司的招聘人员也来了。Big Huge Games 工作室的质检测试员凯瑟琳·斯达（Katharine Star）表示："我很震惊，许多我们公司以外的人都关心这个问题。"类似 Bethesda 和 Firaxis 这样的马里兰州当地的工作室，向斯达和她的一些前同事发出了邀请，这是一次很好的休息机会，因为他们不需要整理行李，为了下一个工作而搬到全国各地。

与此同时，北卡罗来纳州的凯利市，有一个人想出了一个更大的计划。Epic Games 的总裁迈克·卡普斯（Mike Capps），他是一个秃头，热爱交际，在过去 10 年里一直在努力奋斗。Epic Games 在他的管理下制作出了庞大的科幻射击类游戏《战争机器》（*Gears of War*）系列，从被称为虚幻引擎的游戏开发技术中赚了数百万美元，并凭借热门系列游戏《无尽之剑》（*Infinity Blade*）进军 iPhone 游戏领域，卡普斯与史蒂夫·乔布斯同台时宣布了这一消息。现在，当卡普斯听说近 100 名开发人员突然失业时，他看到了一个机会。他打了几个电话，然后和他的人力资源主管一起开车去了巴尔的摩。在那里，他在一家酒吧包了卡座并邀请了 Big Huge Games 的前员工们。"工作室里大概有 90% 的人都来了。"卡普斯说，"我想这不是因为我的公司，而是因为他们的同事之爱，他们想在一起。"

卡普斯告诉前 Big Huge Games 的开发人员，Epic 公司有兴趣提供一些工作机会，甚至可能成立一家新工作室。他说他不可能雇用所有人，但至少可以让其中一些人参加面试，看看谁能脱颖而出。在接下来的几天里，他说服了 Big Huge Games 的前领导层，包括弗雷泽，他原本即将加入 BioWare 工作室开发《龙腾世纪：审判》，但他选择留下来帮助他的朋友。弗雷泽说："Epic 公司明确表示，领导团队需要团结在一起。这是协议的一部分，如果我们不能一起加入，那么工作室就无法组建。"

当 Big Huge Games 的领导团队签约后，卡普斯便召集了 Epic 公司的其他高管，并说服他们这是一次值得的交易。"我说：'这是我们能找到的最具性价比的人才。'"卡普斯说，"他们就在附近，那里的花销水平不高，这些人和我们一样优秀。如果我们不快点行动就抢不到他们了。"卡普斯与 Big Huge Games 的总经理肖恩·邓恩一起列出了一份 Epic 公司的不到 40 人的雇用意向名单。弗雷泽说道:"我们见面后,介绍了自己和所做的工作,然后他们向我们展示了这款游戏。"

这款游戏是一个名为《无尽之剑:地下城》(Infinity Blade: Dungeons)的项目。Epic 公司的一群设计师和工程师一直在设计一个游戏原型,他们认为它终有一天会变得很酷。[1] 其中一个原型是该公司的热门游戏《无尽之剑》系列的衍生作品,该系列现在已经包含了三款游戏,并在 iPhone 和 iPad 上创造了数千万美元的收益。其中的主角《无尽之剑》专注于纯粹的战斗,允许玩家在一对一的战斗中使用剑和斧头与身形巨大的敌人战斗,更像是一款地下城游戏。事实上,《无尽之剑:地下城》与《暗黑破坏神》很类似。

Epic 公司的招聘如此之快地达成,这对参与其中的人来说似乎美好得不太真实。在错过了制作《阿玛拉王国》续集的机会之后,因为罗得岛州的政治原因,他们眼睁睁地看着自己的公司因为自己无法掌控的原因而分崩离析,现在他们至少有机会让团队里的部分成员待在一起了。虽然 Epic 公司只雇用了 Big Huge Games 三分之一的员工,但对于那些通过了筛选的人来说,这似乎是个奇迹。经过 3 年的努力,他们终于摆脱了席林和 38 号工作室的束缚。那年夏天,他们租了一间办公室,并给自己取了一个符合他们实际情况的名字:Impossible 工作室。

在接下来的几个月里,这个由老同事组成的新团队致力于《无尽之剑:地下城》的开发,采用 Epic 公司所创造的核心技术并在游戏中添加更多内容——更多的地下城、职业和武器。这款游戏已经很好玩了,完成它只需要几个月的时间。在这之后,Impossible 工作室就可以开发

---

[1] 另一款游戏原型是《求生之路》(Left 4 Dead)和《我的世界》的混合体,它后来引起了人们的注意——一款名为《堡垒之夜》的小游戏。在它成为一种文化现象之前,《堡垒之夜》是一个陷入困境的项目,经历了重大的员工变动。弗雷泽说:"有趣的是在我为 Epic 公司工作的那段时间里,《堡垒之夜》有三次差点被取消。"

自己的新项目了。5 月发生的事情给他们带来的创伤还在隐隐作痛，但这是一个新的生机。得益于虚幻引擎，Epic 公司成为游戏领域最稳固的公司之一，几乎与 38 号工作室处在两个极端。肖恩·麦克劳林说："Epic 公司正在为我们的伟大未来规划蓝图，他们把所有的钱都投到我们身上了，这感觉真的很酷。"

尽管是一家成功公司，但 Epic 公司也即将面临一次巨变。2011 年底，在《战争机器 III》发行后，Epic 公司决定放弃传统的发行商模式，转而采用"游戏即服务"的模式，即发行可以持续更新的游戏，而不是一次性发行并销售。2012 年 7 月，中国的腾讯对 Epic 公司进行了大规模投资，收购了该公司近 50% 的股份。腾讯此前收购了 Riot 公司，后者是完全免费的在线战斗游戏《英雄联盟》的开发商。Riot 公司没有出售游戏或提供订阅服务，而是通过玩家购买可选道具的游戏内嵌商城来赚钱，让他们可以获得新角色或给旧角色穿上花哨的皮肤。这是一种成功的商业模式，在腾讯总部所在的中国尤其奏效。Epic 公司的 CEO 蒂姆·斯威尼（Tim Sweeney）预测昂贵的主机游戏即将被淘汰，而免费的游戏模式才是未来的发展方向。

很快，Epic 公司就告诉 Impossible 工作室的开发者，他们需要把《无尽之剑：地下城》转变成免费游戏。《无尽之剑》的前三款游戏都是"付费"游戏——玩家只需一次性付费便可获得游戏。而《无尽之剑：地下城》则是免费下载游戏，带有吸引玩家花钱的内置商店。对于弗雷泽和其他开发该游戏的团队成员来说，这是一个坏消息，也是如一生般漫长的这一年里再次发生的一个戏剧性转折。转换业务模式意味着彻底改变整个游戏设计。"而当时我们只需要一个多月的时间就能完成现有游戏内容了，最多两个月。"弗雷泽说道，"我们回答说，'我们可以这样修改，但这款游戏的设计初衷并不是免费模式。'"

他们最终设计了一些新机制，让《无尽之剑：地下城》成为一款免费游戏，就像老式策略类游戏《地下城守护者》中的"建造自己的地下城"系统。然而公司的领导层并不喜欢这个提案，这是有道理的，因为它是在短短几周内拼凑起来的。"客观来讲，我也不喜欢。"弗雷泽说道。

2012 年 11 月，就在感恩节前夕，迈克·卡普斯从 Epic 公司辞职了。他的孩子马上就要出生了，他知道继续担任公司的总裁将会使他很难达到工作与生活的平衡。[①] "每周 75 个小时，3 天在路上。"卡普斯说，"我爸爸就是一个工作狂，我向自己保证不会像他那样对待家庭。"卡普斯原计划 6 个月后辞职，在春季离开，但当他告诉蒂姆·斯威尼他的计划时，斯威尼坚持要他马上辞职。卡普斯将在 Epic 公司的董事会保留一个席位，但这也明确表明他不再掌权。当 Impossible 工作室的状况越来越艰难时，这家公司的创始人已经不在那里保护它了。

◼ ◼ ◼

2013 年 2 月初的一天，Impossible 工作室的网络突然中断。这并不是特别罕见，因为这还是个新的办公室，有时连接会出现问题。贾斯汀·佩雷斯对此毫不在意，尽管他们无法在没有网络的情况下访问 Perforce 的服务器，他们现在无法继续工作了。[②] 于是他问一些同事是否想去咖啡店休息一下。当他们正准备走入走廊，工作室的一个上司拦住了他们。"有人说，'嘿，我们只是出去玩一会儿。'"佩雷斯回忆说，"我们要在公共区域开个会。"

[①] "我讨厌我在其中扮演的角色。"卡普斯不高兴地说，"Epic 公司是非常成功的，但我们成功的部分来自少用人多做事。我们对此非常坦诚。《光晕》的团队有 250 人，而我们只有 70 人，我们赚了将近其一半的钱，根据协议我们可以分得利润，而这也意味着我们都非常努力地工作。"

[②] Perforce 是一款版本控制程序，在整个电子游戏行业中被广泛使用，以确保没有人会重写他人的工作。它还可以跟踪随时间的变化，允许开发人员为不同的平台创建不同的分支。换句话说，它很有用！

那天早上来得早的乔·夸达拉注意到有些不对劲。当他去上班时，他发现有人关上了工作室总经理和执行制作人办公室的门。那扇门从来没有关过。网络中断后，夸达拉去参加全体会议，这时他遇到了领导团队的某个人。"我出去的时候开了个玩笑。我说：'我需要准备好简历了吗？'但是没有人笑。"

几分钟后，与会的 40 名员工开始茫然不知所措，Epic 公司的高管告诉他们，他们的工作室即将关闭。在成立工作室不到一年的时候，Epic 公司决定将其关闭。网络中断了，所以没人能泄露任何信息。"他们说，'看，Epic 公司决定走另一条路。'"夸达拉回忆说，"我们的工作室要立即关闭了。"

大家都惊呆了，没人意识到会这样。当时 Impossible 工作室才刚刚成立 8 个月，《无尽之剑：地下城》的制作也已接近尾声。Epic 公司是怎么想的呢？弗雷泽在当天早些时候就发现了苗头，但他认为这是一个玩笑。"尽管我很愤世嫉俗，但我还是说，'哦，得了吧，这不是真的。'"弗雷泽说，"谁会在游戏发行前关闭我们？这太疯狂了。"

早些时候，Epic 公司的董事会就关闭 Impossible 工作室一事进行了投票，只有一个人投了反对票：迈克·卡普斯。"在我们刚刚宣布拯救了他们几个月后便决定关闭工作室，这让我很震惊。"卡普斯说道，"这并不是我们作为 Epic 公司所应该传达的信息，即使你认为他们并不是一家优秀的工作室。我曾经看着他们的脸说，'你会没事的。'我相信在那次讨论中，我是唯一持反对意见的人。之后我立即被逐出了董事会。"

对于在不到一年的时间里经历了两次工作室关闭的开发者来说，这令人十分困惑和愤怒。来自 Epic 公司的消息一直认为 Impossible 工作室做得很好，包括工作室的领导层。Impossible 工作室的一名前高层员工表示："在我们关闭的前一周，蒂姆·斯威尼还在电话中表示我们对公司有多么重要，多么有价值。"

Impossible 工作室的员工并没有得到关于关闭工作室的解释，Epic 公司的 CEO 蒂姆·斯威尼在公开场合也同样含糊其辞。斯威尼在 Epic 公司网站上的一篇博文中表示，"当 Big Huge Games 的前成员去年与 Epic 公司接触时，我们看到了帮助那些优秀团队成员的机会，并让他们参与了一个需要团队的项目。这是一项大胆的举措，Impossible 工作室的员工也付出了巨大的努力，但这个项目最终失败了。"

但至少这次他们能拿到遣散费。Impossible 工作室的所有员工都被告知，他们将在关闭日之后收到 3 个月的工资。通常遣散费会根据工作时间而有所不同，但对于这家工作室来说大家都一样，因为没有人在这家公司工作超过 8 个月。一些人打开遣散费纸袋，发现有几张纸条告诉他们，Epic 公司在北卡罗来纳州的总部给他们提供了工作机会。"我想我们都没去。"夸达拉说，"原因是他们解雇了你所有的朋友，然后给了你一份工作，这有点奇怪。"

夸达拉最终回到了圣弗朗西斯科，在那里他在水晶动力公司找到了一份工作，参与《古墓丽影》的重启工作。弗雷泽原本打算前往加拿大加入 BioWare 公司的 Edmonton 工作室参与开发《龙腾世纪：审判》，但后来他却搬到了加拿大的另一个地方，加入了 BioWare 的另一个部门——BioWare Montreal，并参与了《质量效应：仙女座》(*Mass Effect: Andromeda*)的制作。后来，在同一地点的另一家工作室，他制作了一款太空战斗游戏《星球大战：独行侠》(*Star Wars: Squadrons*)。贾斯汀·佩雷斯也曾在 BioWare Montreal 工作室工作过几年，但在 2017 年《质量效应：仙女座》发行后就离开了 BioWare 公司，打包行李带着他的狗来到了洛杉矶，在那里他在 Respawn 公司找到了一份工作，开发另一款《星球大战》游戏《星球大战绝地：陨落的武士团》(*Star Wars Jedi: Fallen Order*)，因其极大的挑战性和令人满意的战斗机制而广受好评。

时至今日，许多曾在 Big Huge Games 工作过的人仍然认为这是他们工作过的最好的地方。当他们讨论到当时距离和 2K 达成协议并安顿下来有多么接近，以及 Epic 公司如何对待他们和他们的同事时，他们仍然感到沮丧。一名实战室成员推测，他们本可走与 CD Projekt Red 公司类似的路线，这是发行奇幻角色扮演类游戏系列《巫师》(The Witcher)的一个著名的波兰开发商。他表示如果《阿玛拉王国：惩罚》是他们的《巫师 II》(Witcher 2)，那么续集可能就是他们的《巫师 III》(Witcher 3)，这款广受好评的游戏让 Big Huge Games 一举成名。如果不是罗得岛州州长林肯·查菲的那句话，他们今天可能还在制作游戏。

在这一切都结束的时候，Big Huge Games 的前员工分散到了各个新城市和国家，这是电子游戏历史上最奇怪的故事之一。该工作室的两位联合创始人蒂姆·特雷恩（Tim Train）和布莱恩·雷诺兹（Brian Reynolds）成立了一家全新的公司，开发一款面向手机和平板用户的名为《国家的崛起》(DomiNations)的战略游戏。后来该工作室被韩国发行商 Nexon 收购。在 38 号工作室最后混乱的几个月里，席林一直试图说服 Nexon 投资 38 号工作室。当他们宣布自己的计划时，特雷恩和雷诺兹解释说，他们参加了 38 号工作室的破产拍卖并购买了那个熟悉的旧商标。他们的新工作室成立于 2013 年，至今仍然在巴尔的摩蓬勃发展。他们依然称之为 Big Huge Games。

Chapter 8
Gungeon Keeper

第
八
章

地下城守护者

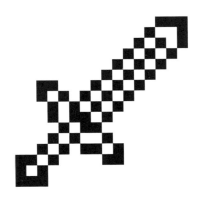

戴夫·克鲁克斯（Dave Crooks）对布伦特·索德曼（Brent Sodman）说的第一件事就是他们的公司要倒闭了。2012年夏天，他们在一个机场相遇，当时他们都要从弗吉尼亚州飞往圣弗朗西斯科参加EA的年度新员工培训。索德曼刚开始在EA旗下的神话娱乐工作室担任技术美工，而克鲁克斯则是该工作室的游戏社区经理。两人都是20多岁的年轻人，刚进入电子游戏行业。索德曼是一个内敛的艺术家，而克鲁克斯则是一个鲁莽而直率的人，他甚至在开始介绍自己时就说到了两人都将失去工作。"在机场，戴夫坐在我旁边。"索德曼说，"他对我说的第一句话就是，'你知道工作室就快要倒闭了吧？'"

索德曼并不知道这一点。神话娱乐工作室的情况确实不太稳定，但它是一个真诚的公司。它成立于20世纪90年代，主要制作受MUD游戏启发的网络电子游戏，并于2001年凭借《卡米洛的黑暗时代》而声名大噪，这是众多尝试构建理查德·巴特尔的虚拟世界的游戏之一。其他顶级大型多人在线角色扮演游戏如《创世纪》和《无尽的任务》都是基于充满龙和巫师的传统幻想场景，而《卡米洛的黑暗时代》则是以现实世界为基础的神话。你可以从三个王国中选择一个——亚瑟王领导的传说的不列颠王国；充满了凯尔特人传说的爱尔兰；或者是北欧神话的中土世界，并与选择了另外两个王国的玩家竞争。这款游戏大受欢迎，吸引了成千上万的付费用户，这也有助于神话娱乐工作室的发展壮大。2006年，EA收购了这家工作室，让它获得了之前从未有过的资源。席林是《卡米洛的黑暗时代》的忠实粉丝，他会时不时地来拜访他们，还留下了一个签名棒球作为纪念品。

现在，在2012年，大型多人在线角色扮演游戏的人气已经下降，没有人知道这一类型的发展方向，这使得神话娱乐工作室的项目处于不断变化的状态，因为他们的开发者一直在尝试该如何让游戏包含最新趋势。不过，对索德曼来说，克鲁克斯的说法似乎有点牵强。时代确实在改变，但工作室就会因此倒闭吗？索德曼说："在那一刻，我可能从他那里感受到了一些负面的情绪，但对于几周前才入职的我来说，工作室现在要关门的说法似乎很荒谬。"

尽管他们都在去 EA 的道路上，但戴夫·克鲁克斯已经在神话娱乐工作室位于弗吉尼亚州的费尔法克斯分部工作了一年。克鲁克斯说："我没有一个真正的理由去那儿工作。我去是因为我从来没有机会去加州，而这是一趟免费的行程。"他是一个天生的社交达人，在过去的几个月里，他与工作室的领导相处非常亲密，包括工作室的顶级设计师之一保罗·巴内特（Paul Barnett）。在他飞往圣弗朗西斯科的前一天晚上，他从巴内特那里得知 EA 高管对工作室的未来持消极态度。"领导层有一个指示。"克鲁克斯说，"虽然决定还没有下来，但情况不容乐观。"

EA 的培训在加州的红木海岸举行，园区占地 22 英亩，到处是大片的草坪和豪华的办公室（在克鲁克斯和索德曼参与培训的地方不远处，Visceral 工作室正处于《死亡空间 III》的关键开发阶段）。新员工的招聘者们常常会夸赞公司，并向出席会议的员工承诺，他们未来几年都将在 EA 工作。在其中一次演讲中，克鲁克斯决定发言。"我举起手说，'我的工作室明天就要关门了。'"克鲁克斯说，"他们把我拉到一边说，'不会的，没事的，我们会帮你的。'"第二天，EA 的人再次找到了克鲁克斯，并告诉他神话娱乐工作室不会关闭。事实上，他们说保罗·巴内特将接任工作室负责人。"这真是个好消息。"克鲁克斯回忆说。

回到弗吉尼亚州后，巴内特接管了工作室，他在为工作室的生存做最后一搏。在过去的几年里，神话娱乐工作室一直在努力盈利。他们需要调整重心跟上现代电子游戏产业的发展趋势。为了实现这一目标，该工作室的开发者必须转向面向 iPhone 平台开发游戏。iPhone 已经迅速成为世界上最大的电子游戏平台。神话娱乐公司将成为一家手游工作室。

2006年，凯莉·古斯科斯（Carrie Gouskos）进入了神话娱乐工作室，当时该公司正发展得蒸蒸日上。她搬到弗吉尼亚州是因为她喜欢《卡米洛的黑暗时代》，并想要和制作它的人一起工作。在 EA 的领导下，神话娱乐工作室开始开发第二款大型多人在线角色扮演游戏《战锤在线》（*Warhammer Online*）。这款游戏是以小型人物游戏为基础的游戏，古斯科斯也曾参与开发该游戏。但随着她的晋升，从一名设计师到《战锤在线》的制作人，整个行业也发生了转变。似乎很少有大型多人在线角色扮演游戏能够与强大的《魔兽世界》相抗衡，连那些带来新理念的网络游戏似乎也无法维持稳定的玩家基础。当《战锤在线》在 2008 年秋季发行时，开端不错，挺受欢迎，但很快就失去了订阅用户。古斯科斯说道："从长远来看，大型多人在线并不是未来的发展方向。我是这么认为的。"

2009 年，EA 进行了重组（这是每个公司都最喜欢用的流行词），并将神话娱乐工作室划归到 BioWare 工作室中，后者是制作了《星球大战：旧共和国武士》（*Star Wars: Knights of the Old Republic*）和《质量效应》等角色扮演类游戏的传奇工作室。神话娱乐工作室的办公室将继续留在弗吉尼亚州，但从结构上看，它属于 BioWare 工作室的下级，因为 EA 希望将其所有角色扮演类游戏都归为同一品牌。该工作室现在的名称是 BioWare Mythic，该工作室开始了一些新项目，尝试让《卡米洛的黑暗时代》和《战锤在线》在主机上运行，甚至尝试了短命的《战锤在线》MOBA 模式，即多人在线战斗竞技场，就像《英雄联盟》那样。"虽然它从未通过测试，但我为它感到骄傲。"古斯科斯说，"我真的觉得这款游戏很有趣。"

2010 年的某一周，当古斯科斯在法国凡尔赛度假时，她接到了一个来自神话娱乐工作室负责人的电话。原来工作室欠他们在费尔法克斯的邻居乔治·梅森大学一个大人情。乔治·梅森的学生一直在神话娱乐工作室实习，利用这些实习机会获得工作机会后就辍学了。这所大学与工作室的关系很好，但他们对于失去学生很有意见，于是大学就想动用这个人情——他们有一个讲师位置的空缺，需要尽快找到一个适合这个位置的人。"他说，'我需要你从周二开始教一门关于电子游戏历史的课。'"古斯科斯说，"今天已经是星期六了，我说，'嗯'。"

古斯科斯以前从未教过学生，但她一开始就爱上了。做一名教师就像是电子游戏制作人，你的工作就是说服人们闭嘴来听你说话。古斯科斯坚持这份临时工作，她的第一门课教授电子游戏历史，第二门课扩展到了游戏设计课程。在设计课上，她注意到一个出色的学生：一个叫戴夫·克鲁克斯（Dave Crooks）的大四学生。"他非常有天赋，在课堂上非常投入，而且非常执着。"古斯科斯说，"并不是那种很令人讨厌的'下课后一直缠着教授'之类，而是合理地问他们问题。"

克鲁克斯加入这个班只是为了好玩。他最初学习 3D 艺术，梦想着以制作电子游戏为生，但他对自己作为一名艺术家的局限性感到沮丧。他认为自己永远都不可能胜任游戏行业的工作，于是转学英语专业，辅修日语电影。2011 年初，他打算在学期结束时搬到日本去消磨时间，这时他看到乔治·梅森大学开设了一门游戏设计课程。"我的期望值很低。"克鲁克斯说，"但我当时想，'管他呢，反正我没事可做。'"当他发现他的新老师实际上是神话娱乐公司的制作人时，他的态度改变了。"我第一天走进来的时候就知道了，我想，'哦，天哪，生活开始好起来了。'"克鲁克斯说道，"然后我成了这里最优秀的学生。我把作业都完成了，我真的非常认真地看了所有的学习资料。"

克鲁克斯和古斯科斯的友谊逐渐加深。他们喜欢谈论《合金装备》

(Metal Gear Solid),这款游戏对他们两人都影响深远。在课程结束时,他给她留下了深刻的印象。那年春天,随着学年的结束,克鲁克斯写信给古斯科斯,询问神话娱乐工作室是否有职位空缺。"我给她发了一封电子邮件。"他说,"嘿,我要去日本了,但只有当我不得不放弃制作电子游戏的梦想的时候才会这么做。工作室里有什么我能帮忙的吗?"克鲁克斯补充道,他愿意做任何工作,只要这意味着进入电子游戏行业。

古斯科斯看到这封邮件时正在开会。她低头看了看手机,立刻就被打动了,首先是邮件抬头的礼节("亲爱的古斯科斯教授,"克鲁克斯写道),然后是克鲁克斯说的内容。神话娱乐工作室需要一个社区管理员——一个运行所有网站、收集反馈、处理 Facebook 和推特页面的人。为什么不给她班上这个有天赋的孩子一个机会呢?"她两周没回复。"克鲁克斯说,"然后我收到一封电子邮件,说'你周三可以来面试。'"

2011 年 4 月,戴夫·克鲁克斯开始在神话娱乐工作室担任社区经理。他只有一个目标——努力摆脱这份工作,然后成为一名电子游戏设计师。他对管理论坛或发布社交媒体帖子没有兴趣。对克鲁克斯来说,社区管理只是达到目的的一种手段,是他职业生涯的第一级阶梯。克鲁克斯说:"我会去游戏团队那里缠着他们。'嘿,你有不想做的垃圾工作吗?'"他慢慢地开始做一大堆单调乏味的工作,比如为物品写名字和描述,希望如果他做了那些真正的设计师不愿做的事,最终他们会看到他的价值并带他到设计部门。"我一点也没有隐瞒我的想法。"克鲁克斯说,"每个人都知道。"①

但神话娱乐工作室却在苦苦挣扎。将《战锤在线》转变为免费模式的尝试并没有成功,而他们的最新项目,即《创世纪 IV》的翻版《创世纪永恒》(Ultima Forever),也经历了一些反复,并且花费了比预期

---

① 一些电子游戏行业的从业者努力将社区管理视为一门值得尊重的学科,但这一工作也一直被许多人视为游戏开发的入门级道路。

更长的时间。① 随着亏损的谣言传开，工作室里弥漫着悲观的气氛。凯莉·古斯科斯说道："我真的很喜欢《战锤在线》，我也非常希望它能够成为我的未来。但时代变了，游戏行业发生了变化。"2012 年夏天，戴夫·克鲁克斯与布伦特·索德曼会面，两人前往 EA 的红木海岸园区进行公司培训，人们很容易认为这家工作室可能要倒闭了——直到 EA 为他们提供了一款手机游戏的开发，这简直就是他们的救生艇。

在过去的 10 年里，没有什么创新比智能手机对电子游戏行业的改变更大了，它把每一个职业通勤者都变成了潜在的游戏玩家。《愤怒的小鸟》(Angry Birds) 和《涂鸦跳跃》(Doodle Jump) 等手机应用的制作成本比传统主机游戏低得多，而且利润空间也大到可以让飞机从它们中间飞过。EA 高管曾对 2012 年初发行的《辛普森一家：枯竭》(The Simpsons: Tapped Out) 的成功感到惊讶。该游戏通过让玩家在自己的虚拟版春田市中创建和解决任务而大赚一笔。现在 EA 希望更多的工作室能够制作手机游戏，而神话娱乐工作室恰好符合这一要求。

曾领导《创世纪永恒》的资深设计师保罗·巴内特成为神话娱乐工作室的老板，该工作室将转变为一家"手游优先"的游戏工作室。他们的一些游戏可能会出现在其他平台上，但他们的优先选择是 iPhone 和 iPad。神话娱乐工作室将不再是 BioWare 工作室的一部分，而是进入 EA 的手机部门，并计划于次年面向 iOS 发行《创世纪永恒》。员工很清楚，工作室还没有脱离危险，他们实际上还没有多少盈利，但有了这个新焦点，他们就有机会成功。

2012 年秋天，巴内特成为工作室主管后的第一个行动就是让戴夫·克鲁克斯成为全职游戏设计师。他非常高兴。除了社区经理的工作，

---

① 当大型发行商 EA 收购了沃伦·斯佩克特在 20 世纪 90 年代早期工作过的 Origin 工作室时，《创世纪》便到了 EA 的手中。2004 年，EA 关闭了 Origin 工作室，几年后神话娱乐公司收购了一些老产品，包括长期运营的大型多人在线游戏《创世纪在线》(Ultima Online)，该游戏一直运营到 2014 年。

克鲁克斯还兼职做了几个月的设计工作，他终于如愿以偿。"梦想成真了。"他说，"我在工作室当上了游戏设计师，我整个人生都是围绕着这一目标，所以真正实现的那一刻我真的无法形容自己的感受，这是最好的。"

神话娱乐工作室的设计师（包括克鲁克斯）并未参与《创世纪永恒》的开发，他们的任务是为其他手机游戏做宣传。"当时有一股推动新项目原型制作的力量。"布伦特·索德曼说道，"因为首先，对于一个已经开发了同一个项目很长时间的团队来说，新项目是有趣且充满活力的；其次，如果我们能够在《创世纪永恒》完成前获得另一个项目的批准，这将有利于工作室的长久发展。"这个过程中令人兴奋的部分是 EA 允许工作室梳理其旧库。在经历了几十年的游戏和工作室收购之后（其中许多公司已经倒闭），EA 积累了大量受人喜爱的经典游戏，现在神话娱乐工作室可以挑选这些游戏了。

克鲁克斯被要求为一款名为《沙漠风暴》（*Desert Strike*）的老游戏制作原型，在这款游戏中，玩家将在驾驶阿帕奇直升机飞行时射杀敌人。克鲁克斯虽然有设计天赋，但不是天生的程序员，他努力让一些基本功能正常运转。他不想让同事失望，也不想失去第一次在游戏开发方面的机会，于是他打电话给一位朋友——大卫·鲁贝尔（David Rubel），他是一个精明的工程师，曾是洛克希德·马丁公司的一名军事防务承包商，如今他试图花时间打造一款可以智能买卖股票的机器人。鲁贝尔一直对游戏开发很感兴趣，事实上，他和克鲁克斯会在周末一起尝试游戏制作工具并构想独立项目。所以当克鲁克斯打电话给鲁贝尔寻求帮助时，鲁贝尔很乐意放下手头一切来帮忙。

鲁贝尔花了几天时间为《沙漠风暴》编写了一个可以在 iPhone 触摸屏上运行的版本，这是一个具有挑战性同时也有趣的实验。"我们试玩的感觉非常好。"鲁贝尔说道，"开着直升机到处转非常有趣。"克鲁克斯把原型准备好后拿给了保罗·巴内特，他玩了一段时间说他对此很满意。克鲁克斯承认了实际上大部分工作都不是他做的，而是鲁贝尔。"我说，'我负责标题屏幕，我的朋友负责直升机的动作。'"克鲁克斯回忆道，"然后他们说，'你的朋友是谁？他想来工作吗？'"

几次面试之后，大卫·鲁贝尔被聘为了神话娱乐工作室的工程师，与克鲁克斯合作开发了《沙漠风暴》。以这种方式开始一个人的电子游戏职业生涯当然是不寻常的。鲁贝尔说道："我一直在观望游戏行业，但我听说很难进去。"2012年万圣节，当他开始工作时，巴内特开着玩笑介绍了鲁贝尔：他给工作室制作了一个游戏原型，所以现在他们不得不雇用他，否则他们就会被起诉。

虽然《沙漠风暴》最后还是停留在了早期原型阶段没有进一步发展，但在神话娱乐工作室中有另一款游戏脱颖而出。布伦特·索德曼正在开发一款游戏，这款游戏很快将成为该工作室的下一个大项目。与《沙漠风暴》一样，这款游戏也是一款经典游戏的衍生品，已经在 EA 的仓库中尘封多年。但是这个原型有点不太一样，因为它将会决定整个工作室的命运。

在 20 世纪 80 年代和 90 年代，几乎只有受《龙与地下城》启发而制作的电子游戏才会得到玩家更多的喜爱。电子娱乐的世界是如此新潮和陌生，所以游戏开发者有必要坚持使用能够引起人们共鸣的套路，即勇敢的战士和牧师团体，深入地下城对抗咯咯作响的妖怪，并收集闪闪发光的金币。电子游戏开发者认为玩家都有对英雄主义的幻想——他们想成为英雄、好人、救世主。正是考虑到这一点，EA 旗下牛蛙工作室的一群刻薄的英国设计师决定制作一款杀死这些英雄的电子游戏。

《地下城守护者》计算机游戏于 1997 年发布，游戏中你可以扮演一个肆无忌惮的邪恶实体，负责设计和保护一个被那些好人探索的地下城。使用一支名为小鬼的魔法奴隶军队，你可以挖出泥土，建造巢穴，并引诱巨魔、兽人和暴怒魔鬼（一个肿胀的红色生物，可以向对手喷射毒气）等生物。你可以通过在地图上的矿脉中开采黄金来购买你的生物，你还可以用满是活鸡的孵化场来喂养它们，你的仆从会把活鸡像口香糖一样塞进它们的嘴里。然后你要保护你的地下城免受那些想偷走你的宝藏并将你拿下的冒险家的攻击。这是一款有趣且令人愉悦的策略类游戏，因为玩家非常喜欢这款游戏，Bullfrog 便在 1999 年推出了续集《地下城守护者 II》(*Dungeon Keeper 2*)。计划中的第三款游戏后来被取消了，EA 在 2001 年关闭了牛蛙工作室，这一系列也因此被搁置。

10 年后，《地下城守护者》成了热门游戏，这是 2012 年 EA 高管为了让神话娱乐工作室在手机游戏上重新复兴而提供的众多经典游戏之一。我们不难想象《地下城守护者》在 iPhone 和 iPad 上的表现。老游戏是通过自上而下的视角展开的，玩家可以使用无所不在的粗糙的手去挖掘地图贴图并拾取生物。在触摸屏上，你可以用手指取代鼠标，让人感觉光滑而直观。另外，《地下城守护者》是一款对游戏时长要求不高的游戏，这是手机用户的理想选择，许多人会在乘火车上班或坐在牙医诊所候诊室里的时候花 10 或 20 分钟玩游戏。

布伦特·索德曼和神话娱乐工作室的一个小型开发团队开始开发这款手机版本的《地下城守护者》。基本上，他们的原型看起来很像老游戏。它具有相同的自上而下视角，玩家可以召唤邪恶的生物并挖出方形的污泥。不过有一个小问题：每次你挖成一片区域，就会弹出一个计时器。在最初的《地下城守护者》中，你需要点击一块泥土并等待你的小鬼到达那里。在这个手游版本中，会出现一个嘀嗒作响的时钟，而污泥会一直留在原地，直到计时器结束。虽然这些数字尚未最终确定，但其影响是显而易见的。索德曼说道："如果你在手机游戏中设置了计时器，那么大家都知道这意味着什么。其中一些会很长，但你可以花钱跳过它们。"

　　手机游戏不仅改变了玩游戏的方式，也改变了游戏的销售方式。2008 年，当 APP 商城首次推出游戏时，开发者开始像在其他平台一样以固定价格出售他们的游戏，但在随后几年一些奇怪的事情发生了：手游开发者们发现，他们可以通过类似特洛伊木马的方式——游戏免费但内置商城收费，来赚取更多的钱。移动数据分析公司 Flurry 的报告显示，到 2011 年夏天的时候，APP 商城的免费游戏所创造的收益超过了通过传统方式销售的游戏。人们所熟悉的在 Xbox 和 PS 上销售游戏的一切都被这个奇怪的新平台所取代，就像 Impossible 工作室的开发者在 Epic 公司要求其大改《无尽之剑：地下城》（*Infinity Blade: Dungeons*）时所了解的那样。

　　对于那些来自传统游戏开发领域，即制作一款游戏然后以固定价格出售的设计师来说，进入手机游戏行业就像是登上了一个外星星球。在手机上赚钱的方法是免费发行游戏来吸引玩家，然后吸引他们在游戏内置交易中花钱。有些游戏是"氪金就能赢"——你花的钱越多，打败对手的机会就越大。其他游戏，如《微型摩天塔》（*Tiny Tower*）和 EA 的《辛普森一家：枯竭》，通过让基本任务花费固定时间，然后让玩家付费跳过等待时间，从而迫使玩家花钱。其中有一种邪恶的逻辑可能会让《地下城守护者》中的恶魔们感到高兴。这些游戏不是为了纯粹的乐趣而设计的，而是为了吊着你的胃口，让你愿意花钱继续玩下去。

　　玩手机游戏有点像走进拉斯维加斯的赌场，有着华丽的图像效果和欢快的叮当声。在《辛普森一家》中扑通一声推倒一栋新大楼会让你的大脑分泌内啡肽，让你跃跃欲试，并吸引你继续前进。和赌场一样，这些游戏不会直接收钱。相反地，你可以购买"付费货币"，如宝石（或者《辛普森一家》中的甜甜圈），并在整个游戏中消费这种货币。有些手机游戏会免费提供给你源源不断的宝石，让你尝到甜头后主动打开自己的钱包——这是另一种从赌场（或毒贩）那里借鉴的技巧。一些"免费"手机游戏背后的工作室甚至聘请了心理学家，试图找出让玩家上瘾的最佳方法。

在整个 2013 年，随着《地下城守护者》逐渐发展并从其他原型团队中吸纳了开发者（包括戴夫·克鲁克斯和大卫·鲁贝尔），有两件事变得清晰起来：第一，《地下城守护者》将成为继《创世纪永恒》之后神话娱乐工作室的下一款游戏；第二，《地下城守护者》将依赖计时器内置交易，允许玩家通过付费来加速游戏进程。EA 的要求是，他们所有的手机游戏都必须是免费的，《地下城守护者》必须效仿其他游戏的成功实践，玩家花钱就可以更快地体验游戏。

EA 为神话娱乐工作室设定了 KPI 关键绩效指标的具体目标，如收益和玩家数量。《地下城守护者》的设计师亚历克·费舍尔-拉斯基（Alec Fisher-Lasky）表示："我们讨论的很多内容不仅是关于钱的问题，还有留存率。我们如何让玩家参与进来？我们如何给予他们感觉的奖励？"最典型的例子是《部落冲突》（Clash of Clans）。这是一款非常受欢迎的塔防游戏，玩家可以在其中建造村庄、训练军队并袭击其他玩家。《部落冲突》从那些迫不及待想绕过大量计时器的玩家那里赚取了数十亿美元。

神话娱乐工作室的开发者们对这种商业模式持怀疑态度。对于许多从小玩传统计算机游戏或主机游戏长大的人来说，这似乎是一种掠夺和不道德的行为。[1] 即使工作室的员工知道他们必须向手机游戏转型——

---

[1] 当然，在大多数人还不知道电子游戏是什么之前，电子游戏就已经是一种掠夺性和不道德的游戏了——回到街机时代，许多设计师会让他们的游戏难度增加，让玩家能不断地花费硬币。手游内置交易似乎是一种新奇的发明，但它们实际上是老模式的自然演变。

"向移动端转型"这句话使用得最为频繁，但许多人还是对这种转型持谨慎态度。戴夫·克鲁克斯说道："神话娱乐工作室的企业文化很棒，所有人都很棒，但所有在这里待了很长时间的人都是些老玩家。对于包括我在内的一些人来说，追求《部落冲突》的商业模式是一颗难以下咽的苦果。"当然，他们都知道工作室一直在财务问题上挣扎，而这正是他们老板想要的游戏类型。他们虽然会抱怨，但仍然会去完成它。

负责传达 EA 愿望的人被称为产品经理或者 PM，他们经常从红木海岸园区的基地飞到神话娱乐工作室，带着来自《部落冲突》的市场调查和数据图表。在《地下城守护者》的开发过程中，工作室的开发者们与 EA 的产品经理之间存在着各种各样的冲突。每个阵营对成功的电子游戏都有不同的看法。从产品经理的角度来看，开发者们几乎没有制作手机游戏的经验，似乎也没有完全投入项目中，而从开发者们的角度来看，产品经理对游戏设计一无所知，只关心钱。戴夫·克鲁克斯说道："会遇到这种情况，当游戏团队说'我们想要这样做'时，这位可能一个月中只有两天在工作室、不知道设计游戏循环是什么的产品经理会进来说，'这不就是我们正在做的事情嘛'。"[①]

在一次会议上，一位 EA 产品经理问克鲁克斯他所做的工作内容。克鲁克斯说，他正在为《地下城守护者》设计陷阱，并向产品经理介绍了他的想法，包括一个冰冻陷阱，可以冻结敌人，降低他们的生命值，减缓他们的移动速度。"产品经理说，'伙计，它减速并造成损害？这听起来过于强大了。'"克鲁克斯回忆道，"我当时想，'见鬼，你在说什么？'"对于克鲁克斯来说，这是一个更大问题的缩影，从沃伦·斯佩克特这样的老手到像他这样的新人，创意人员和高管之间的紧张关系是许

---

① 对于我们这些可能不知道什么是"游戏循环"的人，可以将其视为玩家在电子游戏中可能进行的活动的核心"循环"。例如，在热门射击游戏《命运》(Destiny)中，循环就是执行任务，射击一群外星人，收集弹出的奖励，然后重复。通常情况下，游戏循环的目标是让玩家在短期和长期游戏中都能感到有趣和满足。

多游戏开发者多年来一直面临的问题。那些不明白为什么寒冰陷阱既能减慢敌人的速度又能对其造成伤害的产品经理，如何能为游戏设计提出有指导意义的观点呢？

2013 年 8 月，神话娱乐工作室开发了很久的《创世纪永恒》终于在 iOS 平台上线了。但它"砰"地一声落在了地上，评价一般且关注的人很少，于是工作室便转向了《地下城守护者》，并希望下一款游戏能够获得更多关注。尽管如此，神话娱乐工作室还是有理由保持谨慎。因为那些真正关注《创世纪永恒》的评论者猛烈抨击了这款游戏的免费机制和内置交易。游戏评论家理查·斯坦顿写道："《创世纪永恒》的设计走上了一些歪路。"他指出这款游戏经常使用"花招"来榨取玩家的真金白银。《地下城守护者》也半斤八两，同样给了玩家被剥削的感觉，但开发者们却对此无能为力。大卫·鲁贝尔说道："我认为免费游戏并不是大多数开发者想制作的类型。"

从最原始的层面来看，神话娱乐工作室的开发者对《地下城守护者》的玩法很满意。这款游戏与《部落冲突》很像，但它有一种古怪的幽默风格，灵感来自最初的牛蛙工作室开发的游戏。开发者们很享受他们的测试过程，在这个过程中他们会挖掘地下城并制造陷阱去消灭敌人。可问题是，他们获得这么多乐趣的主要原因是在测试期间，他们可以禁用所有计时器。

随着《地下城守护者》的完成，很明显为了完成任务而等待或为此支付金钱并不是一种特别愉快的游戏体验。玩《部落冲突》这类游戏的玩家可能已经习惯了计时器，但神话娱乐工作室的开发者们却很讨厌它们。工作室和 EA 产品经理就计时器的长度和频率进行了激烈的争论——EA 产品经理总是大概率会赢。"有一天他们说，'我想我们要把所有的计时器都加倍。'"克鲁克斯回忆说，"我记得他们对我解释道：'我们认为计时器可以再加强力度。'我说，'我不知道，伙计。如果这样的话，我不会玩这款游戏，但也许其他人会玩。'"

从 EA 的角度来看，这正是手游模式的运作方式。产品经理们把统计数据和数字看得比什么都重要，他们有大量数据显示 iPhone 和安卓玩家完全可以使用持续数小时甚至数天的计时器。《部落冲突》便是一个典型的例子。事实上，说《地下城守护者》的灵感来自《部落冲突》，就像是说 Instagram Stories 借鉴了 Snapchat 的一些创意一样。

《部落冲突》的视屏教程通过免费提供一些游戏的付费货币（宝石）来鼓励玩家消费这些货币："现在不是吝啬的时候。花点儿绿色宝石来加速进程吧！"

有一种流行的表情包，两张图片并排贴在一起，配文是"嘿，我能抄你的作业吗？"，然后是"好啊，只是要稍微改动一下，这样看起来就不会太明显是你抄袭的。"《地下城守护者》的视屏教程通过免费提供一些游戏的付费货币（宝石）并鼓励玩家消费这些货币："没有时间吝啬了！花更多的宝石就可以立刻建造好陷阱。"

随着 2013 年的到来，神话娱乐工作室的氛围变得越来越奇怪。开发者们每天都来这里工作，但他们越来越担心《地下城守护者》即将发行的版本会引起争议。"在工作室里，每个人都会看着对方的眼睛说'人们会讨厌这个的。'"克鲁克斯说道，"你会说，'是的，我知道。但我们必须这样做。'"他们就像在一艘直接驶向冰山的游轮上。尽管每个人都知道他们要撞毁了，但没有办法扭转局势。布伦特·索德曼说道："当你要求游戏中必须有许多计时器，并且可以通过（让玩家）跳过时钟来挣钱时，你便很难说'计时器太烂了'。这时候你能怎么办呢？"

戴夫·克鲁克斯对自己的工作不满意，于是开始和索德曼和大卫·鲁贝尔谈论独立的问题。克鲁克斯和鲁贝尔已经同时参与了一些独立项目。在鲁贝尔帮助克鲁克斯开发《沙漠风暴》的原型并在神话娱乐工作室找到一份编程工作之前,他们就是这样认识的。索德曼自从一年前在机场第一次遇见克鲁克斯后,就和他们走得很近,他也想参与进来。这些天,索德曼和克鲁克斯一起住在工作室附近的一间公寓里,偶尔他们会和好友乔·哈蒂(Joe Harty)——一名失业的美术师,以及克鲁克斯的女友艾瑞卡·汉普森(Erica Hampson,一名音效设计师,后来也加入了神话娱乐工作室)一起头脑风暴游戏创意。

由于《地下城守护者》未能激发他们的灵感,这几个人开始更多地谈论自己开发游戏,很快原本只是一种爱好的事情就变成了一种真正的愿望。他们开始制订存钱的计划,并最终根据各自的财务目标为自己设定了一个有限的日期。2014年初,克鲁克斯和工作人员采取了不同寻常的步骤,告诉了工作室他们的计划。他们非常尊重保罗·巴内特和已被提升为工作室运营总监的凯莉·古斯科斯,不想毁了公司。这群人解释说,他们计划在8月离开,而且他们会提前几个月告诉工作室这个消息,这样巴内特和古斯科斯就有足够的时间来招人替代他们。"换作是别的情况,我们永远不会告诉任何人。"克鲁克斯说,"我们觉得这是一件光荣的事情。"

但在那之前,他们还有一款游戏要发行。2014年1月30日,《地下城守护者》面向iPhone发行,事实证明开发者的担忧是正确的。评论很苛刻,评论家和视频专家对这款游戏深恶痛绝,大批玩家也加入了抗议的行列,在Reddit和推特上对《地下城守护者》大加抨击。EA将这款游戏营销成一款复兴了的受人喜爱的老游戏——新闻稿称"这是一款20世纪90年代战略游戏的全新手游版本,"但实际上,它给人的感觉像是有人在《部落冲突》中添加了一群恶魔。早前的《地下城守护者》要求玩家制订策略并管理他们的资源,而新游戏则要求玩家花钱购买宝石。粉丝们已经开始讨厌 EA 了——在 Consumerist 网站举办的调查中，EA 连续两年被评为"美国最差公司"，击败了 Comcast 和美国银行等公司——而这款游戏似乎证明了开发者们所有最糟糕的假设都应验了。

Eurogamer 评论员丹·怀特黑德（Dan Whitehead）写道：

> 我们现在拥有的是一个牛蛙工作室先锋策略类游戏的外壳，他们将其挖空并填上了一个本质上是《部落冲突》的复制品。超级细胞游戏公司的赚钱机器已经尝试和测试了每一个功能，每一个机制，每一个在线功能，EA 紧随其后，像巴甫洛夫的狗一样垂涎欲滴。这才是最让人不爽的地方：并不是《地下城守护者》采用了免费模式，而是它采用了一种缺乏灵魂的方式。

如果这款游戏不叫《地下城守护者》，情况也许就不会那么糟糕了。最让人反感的并不是 EA 和神话娱乐工作室制作了一款充满内置交易的手机游戏，而是他们似乎在利用一款备受喜爱的老游戏。像这样的游戏对于那些主要在手机上玩游戏的玩家来说是最具吸引力的——这些人并不介意计时器，因为他们只玩 10 分钟的游戏——但它却拥有硬核 PC 玩家所喜爱的游戏外观。《地下城守护者》悄悄地聚集了一小群并不在乎计时器的粉丝，但网络上却有震耳欲聋的愤怒声。

《地下城守护者》的发行对神话娱乐工作室的员工们来说并不愉快。人们沉默地坐在办公桌前，无法阻止自己阅读那些令人不快的评论和糟糕的留言。按照电子游戏圈内的文化，玩家发送信息说他们希望《地下城守护者》的开发者们去自杀。索德曼表示，"在游戏行业工作，你会习惯这种情况。"员工们聚在一起喝酒，有些人哀叹他们早该知道会发生这种事。《地下城守护者》会引起这样的反应很正常。将内置交易和怀旧结合在一起并不是成功的秘诀。克鲁克斯说:"工作室里有很多伤心的人。不过,很多人跟我一样。他们只是说,'好吧,唉……结果其实显而易见。'"

保罗·巴内特将神话娱乐工作室带入手机游戏领域的计划并未如愿以偿。现在,即使是工作室最乐观的员工也意识到,他们可能已经没有退路了。

2014年5月28日晚上,布伦特·索德曼接到戴夫·克鲁克斯的电话时,感觉很像两年前在机场发生的事情。索德曼晚上回家了,但克鲁克斯工作到很晚,有一些消息传来。"他说,'伙计,你最好到工作室来拿一下你的个人物品。'"索德曼说道,"因为我很确定工作室明天就要关门了。"

这一次,克鲁克斯有了更有力的证据证明神话娱乐工作室即将关闭。凯莉·古斯科斯离开办公室去了洗手间,等她回来的时候,她的门卡失效了。克鲁克斯出去检查自己的门卡,发现也出了同样的问题。这不可能是技术故障,因为门卫的门卡还能用。当克鲁克斯回到办公室时,他看了看还在那里的十几名员工,告诉他们最好开始收拾自己的东西,然后他叫来了索德曼。"我说,'这是令人信服的证据,但我没什么可收拾的。'"索德曼说,"我第二天早上醒来后很早就去了,因为我觉得今天会是很糟糕的一天。"

古斯科斯被通知要前往附近的万豪酒店参加早上8点的会议。当她到达时,EA高管和人力资源人员已经在那里,为即将发生的事情做准备。EA手游部门主管弗兰克·吉博(Frank Gibeau)告诉她:神话娱乐工作室即将关闭。"这并不算无情。"古斯科斯说,"它是温暖且善良的。"吉博是负责 EA 收购神话娱乐工作室的人，他一直都很喜欢《卡米洛的黑暗时代》，甚至在游戏中主持执行会议，所以他似乎对公司被迫关闭感到内疚。然而，让工作室存活下来是很难的。这家曾经盈利的工作室已经亏损多年，向手游平台的转型显然没有成功，《创世纪永恒》不温不火的反应和《地下城守护者》强烈的负面评价就是证明。"当时的气氛是：我们知道这家工作室赚的钱不够，我们不能一直这样做，我们已经尝试了很多方法。"古斯科斯说道，"还有，'我们将努力为每个人找到一个家'。"

  一个小时后，管理团队驱车来到神话娱乐工作室的办公室告诉大家这个消息。门卡出现故障的消息已经传开了，所以当吉博起身告诉他们工作室即将关门的时候，房间里几乎没有人感到震惊。尽管如此，这个消息还是令人崩溃。许多开发人员彼此都是亲密的朋友，他们知道会有很多人要离开弗吉尼亚州了。"每个人都哭了，"古斯科斯说，"甚至连你认为不会哭的人也哭了，"也许是因为神话娱乐工作室是弗吉尼亚州唯一的大型电子游戏工作室，或者因为大家会在周末和下班后聚在一起，所以那里的员工将其视为一个特殊的地方。后来，一位工作室的前员工表示，他们"在其他任何地方工作都不会再有这样的火花了"。

  电子游戏工作室的关闭通常会让相关人员感到不公平和不人道。有时事情会突然发生，比如 38 号工作室和 Big Huge Games 的关闭，有时候数百名员工可能会因为公司董事会中的大股东制订的短视战略而失去工作。然而对于神话娱乐工作室，许多员工觉得 EA 已经尽力了。即使 EA 在制作《地下城守护者》时的强硬态度让人感到不快，但如果说有什么不同的话，那就是工作室比他们本应存活的时间多了 2 ～ 3 年。"工作室没有盈利。"古斯科斯说，"EA 应该怎么做呢？"神话娱乐工作室的所有员工都获得了离职补偿金，EA 也尝试将部分员工转移到了其他手游工作室。

这使戴夫·克鲁克斯、大卫·鲁贝尔和布伦特·索德曼的心情变得五味杂陈。他们不想看到工作室倒闭，他们许多朋友即将离开弗吉尼亚州，去其他地方从事游戏行业的工作。然而当他们投身独立游戏开发的危险水域时，神话娱乐工作室的离职补偿金却给了他们救生衣。当他们一起去附近的酒吧喝酒并回忆往事时，这3个开发者开始意识到他们能够比计划提前3个月开始他们的梦想项目。"我记得有人走过来对我们说，'老实说，这对你们来说不算太糟。'"索德曼说，"我说，'是的，我讨厌这种说法，但确实也没那么糟糕。'"

古斯科斯很快就会发现，关闭像神话娱乐这样的工作室并不是一个简单或直接的过程，因为他们有太多的网络游戏需要关闭或转移到其他地方。今年早些时候，工作室的创始人之一成立了一家新工作室，并购买了《卡米洛的黑暗时代》的授权，并且在2013年关闭了《战锤在线》，但该手机游戏仍然在线。EA为一些开发者提供了3个月的时间，让他们继续在神话娱乐工作室帮助关闭这些游戏，古斯科斯负责这个团队。她关闭了《创世纪永恒》，并将《地下城守护者》的运营转移到了EA的另一家工作室——这款游戏经过了一段时间的修补，其计时器已变得不那么严厉，并且拥有一些玩家。"有很多有用的东西。"古斯科斯说，"任何有价值的东西都需要被保存起来。"

事实证明，神话娱乐工作室拥有很多确实有价值的东西——除了昂贵的计算机设备，工作室还积累了多年的宣传材料和文化物品。古斯科斯发现壁橱里塞满了《战锤在线》的海报、《地下城守护者》的雕像，还有一卡车的衬衫、别针、挂绳和其他的东西。[①]当神话娱乐工作

[①] EA在宣传《地下城守护者》的时候做出了一些更奇怪的决定，其中之一就是把恶魔的角制作成泡沫"震动棒"的形状——那是一种性手势。凯莉·古斯科斯认为分发这样的东西是非常糟糕的主意，因此收到后就将它们塞在了壁橱的后面。现在工作室关闭了，她不得不处理2000个泡沫震动棒。"当然，每个员工都想要一个。"她说，"但我说，'这个不能给你们。'"

室继承了《创世纪》的授权后,有人从原来的 Origin 工作室的办公室给他们寄来了所有的装备,古斯科斯发现了各种各样的旧物,包括发给沃伦·斯佩克特和理查德·加里奥特的奖品,她把奖品寄回给了他们。其中一面墙上挂着一幅西尔德布兰特兄弟(Brothers Hildebrandt)绘制的名为《创世纪》的巨作,据说价值数十万美元,EA 很快就处理掉了这幅画。"一大群人走了进来。"古斯科斯说,"他们做的事情之一就是把它从墙上拿下来,放在一个房间里,然后锁上了门。"

在最后的日子里,古斯科斯像僵尸一样在神话娱乐工作室的办公室里走来走去,白天泪流满面,晚上在电视上看无聊的真人秀节目。她将物品装箱,终止与外部供应商的合同,惊叹工作室不得不与这么多公司合作,从送百吉饼的人到负责灭火器的人。最后,她有幸成为神话娱乐工作室的最后一名员工——这是其他人无法竞争的。"我是最后一个人。"古斯科斯说,"有一张我离开办公室的照片。我关了灯,走了出去,没有人再走进这个工作室了。"

在神话娱乐工作室关闭的第二天,当工作室的其他前员工还在想下一步该做什么时,克鲁克斯已经开始执行他的总体计划。他、布伦特·索德曼和艾瑞卡·汉普森把公寓的客厅变成了临时办公场所,大卫·鲁贝尔和乔·哈蒂每天都会在那里与他们会合。汉普森说:"这确实需要适应,我们大家挤在那里工作,日复一日。"神话娱乐工作室关闭不到一周后,他们 5 个人成立了一个独立的公司,叫作 Dodge Roll Games 工作室。①

---

① 艾瑞卡·汉普森想同时以自由职业者的身份去接其他游戏的活儿。从技术层面来讲,她是一个承包商,而不是公司的联合创始人。"我觉得一开始的时候,我比其他人更像是一个问号。"她说,"我认为他们非常热衷于独立游戏的理念。他们真的是冒了很大的风险,而我则比较优柔寡断。"

他们的计划是在制作和发行第一款电子游戏的过程中，一直依靠自己的积蓄生活，然后看看能否产生足够的收入维持下去。

第一款游戏名为《挺进地牢》（Enter the Gungeon）——这个名字有天晚上突然出现在了克鲁克斯的脑海里，然后就再也没有离开过。它的灵感来自过去几年流行的独立游戏，比如 2011 年发行的地牢爬行动作游戏《以撒的结合》（The Binding of Isaac）。与《以撒的结合》一样，《挺进地牢》也将从自上而下的视角进行体验，属于一款随机迷宫冒险类游戏。一款以经典游戏 Rogue 命名的随机迷宫冒险游戏类游戏拥有两个主要系统：第一个是随机生成的环境关卡，所以每个新局的玩法都是不同的；第二个是角色的永久性死亡，迫使你重新开始。一些随机迷宫冒险游戏类的游戏在角色死亡后依然让你保留某种武器或福利，总是让你觉得你取得了一些进展，但它们的目标是创建重玩意向——每当你失败了，就会想着重新开始，看看你能走多远。从游戏开发者的角度来看，随机迷宫冒险游戏类游戏是他们的圣杯，能以纯人工绘制游戏成本的零头，提供多得多的游戏时间。

在《挺进地牢》中，你可以扮演一名"枪手"，在一个名为"木卫三"的星球上与"亡命弹头怪"战斗，看看自己能够打到第几关，以及在此过程中能够承受多少枪林弹雨。角色都非常可爱——主角有着大头和又小又圆的眼睛，怪物形状像子弹，还有美丽的二维地下城关卡，这些都由乔·哈蒂绘制。你将选择一个英雄并进入地牢，收集各种武器，从传统的（手枪、机枪）到不可思议的（T 恤大炮、香蕉）。然后你可以尝试着在一群喷溅子弹的怪物和 Boss 中生存下来，撞翻桌子以寻找掩护，寻找带有有用新道具和枪支的箱子。如果足够幸运，你可能会找到很好的装备，加上良好的游戏技术，可以到达地牢的底部，但大多数情况下你会在这个过程中被杀死。一旦你死了，就需要重新开始，用新的经验和更好的躲避技能武装自己。

在此之前，克鲁克斯、索德曼、汉普森、哈蒂和鲁贝尔都在漫不经心地制作《挺进地牢》的演示版本（索德曼说道："这是为了好玩，也是为了学习。"），但现在神话娱乐工作室关闭了，他们的工作也没了，是时候加倍努力了。他们计划的第一部分是寻找发行商。在 Dodge Roll 工作室的工作人员在为 EA 之后的生活制订计划时，他们被一个想法所吸引，即与合作伙伴合作，帮助他们处理市场营销、公关、法律交易以及电子游戏代码之外的所有烦琐事务。他们并不想立即接受外部资金，但如果有一个发行合作伙伴作为后盾也会有所帮助，以备游戏耗时太长资金耗尽之时的需要。① 一个不断出现的公司名称是 Devolver 公司，这是一家小型发行商，开发了许多受欢迎的独立游戏，包括一款类似的自上而下的射击游戏《火线迈阿密》（*Hotline Miami*）。索德曼说道："Devolver 公司在善待他人方面有着良好的声誉，我认为这种声誉一直延续到今天。"

那是 2014 年 5 月底，离 E3 只有几周的时间了。这将是一个去寻找 Devolver 公司或其他一个每年都会参加洛杉矶大型电子游戏贸易展的发行商，并向他们展示《挺进地牢》演示版本的好机会。通过他们的前老板保罗·巴内特，Dodge Roll 工作室的人员与 Devolver 公司的合伙人之一奈杰尔·洛瑞（Nigel Lowrie）取得了联系。他们询问是否可以展示他们的游戏。洛瑞回信说，当然了，但不一定会成功。

团队为克鲁克斯预订了飞往洛杉矶的机票，并开始努力完成《挺进地牢》的原型，包含一个楼层、一个反派 Boss、一些敌人和十几种不同的枪。克鲁克斯问了一个神话娱乐工作室的老朋友，他是否可以在他们洛杉矶的酒店房间过夜，然后再去 E3 展会。除了 Devolver 公司含糊的承诺，他没有任何计划或约定。"戴夫用自己的积蓄买了 E3 的通行证，

---

① 他们不想在 Kickstarter 上进行众筹，因为这会让整件事变得像全职工作一样。戴夫·克鲁克斯表示："我不想在游戏推出前与玩家打交道。"

我用自己的积蓄给他买了一张机票。"索德曼说道，"我们把原型拷到他的笔记本电脑上，把笔记本电脑放在他的背包里，再把背包放在他背上，然后送他上飞机。"克鲁克斯没有任何人脉，也没有向发行商推销游戏的经验，但如果有人能做这件事，那一定是那个被大学教授吸引而进入电子游戏行业的人。"队里的其他人都觉得，如果有人能从石头里挤出水来，那一定是戴夫。"索德曼说道。

当克鲁克斯到达洛杉矶时，他走向陌生人并开始自我介绍。他认出了拉米·伊斯梅尔（Rami Ismail），他是独立游戏领域的知名人士，也是《废土之王》（*Nuclear Throne*）的开发者之一，于是他立刻走过去打了招呼。伊斯梅尔介绍他与其他同事联系，不久后克鲁克斯便开始与各种电子游戏行业的重要人物进行交流。他与独立发行商如 Midnight City 公司（Majesco 命运多舛的分支）和 PlayStation 公司的高管建立了联系，他的个人魅力和《挺进地牢》的演示版本给他们留下了深刻的印象，这款游戏玩起来既流畅又有趣。

有一次，克鲁克斯去了洛杉矶会议中心的 Xbox 展台，挤过人群寻找可能在那里工作的人。一个穿着 Xbox T 恤的人引起了他的注意，于是克鲁克斯走过去自我介绍。这家伙是 Xbox 的员工吗？是的。他想听克鲁克斯的游戏介绍吗？当然了。当克鲁克斯开始讲述他的游戏时，那个玩 Xbox 的家伙的眼神看起来呆呆的，估计他每天大部分时间都在听陌生人的电子游戏推介，但当克鲁克斯提到 Dodge Roll 工作室是由前神话娱乐工作室的员工组成的时候，这家伙振奋了起来。"他说，'等一下，神话？'我说，'是的。'他说，'哦，天哪，我哥哥 5 年前是那里的艺术总监。'然后他整个人就像被激活了，变成了——好吧，现在我真的在听了。"

第二天，克鲁克斯前往会议中心街对面的停车场，Devolver 公司每年都会在那里开展。① 他拦下了奈杰尔·洛瑞，洛瑞说他还有一大堆其他预约，会尽快和克鲁克斯见面的。Devolver 公司通常不会在 E3 上接受开发者的推销，他们主要是向媒体和其他合作伙伴展示自己的游戏。洛瑞将与前来 Devolver 公司展区并试玩公司游戏的记者们举行一系列会议，所以他的日程安排得满满的。

克鲁克斯拿了一些免费的食物和啤酒，在停车场坐了下来，他一直在等着。"我在那里待了 6 个小时。"克鲁克斯说，"当我向奈杰尔推荐《挺进地牢》时，我至少喝了 10 小杯啤酒来缓解紧张的情绪。"

最后，洛瑞把克鲁克斯带到他们用来开会的银色气流拖车里。当他们坐在沙发上交谈时，克鲁克斯拿出他的笔记本电脑，载入了《挺进地牢》，然后试着观察洛瑞在播放演示版本时的反应。"奈杰尔是世界上最友好、最温暖的人。"克鲁克斯说，"但是，我根本读不懂他。"洛瑞面无表情地坐在那里，点头，然后问一些程序性的问题。他们需要多长时间能制作完成？他们希望游戏在哪个平台上发行？"我出来后给我的团队打电话说，'我不知道。'"克鲁克斯说，"我完全不知道他的想法。"

克鲁克斯飞回了位于弗吉尼亚州的家，对这次行程感觉很好，尽管他不确定奈杰尔·洛瑞的看法。有些人表示他们很喜欢《挺进地牢》，即使 Devolver 公司拒绝了他们。Dodge Roll 工作室似乎也拥有多种选择。数字独立游戏市场在 2014 年夏天变得更加广阔，主机游戏制造商正在寻找能够在新发布的 Xbox One 和 PS 4 上增加自己商品列表的游戏。在 E3 上取得成功后，克鲁克斯现在觉得他们可以与任何人会面，如果在 Devolver 公司未能成功，他计划在接下来的几周或几个月里继续与其他发行商打交道。

---

① 多年来，Devolver 公司并没有在 E3 展区购买展位，而是使用了街对面的停车场——这既是为了彰显自己的与众不同，也是为了给隔壁的大型贸易展带来一点乐趣。

但他们真的希望能和 Devolver 公司合作。

一周后，克鲁克斯接到一个电话，是奈杰尔·洛瑞打来的。他表示 Devolve 公司想发行《挺进地牢》，并询问克鲁克斯及其团队是否仍有兴趣实现这一目标。"我说：'天哪。'"克鲁克斯说，"那是非常美好的一天。"

事实证明，尽管洛瑞在 E3 上面无表情，他还是立刻喜欢上了《挺进地牢》的演示版本。通常情况下他看到的电子游戏宣传都很粗糙，需要大量的解释，以及大量的想象——如果投入更多时间和金钱，游戏会是什么样子。洛瑞常常需要在脑子里填满空白。而《挺进地牢》是如此精致，让人感觉他可以马上进入游戏。"我记得我当时想的是'这太棒了。'"洛瑞说，"我真的很兴奋。"Dodge Roll 工作室的工作人员并没有索要资金，而且他们都来自一个成熟的电子游戏工作室，所以他们知道游戏的制作过程。洛瑞向 Devolver 公司的其他合伙人介绍了《挺进地牢》，并获得了所有人的支持。"我说，'这真的是个好买卖。'"洛瑞说，"我想每个人都对此感兴趣。"

现在，在确认了他们的首选发行商后，Dodge Roll 团队不得不重新回到开发工作中。"这是一个不可思议的时刻，因为我们太看重这个合作了，而它立刻实现了。"大卫·鲁贝尔说道，"然后我们就想，'哦，好吧，现在我们必须制作整款游戏了。'"回到弗吉尼亚州后，新独立的开发者团队开始扩展他们游戏的演示版本，添加新关卡、敌人和枪支。在接下来的几个月里，他们一直在客厅里工作，且每天都在不断尝试那些能激发他们灵感的东西。"随着时间的推移，我们变得更有条理了。"乔·哈蒂说道，"刚开始的时候，有些玩抽取火柴杆的感觉。"

最初，Dodge Roll 工作室打算在 2015 年 4 月把该游戏提交给 Devolver 公司进行发布，但结合 2015 年初的实际情况，很明显不能如期发行了。游戏中有太多的关卡需要设计，太多的怪物需要制作，还有太多的游戏内容需要完善。"那是我们真正认真起来的时候。"大卫·鲁贝尔说,"哇,这花了很长时间,我们想在这款游戏中添加许多内容。"这意味着如果要在第二年完成《挺进地牢》,我们需要在许多个漫长的夜晚和周末加班加点地工作。他们花光了所有钱,然后提出了让 Devolver 公司为游戏的未来收益提供预付款的要求,这也得到了奈杰尔·洛瑞的同意。洛瑞说道:"我不认为我们曾经开发过任何一款准时完成的游戏。《挺进地牢》一直在进步。"

对克鲁克斯和索德曼来说,在一起生活和工作成了一种挣扎。这两个人自从在机场第一次见面就成了亲密的朋友,现在他们 24 小时不间断地在一起,加剧了原本可能是标准的、可行的创意冲突。"我们在一起工作的方式就是有问题的。"克鲁克斯说,"我认为我要求的东西和我从他们那里得到的反应都很糟糕。我没有太多的繁文缛节:'嘿,虽然那看起来不错,但您可以这样做吗?'我的话更像是:'这是不对的,这是错误的,这样是错的。'"

克鲁克斯是一个完美主义者,他会在转向其他内容之前将游戏已做好部分的每个方面都完善得很好,而索德曼喜欢先完成任务的粗糙版本,然后再对其进行完善,这导致了一些大的矛盾。"我不能很好地接受批评。"索德曼说,"你把一个通常被告知工作做得很好、不太接受批评的人和一个基本上只给出负面反馈的人结合起来,就得到了一个危险的公式。"

克鲁克斯的出差进一步加剧了紧张局势。几乎每个月,克鲁克斯都会飞到 E3、PAX、PlayStation Experience、Gamescom 等游戏大会上向粉丝们展示游戏。当人们玩游戏时,他会观察并写下笔记,一丝不苟地写下他们不喜欢的所有内容,然后把反馈带回家,带着一长串他们需要解决的问题回到弗吉尼亚州。克鲁克斯说:"每当我从一场展会中回来,都会带给我的团队一个压力时刻。"但是他的其他团队成员并没有去观察玩家并获得他们的反馈，因此他们并没有感受到克鲁克斯带回家的那种紧迫感。他们只知道克鲁克斯每次展示完回来，都要彻底修改一大堆工作。克鲁克斯说道："我能肯定这让游戏变得更好了，但同时也带来了很多压力。我不知道自己在人事管理方面做了什么。"

不可否认的是，修复克鲁克斯发现的所有问题能够让游戏变得更好，但不断改变游戏可能会让游戏背后的制作人感到痛苦。"有数百个任务。我一觉醒来，拼命工作，完成了 20 个任务。"索德曼说，"然后我第二天醒来，又会有 30 个新任务。"每天晚上，索德曼都会比克鲁克斯早几个小时上床睡觉，当他躺在床上时，他能听到的只有打字声。"我知道他又在给我布置新任务了，"索德曼说，"我每天晚上都要听着这些声音入睡，持续几个小时——我真的很生气、很悲伤、很累。"

工作时间在 2015 年底和 2016 年持续变长，这让 Dodge Roll 团队非常沮丧。索德曼说道："《挺进地牢》开发的最后一部分让我们非常伤脑筋。我们都很累，压力也很大。"索德曼是一名直言不讳的左翼分子，他对压迫行为有着道德上的愧疚感，他对这种工作量特别感到震惊，尽管说起来他们这样做是为了自己。"我们确实非常努力地工作，但别误会我的意思，这对于一款能够分享收益的游戏来说，心态肯定会大大的不一样。"索德曼说道，"如果游戏更好，我就能赚更多钱。"Devolver 公司并没有规定游戏的发行时间和计划日期——他们已经将游戏推迟了一年，当然可以要求更多的时间——但这可能会让事情变得更糟。这是自我强加的危机感。"我们都有一种不让彼此失望的强烈愿望。"索德曼说，"如果我们都努力工作，工作室就会运转良好。我们觉得这就是我们需要做的。"

所有的一切对 Dodge Roll 工作室的工作人员来说都是悲惨的——除了《挺进地牢》。它是非常棒的，它具有挑战性，令人满意，并且始终充满乐趣。2016 年初，当 Dodge Roll 团队准备在 4 月发布游戏时，他们联系了一些在 Twitch 上推广过《以撒的结合》的主播，后者正在寻找一些新游戏。为了换取一些长期推广流量，Dodge Roll 工作室为他们提供了《挺进地牢》的抢先体验。成千上万的人观看了直播，聚集了人气，推动了可观的预售。在发布前几周，奈杰尔·洛瑞打电话告诉他们，看起来他们的收益会很好。大卫·鲁贝尔说道："所以我们在正确的时间创造了正确的游戏。我不知道我们是否还能再次达到那种时机组合，但这对我们来说效果很好。"

当 2016 年 4 月 5 日《挺进地牢》最终问世时，它获得了巨大的成功。这款游戏非常出色，在地下城中进行洞穴探险既刺激又让人上瘾，而且一旦你死了（这是一种经常发生的情况），你便会产生立即开始新游戏的冲动。《挺进地牢》并没有像 EA 的大预算游戏那样卖出数百万份的销量——如果他们还在神话娱乐工作室，这款游戏可能会被视为失败之作，但对于 Dodge Roll 工作室的创始人来说，这款游戏却很赚钱。索德曼说："这些钱足以让我买房了，也足够我帮妈妈还信用卡了。"

赚到钱是件好事，但 Dodge Roll 工作室的开发者们已经精疲力尽了，游戏一发布，他们就需要休息。他们知道，每天在同一个公寓里生活和工作 16 个小时是一种不可持续的生活方式。克鲁克斯按照几年前的想法搬到了日本，而索德曼搬到了堪萨斯州，这样他的妻子就可以去读研究生了。克鲁克斯说道："在《挺进地牢》结束时，我们便不再是朋友了。我们曾经因为一些现在看来微不足道的原因而对彼此非常不满。"

Dodge Roll 工作室的人员复工后，他们决定不立即开始他们的下一个项目。在《挺进地牢》开发的最后几个月里，他们为了发行游戏删减了许多内容，他们的计算机上满是未完成的武器、敌人和房间。团队并没有将所有的工作内容都拖到回收箱中，而是决定将其完成并将其添加到《挺进地牢》的更新中。他们不会将这一更新作为可下载内容出售——相反，他们会将其免费赠送给所有拥有这款游戏的人，这是一种与神话娱乐工作室所采用的手机游戏模式截然不同的方法。索德曼说："这次更新显然是为了添加我们想完成的内容。我们觉得那种收费方式很糟糕，所以我们说，'好吧，我们就免费推出吧。'"这并不是一个完全无私的举动。他们知道推出免费更新内容将有助于提升人气，并带来一些销量，即使它可能没有付费 DLC 那样收益较高。

2017 年 1 月，Dodge Roll 工作室在《挺进地牢》中发布了他们所谓的"补给掉落"更新，他们惊讶地发现销量大幅度飙升。"补给掉落"的更新带来了一波全新的媒体和公众关注，因此他们在制作另一个更新内容 Advanced Gungeons & Draguns 时也牢记了这一点，这次大型更新于 2018 年夏天发布。每一次更新都带来了更多的销量，就像将主机游戏移植到 Xbox，特别是任天堂 Switch（这款游戏最初是在 PC 和 PS 上发行的）也是如此。这是一个奇怪而令人兴奋的趋势：《挺进地牢》制作时间越长就越成功。就像 The Molasses Flood 工作室从《洪潮之焰》中学到的那样，《挺进地牢》的开发者们意识到，在现代电子游戏产业中，首日销售只是游戏成功的一小部分，真正重要的是后来发生了什么。"《挺进地牢》最好的一个月便是它发行的第 24 个月。"索德曼说道，"我总是听人说起长尾理论，但我从未想过我们的游戏能够在发行两年后刷新它的月最高销量。"

克鲁克斯和索德曼最终修复了他们的关系——这得益于他们不再整天生活、工作，如影随形地待在一起。他们最终都搬到了得克萨斯州的奥斯汀，尽管不再是室友了。到了 2018 年底，Dodge Roll 工作室的所有成员都厌倦了《挺进地牢》的工作。这款游戏的成功超出了他们的想象，但他们在同一款游戏上所花的时间不能无限延长，否则可能把自己逼疯。他们决定在那个春天发布第三个也是最后一个更新版本，然后他们就会去做别的项目。

"《挺进地牢》最初的构想是会持续 6 个月的时间，只是为了让我们的名字出现在那里，获得一些收入，制作一款从开始到结束的游戏，证明我们能够做到这一点，然后再考虑下一步该怎么做。"大卫·鲁贝尔说道，"然而实际上，我为这款游戏工作了 5 年时间。"

■ ■ ■

2019 年 4 月 5 日，在《挺进地牢》发行 3 年，神话娱乐工作室关闭近 5 年之后，Dodge Roll 工作室发布了游戏的最终升级版《永别了，武器》(*A Farewell to Arms*)。就像之前的两次更新一样，这款游戏也添加了全新的 Boss、枪支和模式，并进一步推动了游戏销量的增长。随后，团队决定转向其他项目，一个将于同年晚些时候发行的衍生游戏《逃离地牢》(*Exit the Gungeon*)，以及另外一些他们一直在考虑开发的项目。

最终看来，神话娱乐工作室的关闭对戴夫·克鲁克斯、布伦特·索德曼、大卫·鲁贝尔和艾瑞卡·汉普森来说是一个福音，他们都获得了在工作室工作时从未获得的经济和创意上的成功。《挺进地牢》的特别之处在于它培养了一个积极的、支持玩家的社区——在《地下城守护者》掀起的互联网狂潮中似乎是不可想象的。索德曼说："我真的很害怕，一旦拥有 Reddit 之类的平台意味着什么，因为我看过很多恐怖的故事，在神话娱乐工作室也经历了很多。但至少到目前为止，Dodge Roll 工作室与其粉丝玩家们的关系是积极的。"

《挺进地牢》的创造者从未忘记他们在神话娱乐工作室的时光，这是一个曾对他们的生活至关重要的工作室。事实上，他们也让神话娱乐工作室的记忆永远留在了游戏中。伴随着《挺进地牢》的发行，Dodge Roll 团队还推出了一个 DLC，让玩家能够使用一种特殊的武器：内置交易枪。使用这把枪，你可以将游戏中的金币转换成各种物品（如绿色宝石），并向敌人开火。购买它则需要额外的钱。

官方游戏描述中写道："所有参与枪支制作的人都认为这是个糟糕的主意，但上级还是让他们制作了这把枪。后来，管理层关闭了那家枪支工厂，因为他们生产的枪支没人喜欢。"

Chapter 9
Human Costs;
Human Solutions

第
九
章

人力成本；
人性方案

如果你询问任何资深电子游戏开发者，他们最不喜欢这个行业的哪点，你可能会得到不同的说法，但却是相同的答案：它对待员工很差劲；它会把你吃得只剩骨头渣子，然后弃之不顾。

乔·福尔斯迪克（Joe Faulstick）就是其中之一。他的职业生涯始于 2003 年，在马萨诸塞州的标志性电子游戏公司雅达利担任测试员，在那里工作了半年后，公司就开始了大规模裁员。福尔斯迪克说："那基本上是我进入这个行业的开始。"很快，他接到了老朋友比尔·加德纳的电话，问他是否愿意去管理无理性游戏工作室的质检团队。福尔斯迪克的回答是绝对愿意。他加入了无理性游戏工作室的测试员行列，然后成为第一款《生化奇兵》的制作人。持续不断的工作压力，几乎毁了他和女友的关系。"因为我工作到很晚，所以我们只能在周末见面。"福尔斯迪克说，"而且很多时候我都得在周六工作，然后我就会由于疲劳而取消我们那个周末的约会。"

福尔斯迪克设法平衡了工作和生活，从而扭转了局面并挽救了这段爱情（那个女朋友后来成了他的妻子）。在《生化奇兵》于 2007 年发行后，无理性游戏工作室的其他人也都不想再如此紧迫地做游戏了，所以接下来的几年里一切都很愉快——直到 2010 年夏天，该工作室向世界公开了《生化奇兵：无限》。福尔斯迪克说："我们在这之前一直很紧张，之后也没有停下来。"这些时光本身就够难熬的了，再加上福尔斯迪克也很难适应在无理性游戏工作室文化中根深蒂固的残酷批评，肯·莱文只会对他大吼大叫，说他搞砸了。"对于其他行业来说，这是一个充满敌意的工作环境。"福尔斯迪克说，"游戏行业的挑战之一，就是如果你觉得这是你唯一能去或唯一想去的地方，你就不能自暴自弃成为一锅粥里的那颗老鼠屎。"

2011 年，福尔斯迪克离开了无理性游戏工作室，并成为一名自由职业顾问，同意继续为《生化奇兵：无限》工作，但不再有兴趣去做全职。2012 年，他决定搬到华盛顿州雷德蒙德，去微软公司工作。他在那里待了两年，直到 2014 年 7 月被解雇。几个月后，他和妻子搬到了加州的圣弗朗西斯科，然后在水晶动力公司担任《古墓丽影：崛起》(Rise of the Tomb Raider) 的制作人，这持续了 8 个月。"我愿意偿还安置费，去找另一份工作。"福尔斯迪克说，"在那里，我的工作和生活是最不平衡的。他们犯了一个错误，就是他们的时间计划安排得太紧。"

福尔斯迪克在 2K 位于诺瓦托的分部找到了一份制作人的新工作，这并不需要搬家。但在接下来的几年里，他从发行商的角度去看待游戏后，他开始觉得自己是一个失灵系统的一部分。在过去的一年里，他目睹了 2K Marin 和无理性游戏工作室的倒闭，并目睹了 2K 的其他工作室以及 Telltale 工作室等位于湾区的相邻公司的不断裁员。"一般的游戏公司，即使是像 2K 这样的大型发行商，都不会关注下一款游戏的长期发展，因为很多情况下他们所能做的都取决于正在制作的那款游戏的成功与否。"福尔斯迪克说道，"这就是他们所处的现实。"

福尔斯迪克开始变得焦躁和多疑，担心如果再次被解雇该怎么办。一次次地被人解雇然后辗转于全国各地，他真的想要这样的生活吗？福尔斯迪克说道："如果时机不对，或者如果我们发布了一个项目，却没有完整的计划或准备好转向下一个项目，那么我们就必须大量裁员。如果我在裁员之列，我并不担心能否找到工作，但有 95% 的可能性我们将不得不再次搬家……感觉生活非常不安定。"

在 2018 年，福尔斯迪克决定离开电子游戏行业。他和妻子收拾行李搬到了北卡罗来纳州的罗利，在那里他从事软件开发的工作，制作程序和网站。虽然它不像游戏行业那么吸引人，但报酬更高，工作与生活的平衡得到了极大的改善，他觉得自己身处一个更重视员工的行业。"我不再担心明天会发生什么了。"福尔斯迪克说，"这并不是说公司不会裁员，而是我不必再担心搬家了。"

就像扎克·蒙巴赫和无数其他人一样，福尔斯迪克也离开了一个不在乎能否留住他的领域。那么，如何解决这个问题呢？该如何创造一种游戏制作的系统，让游戏的制作无须像工厂流水线那般把人当机器用呢？

换句话说：该如何修复电子游戏产业？

当无理性游戏工作室关闭时，电子游戏程序员史蒂夫·埃尔莫（Steve Ellmore）并不感到惊讶。2014 年 2 月 18 日下午，在办公室附近的一家清吧喝酒时，他对朋友格温·弗雷也说了同样的话，当时他们发现自己的工作室要关闭了。埃尔莫经验丰富，知道《生化奇兵：无限》之后没有新项目是一个大问题，他知道工作室无法长时间支撑这么多的工作职位。他有一种感觉，至少会裁员。"我已经看到了不祥之兆。"埃尔莫说，"当我们接到工作室关闭的通知时，我们几乎松了一口气。因为现在一切都说得通了。这种情况显然不能再继续下去了，负责人知道这种情况不能再继续下去，所以他们至少需要做点什么。"

他有个计划。"在那个时候，一切都恰到好处。"埃尔莫说，"现在我知道我该做什么了。"

许多年前，埃尔莫在英国谢菲尔德大学学习计算机科学，他就是在那里长大的。他一直想成为一名程序员，不仅从事电子游戏的制作，还可以开发能够制作电子游戏的工具。他喜欢和引擎（游戏开发者在不同项目间重复使用的代码程序）打交道。随着年龄的增长，他梦想着通过解决人们的技术问题来谋生。1996 年，埃尔莫获得了他的第一份电子游戏工作，在一家儿童软件公司担任本地化工程师，帮助调整文本框，并处理将游戏从英语翻译成其他欧洲语言时出现的其他棘手问题。

几年后经历了一次创业失败，埃尔莫便搬到美国找了份工作，最终在伊利诺伊州芝加哥的一家游戏工作室 Midway 工作。这家公司最初是一家街机公司，从日本引进了《太空入侵者》（*Space Invaders*）和《吃豆人》（*Pac-Man*）等游戏在北美发行。当埃尔莫于 2001 年加入时，Midway 工作室已经成为一家电子游戏主机开发商和发行商，并以一系列血腥的格斗游戏《真人快打》（*Mortal Kombat*）而闻名。该系列曾是文化的试金石，但 Midway 工作室已经变得不正常了，高管不断地更换，每年的运营亏损高达八九位数。

在领导 Midway 工作室的技术团队时，埃尔莫遇到了另一位也叫史蒂夫的程序员——史蒂夫·阿尼奇尼（Steve Anichini），两人成为好友和知己。他们在《枪神》（*Stranglehold*）等游戏的合作中关系密切，该游戏是与电影导演吴宇森合作开发的（吴与沃伦·斯佩克特的合作项目中断了）。《枪神》的主要玩法是让玩家放慢时间消灭敌人，这是两个史蒂夫都喜欢解决的迷人技术挑战。即使 Midway 工作室快要关闭了，阿尼奇尼和《枪神》技术团队的其他成员发现互相也能相处得很好，他们喜欢为埃尔莫这个合群的领导者工作。"很多人会因为喜欢自己的顶头上司而选择忍受公司其他不好的地方。"阿尼奇尼说。

2009 年初，这两位史蒂夫开始讨论如果 Midway 工作室关闭后他们要做些什么。他们曾讨论过创办自己的公司，但他们的计划不完全一致。相反，埃尔莫与无理性游戏工作室的一位朋友通了电话，该公司当时刚刚开始开发《生化奇兵：无限》，需要程序员。埃尔莫不仅说服了工作室雇用他，还雇用了他的整个团队——这是一个不同寻常的举动，但对于一家寻求扩张的工作室来说却是一个很好的做法。"我认为这个行业低估了团队和团队动力，"埃尔莫说，"他们都过于随意解散有着协同效应的伟大团队。"

这是一揽子交易。2009 年 4 月，这两位史蒂夫和他们在 Midway 工作室的另外两名同事迈克·克拉克（Mike Kraack）和克里斯·蒙森（Kris Munson）从芝加哥前往波士顿，在那里他们将为无理性游戏工作室处理引擎和技术工作。①从精细的灯光增强到工具优化，这些都能让设计师尽可能高效地工作。在《生化奇兵：无限》漫长而艰难的开发过程中，引擎团队的关系在长时间的工作和技术挑战中变得更加紧密。

当《生化奇兵：无限》在 2013 年 3 月问世时，他们很快发现无理性游戏工作室也出现了问题。关于工作室下一个项目的讨论逐渐减少，埃尔莫的技术团队也不再收到新的请求和任务。他们自己决定将《生化奇兵：无限》移植到新的主机 Xbox One 和 PS4 上，但这并不是一个官方批准的项目——他们只是需要做些事情。"当工程师们被放任不管的时候，并不是一个好兆头。"史蒂夫·阿尼奇尼说，他再次提出了多年前创立自己公司的想法。在经历了《生化奇兵：无限》的艰难开发之后，他们很难想象继续去开发另一个漫长的项目。"就我个人而言，我不知道我是否还有能力再制作一款历时 5 年的游戏。"阿尼奇尼说道。

2014 年 2 月的一天，阿尼奇尼迟到了，他错过了一个令人意外的晨会。"我到的时候会议已经进行了一半。"阿尼奇尼说，"我想我等会儿就会知道发生什么了，然后就开始工作了。"他在计算机前只待了几分钟，突然程序一个接一个地开始被退出。弹窗淹没了阿尼奇尼的计算机屏幕，显示他的登录名和密码已经失效。与此同时，肯·莱文正在厨房告诉无理性游戏工作室的员工，他要关闭工作室。几分钟后史蒂夫·埃尔莫走进了房间。"他说，'好吧，我想我们要开始做自己的公司了。'"阿尼奇尼回忆说。

在接下来的几周里，当无理性游戏工作室的其他前员工都纷纷飞赴面试和参加招聘会时，埃尔莫和阿尼奇尼制作了一份 PPT，详细介绍了

---

① Midway 工作室在几个月后便宣告破产，许多员工留在了芝加哥，成立了一个名为 Nether Realm 的新工作室，并继续致力于《真人快打》游戏的开发。

他们对这家新公司的计划。然后，他们邀请了技术团队的其他几位成员到埃尔莫的家里开了一个推介会议。"我们必须迅速行动，因为我们知道我们团队中的很多人都会收到那些公司的邀请。"埃尔莫说，"我们希望这能成为一份替代选择。这是真实的计划，我们一定会实现的。这是可行的选择，可以把这份工作和其他工作机会一起考虑。"

他们的计划很简单：埃尔莫和阿尼奇尼用自己的积蓄和从无理性游戏工作室倒闭中获得的离职补偿金来创办一家新公司，并尝试带来一些团队中的其他成员。这不是传统的游戏工作室，他们不想通过制作自己的原创电子游戏而进入游戏开发的荣枯世界。相反，他们将成立一家技术外包公司，向世界各地的公司出售服务。他们会修复漏洞，编写复杂的代码，并帮助公司将游戏移植到新的平台，如 PS4 和 Xbox One 等虚拟现实设备，如 Oculus Rift。他们的口号很简单："实现游戏很困难，让我们来帮忙。"

这是一个诱人的提议，原因如下：埃尔莫的团队中的任何人都不需要离开波士顿去找新工作了，他们可以继续在一起工作。"他们是我共事过的最聪明的一群人。"迈克·克拉克说，"他们想让我和他们在一起，这让我有点自豪……这份工作的报酬和其他公司一样，而且我也不用搬家。所以这是一个三赢局面。"克拉克认为，这是一种可行的商业模式。创业总是有风险的，但是如果说电子游戏行业存在供不应求的环节，那就是编程。

他们为公司取名为"CodeBeast"，后来因为一些商标问题后将其更改为"Disbelief"。起初，他们以为在开始谈判合同的时候会有一段时间的停顿，但让两个史蒂夫高兴的是，他们在 5 月底就已经有了合同，也就是在无理性游戏工作室关闭仅仅 3 个月后。他们在 Midway 工作室的一个老朋友戴夫·朗（Dave Lang）创建了自己的外包工作室 Iron Galaxy，他给埃尔莫提供了一些外包工作。"我记得我说，'你疯了吗？

你是在帮我建立一家与你的公司竞争的公司。'"埃尔莫回忆道，"他说，'别担心，让游戏实现很困难，到处都需要能够使游戏实现的人。'"

在接下来的几年里，Disbelief 公司承接了各种游戏的技术合同，无论大小都接。他们致力于《战争机器》和《无主之地》(Borderlands)等授权游戏，甚至还与一些老朋友合作。当格温·弗雷在自己的单人益智游戏 Kine 中需要一些技术帮助时，Disbelief 公司便是她的第一选择。当肯·莱文的新工作室 Ghost Story Games 遇到工程问题时，他们也选择了 Disbelief 公司。到 2021 年，这两位史蒂夫已经将公司扩大到 25 人，分别在波士顿和芝加哥（阿尼奇尼回到芝加哥后可以离家人更近）有两个分部。最终，无理性游戏工作室的终结给他们带来了意想不到的舒适、成功，最重要的是稳定。在电子游戏行业工作的史蒂夫·埃尔莫说："行业将会出现整合，会有赢家和输家。但我想我并不担心，因为我们是卖铲子的。"

Disbelief 工作室的创立或许是对大预算电子游戏产业未来的一种展望。这是一种旨在解决或至少缓解不稳定性问题的模式，而不稳定性问题正是导致乔·福尔斯迪克等人退出游戏的原因。Disbelief 工作室的员工不必担心他们的下一款游戏失败或公司倒闭。合同的终止或项目的取消不会破坏该工作室，因为他们的鸡蛋在几个篮子里。随着电子游戏图像保真度的不断提高，他们总会遇到新的技术挑战、新平台和新问题。埃尔莫说道："我认为未来的情况是：由一个小团队负责创意愿景，然后将所有其他工作外包出去。为了实现这一目标，必须有一个由优秀的公司组成的网络和生态系统。我认为这才是游戏开发的未来。"

埃尔莫喜欢说 Disbelief 工作室的理想客户应该是像 Ghost Story

Games 工作室那样：一个拥有创造性抱负和充裕资金的小型公司。事实上，当肯·莱文的新工作室在无理性游戏工作室关闭数年后接触 Disbelief 工作室时，发生了一些有趣的事情。Ghost Story Games 工作室的人想要一个特定的图形渲染功能，而 Disbelief 工作室和他们说大概需要 6 个月才能完成。"如果现在我们还是无理性游戏工作室的全职员工，我们就可以立即为他们工作。"埃尔莫说，"但现在我们告诉他们，这个工作要花多长的时间，需要多少工程投资，以及维护它所需的费用。他们会说，'好吧，我们不太想做了。'"

这是 Disbelief 团队作为无理性游戏工作室的内部团队工作与作为外包公司存在的关键区别。当游戏工作室不得不为工程团队的每一个小时付费时，它的领导者就必须再三考虑巨大的技术成本——他们不能因为一时冲动就去找工程师做一些工作。"对我来说，尽管我们失去了这份工作，但系统在运作。"埃尔莫说，"团队应该决定的是如何花钱，而不是盲目地去做一些工作。"

当然，外包对电子游戏行业来说并不是什么新鲜事。多年来，大型发行商和工作室一直依赖来自世界各地的外包商来完成各种工作。有两家总部位于洛杉矶的公司在大型游戏的制作中无处不在：Blur 公司负责电影预告片，Formosa Interactive 工作室负责音效设计。在 2019 年《使命召唤：现代战争》(*Call of Duty: Modern Warfare*) 的工作人员名单上，我们可以看到印度的 Dhruva、西班牙的 elite3d、越南的 Glass Egg、中国的 Red Hot 等很多外包公司。多年来，在上海雇用美工的成本一直低于圣弗朗西斯科，大公司们都已经利用了这一有利条件。

但 Disbelief 工作室在某些方面是独一无二的，值得探究。在公司成立几年后，这两名史蒂夫决定建立一个统一、透明的薪酬政策，确保公司的每个相同职位的员工都有相同的薪酬。他们制作了一个电子表格，上面有头衔：初级程序员、程序员 1、程序员 2、高级程序员等，并列出了每个人的薪水以及晋升的具体标准。这是一个激进的举动，对于崇尚精英主义的自由主义电子游戏程序员来说，这可能会让他们大倒胃口。令老板吃惊的是，这项政策竟然成了公司的一个卖点。2018 年 5 月，史蒂夫·阿尼奇尼发表了一篇博文，解释了他们的公开薪资政策，他开始招揽一些看过这篇博文并且想成为这种文化一部分的求职者。Disbelief 工作室的员工也对这一变化感到兴奋。在 Disbelief 工作室的波士顿分部工作了 3 年的伊丽莎白·鲍梅尔（Elizabeth Baumel）说："你知道自己必须做些什么才能得到晋升，真的太棒了，我希望每家公司都能这样做。"

Disbelief 工作室还维持着一项坚定的反内卷政策，尽管两位史蒂夫在如何实施这一政策上存在分歧。阿尼奇尼希望完全禁止加班；埃尔莫则表示为了以防万一他想更灵活一些。当员工加班后，Disbelief 工作室会立即给他们放假。"通常在像无理性游戏工作室这样的大公司，你会在工作一年后获得一个月的假期，"Disbelief 工作室的程序员克里斯·蒙森说，"当我不得不加班时，获得的调休都是 1∶1 的。如果你一周多工作 40 个小时，就可以有一周的假期。"Disbelief 工作室对客户是按小时收费，这有助于弥补不足（并鼓励这些客户选择实际的截止日期）。

所有这些福利的缺点是，Disbelief 工作室总是屈从于这些付钱的客户。除非他们决定自己开发一款游戏，但两位史蒂夫认为这是不太可能的，Disbelief 工作室的工程师永远不可能决定一个项目的创意方向。他们的技术决策总是受到客户需求的限制。他们永远不会从头到尾地致力于一款游戏，而是从看到项目从概念插图和 PPT 演示变成数百万人玩的艺术作品中获得满足感，就像《生化奇兵：无限》。"这不是我曾经理想中的工作。"蒙森说，"我的理想工作是加入顶级团队，而不是成为一名外包工程师。但在经历了所有与之相关的见鬼事情之后，我觉得我现在更快乐了。"

除此之外，又有多少人能真正影响到游戏的发展方针？在大预算的顶级开发中，制作人沃伦·斯佩克特和肯·莱文获得了大部分的创意控制权。美工和设计师可以拥有自己的小领域或专业项目的所有权，但在无理性游戏工作室的 200 名员工中，有很多的工作只是为了服从命令，而更多的人则是不得不因为莱文改写了一个场景而扔掉几周或几个月的工作内容。像 Disbelief 工作室中这样的工程师甚至都不会参加这些会议。史蒂夫·埃尔莫说道："我们并没有在《生化奇兵：无限》中投入大量创造性内容。故事不是我们写的。我们并没有设计这些角色……从我的角度来看，我只是提供了协助，让项目得以完成。所以在很大程度上，我现在的工作和以前一样。"

这是电子游戏开发行业可持续发展模式的一个愿景：核心创意主管可以根据需要聘请专门的外包公司。在制作全新游戏的第一年，当一款游戏主要通过纸上和原型进行设计时，美工和设计师可能不需要太多工程师的帮助。但在最后，当需要修复漏洞并提高帧率时，像 Disbelief 工作室这样的团队便会进入并帮助游戏实现。迈克·克拉克说道："有很长一段时间你并不需要技术团队，因为你正在为你的游戏概念工作。这也是工作室关闭的部分原因——他们说，'好吧，我们现在不需要这么庞大的游戏团队，所以我们只能裁员，之后再重新招聘。'"

如今一个普通的顶级电子游戏公司都可能拥有 200 或 300 名员工，同时将美术和关卡外包给数百名员工。那么想象一下，如果这个世界上电子游戏公司只有 15 或 20 个关键的创意领导，与其为每个新项目招聘员工，再在不需要他们或者游戏失败的时候不得不解雇他们——还不如这些创意领导者依赖于一个遍布全球的专门网络。"Disbelief 工作室为所有雇用他们的人提供了一种很棒的服务。"乔·福尔斯迪克说道，"为什么不能为那些真正擅长制作第一人称射击游戏关卡的人提供类似 Disbelief 工作室这样的平台呢？这类拥有超高水平虚幻引擎制作技术的，可以是 8 ~ 10 人规模的小型工作室。"

假设你制作了一款电子游戏，内容是一名蓄着胡子的水管工试图打败一只邪恶的乌龟，现在你正尝试开发续集《超级水管工 II》(Super Plumber Adventure 2)。你作为一名创意总监，为一家备受尊敬的发行商工作，已经雇用了一些制作游戏的关键人物：为游戏设定视觉基调的美术总监、负责决定跳跃和火球机制的设计总监，以及决定游戏代码如何运行的工程总监。如果是像 The Molasses Flood 或 Dodge Roll 这样的独立工作室，可能会止步于此，制作一款只有少数人参与的小型游戏，但这是个顶级游戏啊，宝贝。为了达到发行商所期望的图像保真度和技术创新，你还需要数百名员工。如果你的游戏看起来不够漂亮，就会受到 Reddit 网站的嘲笑。

在如今的电子游戏产业中，工作室可能会采取一种分散的方法，雇用一群正式的全职员工和另一群全职员工，后者实际上是外包人员，虽然也在公司的办公室工作，但从技术上来说他们受雇于一家外部公司，可以支付更少的工资，以及避免像"医疗保健"和"休假时间"这样令人讨厌的福利。3 年后游戏问世了，你就需要解雇所有不再需要的人。你还需要祈求上帝保佑你的游戏能够卖得很好，你的发行商不会让你关门大吉。

那么，另一个模式是什么样的呢？如果工作室不是去招募美工和设计师制作《超级水管工 II》，而是在犹他州找到一个由平台游戏关卡设计专家组成的团队，在纽约找到一个工作室从事建模华丽的三维怪物，在巴西拥有一套能够完美满足你的游戏需求的技术。就像汽车可能是由全球各地的零部件组装而成，你的大预算游戏也可以由远程工作的专家团队制作。毫无疑问这将会有一些挑战——面对面地讨论创造性的争议已经够困难的了，更不用说跨越多个时区了，2K Marin 和 2K Australia 就曾经尝试过——但这些问题难道不是比裁员或关闭更好吗？

如果这些专业公司都能像 Disbelief 工作室那样对待自己的员工，包括反内卷的政策和透明的工资方案，也许电子游戏的制作就不会让人崩溃了。也许这样他们就不再需要在每三年跳槽一次和完全离开电子游戏行业之间做出选择了。Disbelief 工作室的迈克·克拉克说道："我觉得小型合同工作室会是一种持续存在的模式。"和其他游戏开发者一样，克拉克也有自己的裁员经历——他的第一份电子游戏工作是在印第安纳波利斯的一家游戏工作室，但就在他工作后的第五年，这家工作室倒闭了。[①]"自从我在印第安纳波利斯买了第一套房子后，我就一直不想再买房子。"克拉克说，"而现在我在考虑也许是时候买套公寓了，我觉得我不会很快离开波士顿。"

电子游戏行业应该主要由专业的外包工作室组成的想法已经被很多人讨论过。事实上，我们之前遇到的一群开发者也认真地讨论过这个问题——马里兰州的一群设计师和动画师，他们也是工作室倒闭的受害者。多年后，这个团体的成员仍然称那段经历为他们一生中最美好的时光。

在 Big Huge Games 工作室被一颗叫作柯特·席林的小行星击中之前，乔·夸达拉的实战室成员喜欢开玩笑说他们应该一起开一家公司。团队中的设计师和动画师会玩一些幼稚的游戏并为奖杯而竞争，他们喜欢一起工作，并为《阿玛拉王国：惩罚》的战斗系统所获得的赞誉而兴奋不已。领导团队的竞争意识很强的设计师夸达拉甚至为这家假想的公司起了个名字：Just Add Combat。"那是我们当时开玩笑说的，但这可

---

① 这家名为 Sunstorm 的工作室曾负责热门的猎鹿游戏，并于 2003 年关闭。"虽然我哥哥在我之前曾在一家电子游戏公司工作过并经历了倒闭，但我当时认为我的公司不会。"克拉克说。

能是个好主意。"设计师贾斯汀·佩雷斯说,"如果我们聚在一起,组成一支制作战斗系统的旅行乐队会如何呢?"

不过,他们从来没有认真考虑过这个问题。当 Big Huge Games 工作室突然停止支付员工薪水并在 9 天后倒闭时,他们都没有时间去考虑创建公司的事情。他们忙着交房租和找新工作。有些人转到了短命的 Impossible 工作室,有些人则飞往新的城市,组建专业的战斗系统制作团队的想法还没开始就夭折了。

2013 年,Impossible 工作室关闭后,夸达拉搬回了圣弗朗西斯科,在水晶动力公司待了一年。他在那里开始了自己的工作,后来在 2K 位于诺瓦托的分部从事游戏发行工作。夸达拉说道:"我在一年内经历了两家工作室的关闭,这两次都出乎我的意料。我觉得我错过了一些东西,我想如果在发行界工作或许可以给我答案。2K 提供了许多失败的教材。他从 2014 年,也就是 2K Marin 被关闭一年后开始从事发行工作。到了 2015 年,也就是一年后,夸达拉眼睁睁看着发行商关闭了 2K Australia,这很让人难过,他和那里的很多人一起共事过。

夸达拉大部分时间都很享受成为一个大型发行公司的一员,以新的方式同时完成几款游戏,而不是像过去那样将数年时间投入一个项目中。这种新的方式既是一种挑战,也是一种回报。他还学会了一些上市公司背后的黑暗金融魔法。在这些公司里,真正重要的是每季度财报。夸达拉说:"当你有一款游戏预计销售不佳时,比如《调查局:幽浮解密》,你可能会将其保留较长时间,这样你就可以将其与《侠盗猎车手》或《荒野大镖客》等在同一个财务年度中发行。"① 在 3 年半的时间里,夸达拉都在 2K 的诺瓦托机库工作,与世界各地的开发者合作,帮助他

---

① 《调查局:幽浮解密》于 2013 年 8 月 20 日问世。轰动一时的《侠盗猎车手 V》(*Grand Theft Auto V*) 于 2013 年 9 月 17 日问世。Take-Two 的季度财报结束于 2013 年 9 月 30 日。毫无疑问这是一个盈利的季度。

们完成游戏。"我的工作做得很好。"他说,"但感觉有点无聊了,我每周用两天来完成工作,另外 3 天在玩《街头霸王》,或者尽量不让自己惹人讨厌。"

夸达拉联系了他的一位导师,一位名叫埃里克·威廉姆斯(Eric Williams)的资深游戏设计师,他是一名战斗系统顾问。两人在 2008 年夸达拉开始在 Big Huge Games 工作室工作时就有了交集。威廉姆斯曾参与过《战神》系列游戏的制作,并为后来的《阿玛拉王国:惩罚》提供咨询,他也经常鼓励夸达拉成为一名自由顾问。"我们见面的时候他说,'你可以现在就做这个,'我只是不相信他说的。"夸达拉说,"当这成为我的一个选择时,他给了我信心。"在妻子的鼓励下,夸达拉决定在 2017 年秋天离开 2K,开始自己的咨询业务。当他告诉 2K 的老板他的计划时,他们主动提出成为他的第一个客户,这让他松了一口气。在接下来的几个月和几年里,他在咨询界取得了成功,吸引了许多主要在战斗系统方面寻求帮助的大小客户。

这似乎是很自然的举动,夸达拉开始接触他之前的共同战斗过的同事,看看他是否能让这群人重新回来。一些曾与夸达拉在 Big Huge Games 工作室共事的设计师和动画师称那段时光是他们一生中最棒的工作体验——如果他打电话给他们,他们会怎样回答?也许"加入战斗"团队终将会成为现实。

但这么多年已经过去了,夸达拉并不真的相信这个想法能成功。"我觉得这不是一种可行的商业模式。"他说,"你必须为船上的每个人安排足够的工作。你必须让费率保持足够的竞争力,让人们觉得他们不能自己做。"夸达拉表示,最大的挑战将是克服其他电子游戏开发者的傲慢,他们中的许多人往往高估自己的技能,低估自己必须面对的挑战(这种现象的科学术语叫作"人性")。举个例子来说,夸达拉表示最近有一家公司联系他,说他们要在 10 个月内发行一款游戏,需要创造 12 场 Boss

战斗，他能帮上忙吗？他告诉他们，绝对不行，一场像样的 Boss 战可能需要 3 个月的时间才能完成，而且还需要一支经验丰富的团队。夸达拉说："所需的人员和专业知识都超乎想象。没有人会为此买单，除非火烧眉毛了。"

当我提出电子游戏行业的模式应该是核心创意团队与全球各地的专业外包公司合作时，夸达拉表示怀疑。他说："我发现有些工作很容易外包，有些则比较难外包。"对于开发者来说，在不造成太多干扰的情况下，将幕后工程工作交给像 Disbelief 这样的公司是很容易的。但夸达拉说，对于像战斗系统这样的即时行动来说，距离远会造成工作更加困难。夸达拉表示："可外包性与你获得的玩家体验的接近程度成反比。毕竟，Big Huge Games 工作室的实战室获得成功，是因为他们能够快速迭代。他们能够做到这一点，是因为他们都是在同一个房间中工作。"

自从在 Big Huge Games 工作室工作以来，夸达拉对战斗系统的兴趣越来越小，尽管他的许多客户都知道他是令人满意的、富有挑战性的制作电子游戏战斗系统的能手。近年来，随着游戏开发者们面临着文化战争和来自那些不希望看到行业变得更加多样化的玩家的骚扰，夸达拉迅速转向了相反的方向。"我更感兴趣的是拥有创造性的声音，而不是男性权力幻想。"夸达拉说，"我发现，那些更接近健康多样性的团队，往往不会有太多的战斗环节。"

换句话说，"增加战斗"团队可能不会再出现。和大多数资深开发者一样，夸达拉认为这个行业需要在某些方面做出重大改变。他只是不知道专业外包模式是否可行。夸达拉说："我们不能在组建一个全职团队后就把他们裁掉——这是不可持续的。我们必须设法解决这个问题，我不认为这个行业能以现在的方式生存下去。"

还有另一种选择，一种可以为其他电子游戏工作室的更多员工提供像 Disbelief 这样的公司带来的好处的选择。这是一个已经被讨论过很多次的选择。近年来，它似乎比以往任何时候都更加可行。

2018 年 3 月 21 日，在加州圣弗朗西斯科举行的游戏开发者大会上，200 人挤在一个温暖的会议室，就电子游戏行业的工会问题举行圆桌会议。从附近建筑工地传来的钻孔声淹没了许多讲话者的声音，但你仍然可以感觉到房间里充满能量的嗡嗡声。这里只有一个麦克风，由大会的工作人员提供给那些想分享电子游戏行业如何让他们失败的故事的人。其中一人说由于工作过度，他们已经耗尽了游戏开发的精力；还有人说，他们连续工作了 9 个月，最后却只得到了一周的带薪假期。① 他们讨论了如何让电子游戏行业成立工会来解决其中的一些问题，让员工们在谈判桌上有一席之地，并允许他们起草包含公平工资和适当福利的合同。

游戏开发者过去多次讨论过工会问题，但正是在这次游戏开发者大会上，在一个名为 Game Workers Unite 的这个月早些时候成立的草根组织领导下，这些讨论才获得了真正的动力。在大会期间，Game Workers Unite 的成员分发了小册子，并表示愿意与任何有兴趣了解更多内容的人进行一对一的交流。"我们喜欢这些人制作的游戏，但你不能在这个过程中把人往死里压榨。"其中一名自称艾玛·金内马（Emma Kinema）的组织者告诉我，"这是不对的。"

这次圆桌会议的主题是"现在成立工会吗？工会的利弊与后果"。但在一个小时的时间里，只有一个人提到了缺点和后果，该小组的主

---

① 在整个电子游戏行业中，这种补偿远比扎克·蒙巴赫所描述的在 EA 获得的五位数奖金更为普遍。

持人明确反对工会。该主持人是国际游戏开发者协会的负责人,这是一个松散的非营利组织,专门为游戏开发者们组织活动和研讨会。而且事实证明,詹妮弗·麦克莱恩在电子游戏行业还有很多可怕的身份,比如38号工作室的前CEO。

麦克莱恩在圆桌会议上回答了大多数持怀疑态度的人的问题,并提供了一些关于工会负面影响的轶事,认为组织并不能解决电子游戏产业所面临的所有问题。前一天在附近一家万豪酒店接受我的另一次采访时,她也发表了类似的评论,认为工会并不是解决行业弊病的灵丹妙药。"通常来说,当一家工作室倒闭时,是因为他们花光了资金,也耗尽了资金渠道,而工会不会帮助他们获得现金。"① 麦克莱恩当时说,"我们不能指望工会解决游戏产业的所有问题。"

当然,严格来说她是对的。工会并不是解决电子游戏行业问题的灵丹妙药。像这样改变目标是反对工会的人常用的说辞,但现实是工会可能有助于阻止麦克莱恩运营的公司颠覆数百人的生活。如果38号工作室的员工达成了某种集体谈判协议,他们可能会要求更高的透明度,甚至是有保障的遣散政策。工会无法阻止38号工作室的资金枯竭,但他们可能会迫使柯特·席林和公司的其他管理人员在公司发展到无法支付员工工资的地步之前关闭工作室。

换句话说,38号工作室员工中的大部分人可能更愿意在3月份被解雇并获得两个月的离职补偿金,而不是在5月份某一天上班的时候发现自己再也拿不到工资了。

当我在2020年写这本书的时候,关于成立工会的讨论正在进行。美国大型电子游戏工作室是否会采取行动还有待观察(瑞典等国的一些游戏工作室已经成立了工会),尽管大多数游戏开发者都支持成立工会。

---

① 麦克莱恩拒绝就这本书进一步交谈。

2020 年 1 月进行的一项游戏开发者大会调查发现，54% 的受访开发者希望在游戏行业成立工会，在剩下的人中，21% 的人说可能，16% 的人说不可能，9% 的人说他们不确定。电子游戏产业工会的成立在未来似乎不可避免，问题是何时以及如何成立。

Disbelief 工作室的员工并没有加入工会——当我问史蒂夫·埃尔莫时，他说担心这会导致他们失去客户——但实际上，该公司本质上就是一个工程师工会，与客户谈判，并保护员工，这要归功于有关工作内卷和薪资透明度的政策。

与肯·莱文这样的创意总监不同，Disbelief 工作室的员工将始终受到与客户签订的合同的保护，类似工会的集体谈判协议。然而这个模式的一个问题是它依赖于管理层的慷慨。如果有一天这两位史蒂夫决定改变他们的政策，或者如果 Disbelief 工作室被一家更大的公司吞并，这些福利可能就会消失。而工会可以帮助解决这个问题。①

正如反对者所指出的那样，工会的缺点包括官僚主义、效率低下和高昂的费用。在我们的聊天中，麦克莱恩提出如果电子游戏公司开始组织工会，这将使整个游戏行业的老板依赖其他地方的廉价外包劳动力，或者青睐那些没有工会的公司。麦克莱恩无法提供一个更好的解决方案——除了一个模糊的愿望，即电子游戏产业有更多的"融资渠道"——这本质上意味着维持现状。对于许多电子游戏老员工来说，这是一个难以接受的现实。

每一次新的裁员或工作室关闭都表明，电子游戏行业需要更多地保护其员工，而工会是这一平衡中必不可少的、不可避免的一部分。不过，

---

① 我以我的个人经验来聊聊——我们 2015 年的时候在 Gawker Media 公司组织成立了工会，帮我们避免了受到潜在问题的影响。当时我们的公司在 2016 年因为一个复仇的亿万富翁而破产，我们被一家公司收购。我们的新东家 Univision 必须维持我们过去享有的所有福利。2019 年，当我们被出售给一家名为 Great Hill Partners 的私募股权公司时，我们的工会合同再次确保我们能够保持稳定的医疗保险和有竞争力的最低工资。当然，工会无法保护我们免受 Great Hill 公司其他灾难性决定的影响……但那是另一本书的故事了。

詹妮弗·麦克莱恩在一件事上是对的——工会不能阻止公司资金枯竭。也许没有什么可以。在一个如此变幻无常且受热门作品驱动的行业，或许没有办法阻止高风险的商业决策。

也许我们应该从另一个角度看待这个问题。

▞ ▞ ▞

在 2020 年 2 月 27 日，周四，凯莉·古斯科斯和她领导的团队参加了一个会议，讨论一种传染性极强的病毒的传播。在 2014 年神话娱乐工作室关闭后，古斯科斯在 EA 待了几年，搬到了得克萨斯州的奥斯汀，负责监督《辛普森一家：枯竭》和《星球大战：银河英雄》（*Star Wars: Galaxy of Heroes*）等手游开发团队。然后在 2019 年秋天，她在位于华盛顿西雅图的 Bungie 工作室担任了一份顶级制作人的工作。Bungie 是《命运》的开发商，那里的人们刚刚开始报道新型冠状病毒的阳性病例，这种病毒导致一种名叫"新型冠状病毒肺炎"的使人衰弱的疾病。

此时，"社交距离"一词已成为美国国家词典的一部分，越来越明显的是，阻止新型冠状病毒肺炎传播的唯一方法是人们避免身体接触。古斯科斯和 Bungie 工作室的其他领导为员工提供了洗手液以及额外的带薪假期，但他们开始怀疑，也许他们需要很快地采取更严厉的措施。随着周末的到来，他们开始规划 Bungie 工作室远程工作的情况。他们如何建立一个虚拟网络？会议是什么样的？他们需要什么样的设备？"我们做了一个最糟糕的假设，如果每个测试人员、工程师和美术人员都需要一台新计算机。"古斯科斯说，"我们的 IT 部门出去比较了价格。周一的时候大概带回了 400 台笔记本电脑。"

3 月 2 日，他们让几十个人待在家里，作为试点来测试他们的工作流程，到了 3 月 10 日，周二，Bungie 工作室的所有人都被告知需要回家并且待在家里不要外出。到这个月底，大部分电子游戏行业（在世界上大部分地区）已经转为远程工作，这是这个奇怪的新现实的一部分，没有人知道这种情况会持续多久。突然间，一个习惯于在世界各地的实体办公室和工作室工作的行业几乎完全变成了虚拟的。这个行业曾经迫使如此多的员工放下一切，举家搬迁到新的工作岗位，现在却不得不被迫为所有人建造虚拟办公室。

当然，也有一些小问题。随着学校和日托班的关闭，在职父母们发现自己被逼到了边缘，他们需要自己完成所有的事情。古斯科斯发现自己在解决一场又一场危机，因为服务器宕机，控制器停止工作，工作人员在疫情造成的破坏中挣扎。但是，尽管 Bungie 工作室和其他公司的生产力受到了打击——世界各地的一些开发人员估计，在危机期间，他们的产能只有 70%～80%——但工作仍然能够继续（Bungie 工作室后来将《命运》的下一个扩展内容从 2020 年 9 月推迟到 11 月，称主要原因是受疫情的影响，最后扩展版本确实发行了）。

随着疫情的持续，电子游戏行业开始出现一个新问题：如果游戏开发者现在可以远程工作，为什么不能一直这样做下去？古斯科斯发现，虚拟工作场所有一些缺点。她说，孤立会耗尽创造力。"我们最好的合作是面对面的。"她说，"你错过了在走廊里看到一个人的那种渴望，你不能在家制造这种场景。我认为你所得到的联系是不可以人工复制的，我想真正的好的创造力便来源于此。"

然而，古斯科斯也同情电子游戏行业的资深人士，他们厌倦了每次失去工作或获得新工作时都要在全国各地搬家——毕竟她也是其中一员。"这给了我们一个机会去思考我们如何能更宽容地对待这一问题。"古斯科斯说，"在我的大脑里，我总是试图为最坏的结果做打算。如果团队中有一个人得远程工作，这意味着什么？我认为这些都是 Bungie 工作室愿意接受并考虑的挑战。"

当美工托马斯·马勒（Thomas Mahler）在 2010 年离开暴雪娱乐公司回到他的家乡奥地利维也纳时，他知道自己想创办一个独立的游戏工作室。由于他想与之一起创办 Moon 工作室的工程师住在以色列，他决定他们不再有办公室或者总部地点——创立一家虚拟公司。马勒说："我们意识到，实际上这对我们来说真的是一件好事。"他们雇用的第一名员工是澳大利亚的程序员，后来在俄罗斯找到了几个美工，在波兰找到了设计师，然后在日本找到了作家。到 2020 年，Moon 工作室已经发行了两款非常成功的游戏——一款出色的平台游戏《奥日与黑暗森林》（Ori and the Blind Forest）及其续集《精灵与萤火意志》（Ori and the Will of the Wisps），该游戏由 80 名远程工作的员工制作完成。在新型冠状病毒肺炎传播之前，它是完全虚拟运营的规模最大的电子游戏公司之一。马勒说："我们的员工来自世界各地，这是真正有助于我们的事情之一。我们可以挑选超级强大的人才，但永远不需要调动和搬迁。"

这并不是一个完美的模式，马勒告诉我有些人因为太过孤独而辞职。但对于 Moon 工作室来说，虚拟办公室的运作解决了很多问题。没有人需要担心签证或搬到生活成本高的城市。当开发人员加班时——当你的一天没有被通勤打断时，很容易超时工作，但好在至少他们还在家里，可以自己做饭并且哄孩子上床睡觉。每年，Moon 工作室都会举办一个公司团建活动，租一个欧洲城堡，让大家坐飞机一起去待上几天（马勒说："有很多城堡和别墅在一年的大部分时间里都是空的。"）。剩下的时间，他们会使用组织软件来交流游戏进展，并每周定期举行视频会议。马勒说："你唯一没有的就是'饮水机时刻'（面对面闲谈）。"

一些独立公司将远程办公发挥到了极致，比如 Sonderlust 工作室，它是由来自温哥华、多伦多和马里兰的 3 个人创立的，他们都在这些城市扎根，并不想离开。他们知道在电子邮件和 Slack 上用文本信息来进行交流，并不是理想的方式。在文本中，语气可能会消失，回复可能会花费太长时间，因此他们通过视频会议建立了一个虚拟办公室。每当 Sonderlust 工作室的员工开始工作时，他们都会打开网络摄像头，然后登录 Zoom 电话，所有同事都会在那里等待，啜饮咖啡，埋头玩游戏。在办公时间，他们会像卡通人物布雷迪庞齐一样待在屏幕上的盒子里，一边工作一边聊天。如果他们不想太分心，可以把窗口最小化。

对 Sonderlust 工作室的三位联合创始人之一林赛·加兰特（Lyndsey Gallant）来说，这种虚拟办公室是理想的工作方式。它考虑到了办公室的社交氛围，而不是强迫所有人离开家乡城市，并且就像 Moon 工作室一样，他们可以雇用有才华的新员工，无论他们住在哪里。他们不需要浪费时间通勤或花钱租一间办公室，但他们仍然可以随时面对面交谈。加兰特说道："游戏产业的不稳定性令人苦恼。我们应该做任何我们能做的事情来改变这种状况，让它变得更好。"

很难想象这种虚拟办公室在大预算工作室中也会如此运作。400 人一起参加同一个电话会议会引起混乱。我们更容易想象这样一个世界，即美工团队都在打一个视频电话，而程序员都在打另一个视频电话，所有人都在记笔记并进行交流，以确保自己在过程中不会错过任何东西。"我认为需要一点勇气来尝试重新审视：我们为什么要以这种方式工作？为什么我们要以这种方式制作游戏？"加兰特说，"以及我们如何去适应这种新的工作方式？"

被裁员或者工作室倒闭一直是一种可怕的经历，但正如许多游戏开发者所了解到的那样，最可怕的是你可能不得不为了下一份工作而跨越世界。对于任何一个有家庭或与城市关系密切的人来说，搬迁都是一件很有挑战性的事情，有时甚至是不可能的，这导致了无数人像乔·福尔斯迪克一样放弃了这个行业。如果游戏开发者们可以在任何地方工作，那么这个问题就不会那么严重了。裁员和工作室关闭的影响可能没那么严重。曾在英国和加拿大的大型游戏工作室工作的美工丽兹·爱德华兹

（Liz Edwards）说道："我甚至无法想象，如果一个充满机遇的世界向我敞开大门，而不需要一遍又一遍地彻底改变我的整个生活，那会是什么样。"

有时候，即使是那些没有被解雇的游戏开发者，如果他们想继续留在这个行业，也必须像游民一样生活。乔丹·米查尔·莱莫斯（Jordan Mychal Lemos）是一名电子游戏作家，为了在育碧和 Sucker Punch 等游戏开发公司工作不得不跨越世界各地，他甚至考虑过离开换个领域发展。"毫无疑问，这是这个行业最糟糕的部分之一。"他说，"为了工作我在 3 年内跨越了两个州，可能很快还会有另一个，我不确定在我结束这个行业的所有工作之前，我还需要辗转多少个州。"

如果没有办法降低电子游戏行业的不稳定性，那么或许有办法让它变得合理一些。本章探讨的许多解决方案都需要大的系统性变革——这些变革可能是必要的，但在它们发生之前需要投入大量的时间和金钱。但如果问现在电子游戏公司可以做点什么来帮助解决许多员工反复经历的问题，答案就是允许更多开发者远程工作。不会花很多钱的。事实上，这还能帮他们省钱。它可能会永远改变电子游戏行业。

后记
Epilogue

当我在 2018 年至 2021 年写这本书的时候，有十几家电子游戏工作室关闭了。比如《僵尸围城》(Dead Rising)系列的开发商 Capcom Vancouver 工作室以及在线游戏《荒野星球》的开发商 Carbine 工作室。得克萨斯州奥斯汀一家名为 QC Games 的小型工作室因为它的四对一多人游戏 Breach 未能吸引到大量用户而于 2019 年关门。Boss Key Productions 是由前 Epic 公司的设计师克里夫·布林斯基（Cliff Bleszinski）创立的工作室，在其游戏《破法者》(LawBreakers)和《激进高地》(Radical Heights)遭遇失败后于 2018 年关闭。

在这些关闭的公司中知名度最高的可能是一家名为 Telltale Games 的公司，该公司位于加州圣拉斐尔。Telltale Games 经历了一段漫长而动荡的历史，经历了数次重组和管理变动，但它也是游戏行业的一个里程碑。Telltale Games 成立于 2004 年，由一群曾开发过《猴岛小英雄》(Monkey Island)等点击式冒险游戏的前卢卡斯艺术公司的员工创立，该公司很快在游戏领域找到了自己的定位。Telltale Games 工作室的游戏通常是片段式的，就像电视剧一样，在一两年的时间里以五六集的形式发行。与许多同行不同的是，Telltale Games 工作室首先关注的是游戏中的故事。像分支对话和解谜等熟悉的机制变成了将玩家从一个故事带到另一个故事的传送带。这家公司被视为珍宝，尤其是被电子游戏作家们。在许多别的工作室中，编剧处于食物链的最底层，而 Telltale Games 工作室则会优先考虑他们的想法。

2012 年，一个由肖恩·瓦纳曼（Sean Vanaman）领导的 Telltale

Games 团队发布了一款在热门僵尸系列《行尸走肉》的基础上改编的情节冒险类游戏。主角是罪犯李·埃弗雷特（Lee Everett）和他被代理监护的女儿克莱门汀（Clementine），这款游戏中的悲怆的叙事决定让人感觉很重要。游戏会在你做出重要选择时声明这个角色"会记住这一点"（这并非完全正确，但角色跟踪你的行动的错觉已经足够强大了）。无论你是选择拯救哪个 NPC，还是决定是否给被僵尸咬伤的女孩一把枪，让她可以用它自杀，这些选择都是悲惨和令人难忘的。《行尸走肉》成为 2012 年的热门游戏之一，获得了年度游戏奖，并让全世界的公司相信他们需要与 Telltale Games 工作室合作。

在接下来的 5 年里，Telltale Games 工作室迅速扩张，获得了一个又一个授权，并将同样的模式应用于所有的授权。Telltale Games 工作室有着以《蝙蝠侠》(Batman)《权力的游戏》《无主之地》《银河护卫队》(Guardians of the Galaxy) 甚至是《我的世界》为基础改编的游戏。其中有些游戏很受欢迎，但其商业模式并不理想——与其他公司合作就意味着其他公司要从中分一杯羹。这种临时安排几乎不可能在最后期限前完成，这让 Telltale Games 工作室的员工不得不在晚上和周末加班加点。随着时间的推移，粉丝们对 Telltale Games 工作室的模式感到厌倦。Telltale Games 工作室在 2017 年的游戏与 2012 年的《行尸走肉》非常相似，而且似乎每个月都有新游戏推出，这让市场过度饱和。

2017 年 11 月，在经历了一系列代价高昂的失败之后，Telltale Games 工作室进行了重组，裁掉了 25% 的员工（90 人），并任命了新的 CEO 皮特·霍利（Pete Hawley），希望建立一个新的方向。2018 年 9 月 21 日，Telltale Games 工作室突然关闭，在没有警示和离职补偿金的情况下解雇了数百名员工。据报道，投资者在最后一分钟撤出了，这使得 Telltale Games 工作室现金告罄——38 号工作室的故事再次上演。这是一个令人震惊的举动，在电子游戏行业引起了轩然大波，并撕裂了数百人的生活。

其中有声音设计师尼克·玛斯特罗扬尼（Nick Mastroianni），他是 Telltale Games 工作室最早的员工之一，此前在 2017 年重组期间被解雇。由于找不到其他工作，他在 2018 年夏天再次申请了 Telltale Games 工作室，这一次他接受了一个新的职位——电影美工。刚开始工作一个月后，他就和其他同事一起被召集到了一个全体会议，他们都被告知有 30 分钟的时间收拾自己的东西。"你知道当事情变得越来越糟时，你只能微笑面对吗？"玛斯特罗扬尼说，"对我来说就像这样——'这是真的吗？'"当霍利告诉员工，公司支付不起离职补偿金时，员工们纷纷开始抱怨和咒骂。玛斯特罗扬尼说："和我一起工作的一个人说，他们下个月连房租都付不起，不知道该怎么办。我说，'我有一张大沙发，你可以过来。'"

9 月 21 日，当一位在 Telltale Games 工作室待了两段时间的资深作家 JD. 斯特劳（JD Straw）和他的妻子坐在飞机上时，他的手机开始被 Slack 的通知刷屏——人们谈论着一起工作是多么美好，他们会多么想念彼此，以及如何保持联系。斯特劳惊慌失措，开始给他的经理发短信，然后又给经理的经理发短信，想要弄清楚到底发生了什么。然后他的工作账户被注销了。就在飞机即将起飞时，他终于收到了同事的短信，说 Telltale Games 工作室已经关闭。"我妻子当然会问，'怎么回事——你被解雇了吗？'"斯特劳说，"我说，'不，公司已经没了。'那是一个很棒的周末。"在接下来的几个月里，他接了一份合同工作，自己写项目，然后为优步和 Lyft 开车来赚取生活费。

德里克·威尔克斯（Derek Wilks）是一名电影美工，当 Telltale Games 工作室倒闭时，他只有 23 岁。3 个月前，他从肯塔基州的韦布维尔市（该市总人口 1095）搬到了圣弗朗西斯科湾区，从事他自认为梦想的工作。他在自己的 YouTube 频道上制作了一些令人印象深刻的《半条命》视频,并因此获得了一份工作。这是他第一次来加州,也是第一次离开肯塔基州,他和妻子在一家酒店住了几个星期,然后在 Telltale Games 工作室的附近找到了一套公寓。当公司倒闭时,威尔克斯和他的妻子甚至没有钱坐飞机回家,直到慈善观察员在推特上为他们筹集了大约 500 美元。"我才有足够的钱来购买两张机票。"威尔克斯说,"这太疯狂了。"当他回到韦布维尔后,他搬回了家,开始申请其他电子游戏方面的工作,希望能有机会。威尔克斯说道:"一开始我觉得这是一个不好的预兆,也许我不应该进入游戏行业,但现在我觉得这一切都是会自然而然发生的。"

▪ ▪ ▪

卡桑德拉·丽丝(Cassandra Lease)最想念的是那些人。你经常会听到那些已经退出电子游戏产业的开发者这么说。2019 年 1 月一个寒冷的周五,我们坐在马萨诸塞州萨默维尔的一家咖啡店里,她的声音听起来很像我在写这本书时遇到的许多其他电子游戏漂流者。

丽丝的电子游戏职业生涯是从在 Turbine 工作室担任质检员开始的,后者是以《指环王》和《龙与地下城》为基础开发游戏的网络游戏开发商。2012 年 4 月,她在无理性游戏工作室工作,开始为《生化奇兵:无限》测试关卡。到秋天结束时,她每天工作 12 个小时并被要求在周末来加班解决游戏漏洞。她说无理性游戏工作室有很多福利,有餐饮、免费的电影券,还有似乎关心员工的经理,但工作时间很残酷。"这段日子里,时间对我来说都是模糊的。"丽丝说,"我们得到了加班费,这还不错,但这并不能真正弥补我们失去的时间。"

2013 年 2 月,也就是《生化奇兵:无限》发行前一个月,丽丝和她的一群同事被叫到一个房间,被告知他们的合同即将到期。该公司只需要一些测试人员留下来为 DLC 工作，所以这是通知该离开了。为了表示感谢，公司给每个人赠送了一个钥匙链。"合同并未明确终止日期，但我们知道当游戏发行时我们中的大多数人都会离开。"丽丝说道，"这并不出人意料，但还是有点突兀。"

丽丝申请了另一份电子游戏测试工作，在西海岸，但她很快就决定不想为了一份可能转瞬即逝的工作而跨越美国。在电子游戏公司，测试员并没有得到太多尊重，他们通常被认为是非技术工种，工资接近最低水平。为了提升你的事业获得一份体面的薪水，你要么就得转到另一个领域（比如设计或生产），要么就得成为一名经理，而这需要完全不同的技能。相反，丽丝决定离开游戏行业，去一家手机软件公司做测试员。几年后，她跳槽到一家教育软件公司做质量工程师，这份工作的薪水和福利都有所提高。"我在无理性游戏工作室工作时时薪是 12 美元。"丽丝说，"而现在我在教育软件公司工作的时薪是 31 美元。"

在喝热巧克力的间隙，丽丝告诉我，她喜欢游戏并很怀念在游戏行业工作的时光，尽管她并不怀念电子游戏行业对待员工的方式。她说她希望游戏开发者能够成立工会。她想分享她的经历，希望有一天现状能改变。"我厌倦了不稳定、低工资以及长时间地工作。"丽丝说，"如果工资更高，工作时间更好，福利更好，我可能会回去。"

我在这本书的开头写道，当电子游戏行业呈现给你意想不到的、不公平的灾难时，你基本上有两个选择：你可以继续前进，与挫折做斗争，努力保持进步，或者你可以按下重启键再试一次。

但这并不完全正确。还有第三个选择：彻底改变游戏行业。和你的同事一起破解它，修复故障，去除所有不公平的部分。建立一个有组织的系统，让你的成功和失败由你自己的选择决定，而不是由你无法控制的情况决定。这样的游戏行业会是什么样子呢？它又需要多长时间去解决那些令人沮丧的漏洞、过于强大的敌人和破损的机制呢？我认为这些答案都值得去寻找。

致谢
Acknowledgements

首先要感谢为本书写作而向我提供素材的所有人。向我这样一位专栏作家介绍你们的人生故事，特别是那些不幸的、令人痛苦的故事，绝非是一件令人愉快的事。对我而言，能够分享你们的心理世界是多么荣幸。同样，我对所有与我讨论此书的人们（无论是正式的还是非正式的）表示衷心的感谢。

谨对我的代理人查理·奥尔森（Charlie Olsen）献上爱和感激，感谢他给我发的关于迪士尼的所有文章，还有在另一家出版商的变动让这本书的命运变得扑朔迷离之后，他以极快的速度拯救了这本书。如果没有查理，这本书现在就不会在你手里（或在你的屏幕上或耳朵里）。迪士尼的文章也很棒。

非常感谢我的编辑韦斯·米勒（Wes Miller），感谢他深思熟虑的编辑，耐心的回应，以及在本书出版之路上的细心引导。感谢阿里·罗森塔尔（Alli Rosenthal）、摩根·斯威夫特（Morgan Swift）、卡梅尔·沙卡（Carmel Shaka）以及 Grand Central 团队在这个项目上的所有帮助。感谢林赛·布雷斯（Lyndsey Blessing）、克莱尔·弗莱德曼（Claire Friedman）以及 Inkwell Management 公司的所有人。

感谢阅读早期版本并提供一些关键性反馈的那些人：马修·伯恩斯（Matthew Burns）、纳撒尼尔·查普曼（Nathaniel Chapman）、布雷特·杜维尔（Brett Douville）、科克·汉密尔顿（Kirk Hamilton）、塞斯·罗森（Seth Rosen）、金·斯威夫特（Kim Swift）和其他要求匿名的人。

无尽的爱和感谢送给我的家人：妈妈、爸爸、萨夫塔、丽塔和欧文，还有我的新家人：潘、大卫、约拿和玛雅。

我认为贝瑞还没有到读这本书的年龄。现在她还是更喜欢《晚安，月亮》（*Goodnight Moon*）。但我希望等她读到这本书的时候，她会觉得这本书不太像相关报道，而更像是电子游戏行业过去的编年史。我希望她知道我爱她胜过这世上的一切。

最后，感谢我最好的朋友、我的妻子、我的第一个读者、我永远的伴侣阿曼达。如果我要被迫隔离一年，至少我可以和你一起。

译后记
Postscript

在 2021 年的炎炎夏日中，我译完了《重置》这本书。作为一个狂热的电子游戏爱好者，我常常因为打游戏而花掉了大量的时间自我反省。这段翻译时光，恰好是在我玩疲了，想放下手柄歇歇（绝不是要戒掉游戏）的时候开始的。

在这个整日与英文缱绻纠缠的夏天，我看到了电子游戏行业背后的一些故事。每一个深深吸引我的电子游戏背后，都有着一群努力且勤奋的游戏设计师和制作人，他们是把幻想变为现实的造梦者。了解到他们所做的一切，让我对在游戏上花费那些时间少了些许罪恶感。

在揭开电子游戏幕后行业的神秘面纱后，我深刻感受到了这个行业的激情与陷阱。实现梦想当然是伟大的，但随之付出的代价也是巨大的。我们游戏迷能玩到的每一款电子游戏都来之不易，其制作过程都充满了无数游戏开发人员的血与汗。

总而言之，以艺术创作为生是快乐的，游戏开发者们创造了一个又一个的奇迹，把幻想世界中的游戏变得生动起来，制作成畅销产品面世。这是多么神奇的一件事情，却又在最后不得不面对波动不断的行业规律。

这本书深入探讨了看似光鲜的电子游戏制作行业过去几十年的成功与动荡。作者对电子游戏的幕后制作过程进行了精彩的探索，其中不乏当下最热门、最畅销的游戏。他带领我们走进这些受人欢迎的电子游戏背后，一起品尝游戏开发人员的苦与乐。这些故事有的是关于一个由百名专业人员组成的顶级工作室，有的是关于一个孤军奋战的天才极客小团队，还有的是关于一位传奇棒球运动员的雄心壮志……

　　作者通过对这些热门游戏背后的开发人员的采访，讲述了一个又一个令人唏嘘不已的故事。当然，绝对的光明即绝对的黑暗，纯粹的艺术带来纯粹的无序。所以译者对于书中所展现的理想主义也并不完全认同。世界需要艺术，但是纯靠艺术无法维系世界的运行，商业的存在并非完全恶的一面。光明永远伴随着黑暗，但从不会被黑暗所摆布。在电子游戏的世界，也是如此。

孙黎迪